HENRI IV

**

Ralliez-vous à mon panache blanc!

HENRI IV

* L'enfant roi de Navarre
** Ralliez-vous à mon panache blanc!
*** Les amours, les passions et la gloire

DU MÊME AUTEUR
(voir en fin de volume)

MICHEL PEYRAMAURE

HENRI IV

**

Ralliez-vous à mon
panache blanc!

roman

ROBERT LAFFONT

© Éditions Robert Laffont, S.A., Paris, 1997
ISBN 2-221-08444-6

1

LA CHASSE DU ROI

1572-1573

Parfois, lorsque le temps le permet, il pousse jusqu'au chantier que Madame Catherine a fait ouvrir à l'extrémité occidentale du jardin des Tuileries, à la perpendiculaire du fleuve. Debout à l'orée d'un taillis de noisetiers, il observe les ouvriers, écoute leurs cris, leurs chants.

Dès qu'il s'avance vers ce chantier ouvert sur la liberté des campagnes déjà touchées par l'automne, deux ou trois archers quittent leur cabane et viennent vers lui d'une allure nonchalante, hallebarde à l'épaule. C'est le signe qu'il ne doit pas pousser plus avant ni trop s'attarder pour que l'on ne lui suppose pas des idées d'évasion. Il sait de même que tout contact avec les ouvriers lui est interdit.

Il tourne le dos, bat en retraite par le sentier qui, à travers le taillis, mène à l'étang, à la ménagerie du roi, au chenil, s'arrête dans une clairière pour se retrouver seul et savourer une impression illusoire de liberté, alors que même ce plaisir innocent semble suspect. Il sait qu'on ne le quitte pas des yeux, où qu'il se trouve et quoi qu'il fasse.

Ce soir le roi Charles et la reine-mère sauront qu'il s'est arrêté devant la grotte artificielle, a hasardé quelques pas à l'intérieur, s'est assis un peu plus loin sur un banc pour lire quelques pages d'un petit livre à couverture de cuir rouge sur le titre duquel on s'interrogera.

L'habitude ne peut dissiper l'impression que sa captivité

devient de plus en plus oppressante, qu'il n'est pour ainsi dire plus rien à la Cour, il ne sait quoi exactement : prisonnier ? otage ? jouet des événements ou de la volonté de ses geôliers ? Quel est son vrai nom ? Certains l'appellent Henri, roi de Navarre, d'autres, plus irrévérencieux, le « Béarnais », le « Meunier de Barbaste », le « Faune couronné »...

L'agrément qu'il trouvait à cette captivité, au lendemain de la Saint-Barthélemy, alors qu'elle lui donnait l'illusion de vivre en marge d'un cataclysme, s'est dissipé. Très vite la bride lâche est devenue un carcan.

Les gens qui le surveillent rapporteront qu'il n'est resté plongé que quelques minutes dans sa lecture. Il s'est levé, s'est avancé un peu plus profond sous la voûte de la grotte vers laquelle il est revenu. Il en voit sortir un homme et une femme. Elle, c'est une obscure demoiselle de la reine-mère, une de ces innocentes envoyées à la Cour pour y apprendre à pervertir les gentilshommes et à en faire les instruments dociles de la politique royale. Lui, c'est Chicot, le bouffon du duc d'Anjou, frère du roi ; Henri le reconnaît à sa tenue de fantaisie qui lui donne l'apparence d'un perroquet.

En se trouvant nez à nez avec Navarre, Chicot a sorti de sa ceinture un bonnet à pompons et une paire de gants aux doigts ornés à chaque bout de grelots d'argent qu'il agite des deux côtés de son visage en faisant la grimace.

— Toi, dit-il en faisant claquer une main sur la croupe de la donzelle, tu files, et *motus* !

D'un pas de danse il s'avance vers Navarre, agite ses grelots, puis soupire :

— Ces filles sont charmantes et dociles mais il faut s'en méfier comme de la peste, des morpions ou du mal de Naples. Fais-leur l'amour : elles ne sont pas bégueules, mais reste muet comme une carpe. Tout ce que celle-ci a entendu de moi, c'est le bruit de mes grelots, car le moindre de mes propos...

Plié en deux, les narines frémissantes, le bouffon tourne autour de Navarre, le flaire sous toutes ses coutures comme un chien.

— Si tu cherches à retrouver sur moi l'odeur de l'ail ou du bouc, dit Henri, sache que je surveille ma nourriture, que je me parfume...

— ... et que tu achètes tes parfums au signor Renato, le parfumeur de la reine-mère. Eau de Chypre... Poudre de violette... Un soupçon de cardamome... Diantre ! tu as l'intention de faire des conquêtes, on dirait.

Il s'approche plus près, flaire le pourpoint, se gratte le menton.

— Curieux... Je respire sur toi une odeur plus subtile que les parfums de Renato, la même qui imprègne les vêtements de ton beau-frère Alençon et de ton cousin Condé. Celle que l'on dégage lorsque l'on a le désir de tirer sa révérence et de prendre le large. Est-ce que je me trompe ?

— Chicot, tu es encore plus fou que je ne pensais !

Le bouffon se redresse, fait crépiter ses grelots, claironne en imitant la voix haut perchée d'Alençon :

— On dit que mon odeur est celle d'un cul mal lavé, d'une vieille crasse, d'une sueur de poumonique. Je sens moins la liberté que le *complot* !

Chicot met sa main sur sa bouche :

— Aïe ! j'ai lâché le mot...

Navarre se contente de sourire. Le complot de son beau-frère est un secret de polichinelle. À la cour, on en fait des gorges chaudes et personne n'y croit.

— Quant à M. le Prince... Méfie-toi de lui : il ne te porte pas dans son cœur.

Le bouffon simule la gibbosité d'Henri de Condé, ses regards torves, ses grognements inarticulés. Il lance :

— Mon cousin Navarre ! Un roitelet de merde, un rustre, un poltron en politique. En amour il promet plus qu'il ne tient !

Il se dandine comme une oie grasse, fait mine de s'éventer le visage en gonflant ses joues. Tout le monde pourrait reconnaître Madame Catherine.

— Ce *pitit Navarro*... Il est futé ! *Scaltro ! Davvéro scaltro, ma...* je l'ai à l'œil, ce *ladro* ! Je le tiens *per l'apertura di pantalóni* !

11

— C'est fort bien imité, dit Navarre, mais toi, Chicot, que penses-tu de moi?

Chicot se redresse, bombe le torse, fait mine de renifler quelque odeur errante dans le sous-bois et, prenant l'accent rocailleux du Béarnais :

— Leur hostie... elle n'a aucun goût, *Dioubiban*! À la rigueur, frottée d'ail et accompagnée d'une pinte de jurançon... Mais, *capdediou*, ça ne vaudra jamais le bon pain de Navarrre!

— Fort bien, Chicot! Et maintenant, le roi...

— Pardonne-moi, dit le bouffon en se grattant la joue. Cette fille m'a éreinté. Comme on dit en Navarre : *portaz-ve plan*. Adieu, l'ami!

Chicot s'est éloigné sur un sautillement de gaillarde, crépitant de sonnailles comme un cheval de coche un jour de parade.

Antoine d'Anglerays, dit « Chicot »... Où Monsieur est-il allé pêcher cet étrange poisson, remonté des profondeurs de quelle province? À la Cour ses impertinences, ses insolences parfois, font mouche. On aimerait le faire bastonner mais il est intouchable. On se rapporte ses traits acérés et ses « coyonneries ». On se le dispute aux soirées du Louvre. C'est un personnage amusant mais redoutable : il a pénétré tous les secrets, toutes les intrigues, la moindre velléité de complot. Qu'on le déteste ou qu'on apprécie ses boutades, on le craint. Il marche toujours, comme on dit, mèche allumée et prêt à faire feu.

Le bruit d'un complot d'Alençon circule à la Cour depuis que la Saint-Barthélemy a reflué vers les provinces et fait école dans les grandes villes du royaume.

Pour lui, comme pour Navarre et Condé, le Louvre est devenu une prison aux barreaux invisibles mais toujours présents. À chaque velléité d'indépendance, ils s'abattent comme la herse du pont-levis. Chaque nuit, des archers campent devant leur porte; le jour, ils ont toujours derrière eux quelques sbires prêts à les rattraper par le fond de leur manteau. Personne n'a confiance en eux et ils n'ont confiance en personne. On les conduit sous bonne escorte à la messe à Saint-Germain-l'Auxerrois, à la Sainte-Chapelle ou à Notre-Dame. Leurs propos les plus anodins sont rapportés. À qui ? À la reine-mère. Leur courrier est ouvert et lu. Par qui ? Par la reine-mère.

Le pouvoir, c'est elle. Suite à une blessure occasionnée par un sanglier qu'il avait lâché par jeu dans la cour du Louvre, le roi garde la chambre, mais cette indisposition ne change rien à l'ordre des choses. On sait que ses jours sont comptés. Sa Majesté a délaissé la forge et le jeu de paume mais ni la chasse ni ses rendez-vous avec sa conbubine. Deux passions qui épuisent ce qui reste d'énergie dans un corps débilité.

Monsieur, quant à lui, a laissé l'essentiel de ses ardeurs dans le massacre des huguenots. L'exaltation passée, gorgé de spectacles d'hécatombes dignes de l'Ancien Testament, il a rejoint le gynécée, une fleur aux lèvres, son chapeau sur l'oreille, et repris ses occupations favorites : le découpage au ciseau d'images pieuses ou profanes, les jeux avec les naines et les chiens, l'essayage de ses robes et de ses habits, en caressant les fesses des pages et des demoiselles de compagnie.

De temps à autre, Marguerite de Valois, que tout le monde, à la suite du roi, appelle « Margot », vient rendre visite à son mari, le roi de Navarre.

Il s'est instauré entre eux, depuis la nuit tragique du massacre, une manière de connivence et même d'amitié. Entre ses coucheries avec Henri de Guise, Joseph Boniface de La Mole, favori d'Alençon, et quelques autres amants de hasard, elle vient remplir consciencieusement ses devoirs d'épouse. Elle dégage une vénusté fascinante que Ronsard célèbre dans ses poèmes et Brantôme dans sa prose. Pour généreuses qu'elles soient, les ardeurs de Margot sont trop rares pour laisser supposer qu'elle témoigne à son mari un attachement amoureux. Et pourtant, lorsque Madame Catherine a manifesté son intention de solliciter du Saint-Père l'annulation de ce mariage, Margot a protesté.

« Ce soir, songe Navarre en retournant au Louvre, qui

trouverai-je dans ma chambre? Qui viendra gratter à ma porte? Dayelle? Charlotte de Sauves? la maréchale de Retz? » Elles entrent dans sa chambre à la nuit tombée, discrètes comme des pipistrelles égarées, sous prétexte de s'enquérir de sa santé ou de ses besoins. Elles s'asseyent au bord du lit en caquetant, se retirent dans la ruelle et entreprennent de se dévêtir avec le concours de leur servante. Il sait dès lors qu'il sera, avec plus ou moins d'habileté, mis à la question et qu'il devra surveiller ses propos.

Ils sont là, près du portail ouvrant sur la rue qui sépare le Louvre des Tuileries : trois archers en train de secouer un vieux pommier pour en faire tomber les derniers fruits. L'envie l'étreint de retourner sur ses pas, de se cacher dans la grotte d'où Chicot est sorti tout à l'heure, histoire de prendre la mesure de leur vigilance et de leur inquiétude, de s'amuser à les entendre s'interpeller, fouiller le moindre buisson. Revanche dérisoire du prisonnier sur ses geôliers.

Elle se souleva lentement au-dessus de lui, lourde et odorante comme une grappe de roses sous une pluie d'été.

Ils avaient fait l'amour à trois reprises lorsque l'horloge du Louvre avait sonné onze heures. De derrière le paravent montait le ronflement de Melchior. Dans la lumière de la chandelle, le désordre du lit prenait l'aspect d'une tempête figée.

— Vous ne vous êtes pas ménagé, ce soir, mon beau sire, dit Dayelle. Je saurai que répondre à ceux qui prétendent que vous n'êtes pas un grand abatteur de bois.

Il la retint par le poignet lorsqu'elle voulut se retirer. Elle lui demanda de patienter. Il entendit un bruit d'eau dans le débarras, le murmure d'une chanson, le claquement des pieds nus sur le parquet. Elle murmura avant de se glisser sous la couette, toute fraîche de ses ablutions :

— Je veux éviter l'enflure du ventre. Cela signifierait mon renvoi de la Cour, comme la belle Limeuil que votre oncle Condé avait engrossée et qui se morfond aujourd'hui dans ses terres du Périgord.

Elle inséra son museau entre la tête et l'épaule de son amant.

— Si cela m'arrivait, sire, me regretteriez-vous ?

— Sans doute, ma mie, car vous me faites fort bien l'amour.

— Mieux que Mme de Sauves ?

— Trop experte. Elle besogne comme une putain.

— Mieux que Mme de Retz?

— Étroite et passive. Du blanc de poulet parfumé à la civette.

— Mieux que... votre épouse?

Il ne répond pas. Cette Dayelle est trop curieuse. Ce qu'il apprécie en revanche chez elle, c'est le peu de cas qu'elle semble faire du côté sordide de leurs étreintes. Margot, elle, change les draps avec une mine dégoûtée chaque fois qu'il l'a besognée, ne fût-ce qu'un quart d'heure.

— Vous vous souvenez, sire? Fontainebleau...

Comment aurait-il pu oublier cette nuit de Carnaval, à quelques jours du départ de la Cour pour un grand voyage dans toutes les provinces du royaume? Dayelle était venue le retrouver dans son lit, un soir de neige; ils n'avaient fait que se réchauffer : deux enfants perdus dans la nuit d'hiver.

— Je t'ai trouvée bien délurée pour une pucelle.

— J'aurais résisté si vous aviez tenté d'abuser de moi, mais vous ne l'auriez pas fait, étant trop jeune alors. Il y a huit ans de cela. Vous veniez de quitter la robe pour les chausses à cul.

Elle ajouta d'une voix précipitée :

— Reprenez-moi, je vous prie.

Elle insinua une main sous la couette, égrena un rire de perles.

— Sire, vous voilà de nouveau gaillard!

— Tu vas m'épuiser, soupira-t-il. Demain je serai en retard pour la chasse du roi. Et toi, tu n'auras plus de vigueur pour la nuit prochaine. Qui est-ce qui t'honore ces temps-ci, à part moi? Mon beau-frère Alençon? Mon cousin Condé? Monsieur?

— Taisez-vous, vilain! grogna-t-elle. Vous savez bien que mon préféré, c'est vous mais que je dois obéir à Madame Catherine. Je n'aime pas M. de Condé : il est trop violent et je sors de ses bras couverte d'ecchymoses. Pas davantage M. d'Alençon : il s'écoute parler comme un porc qui pisse.

Elle soupira, glissa une jambe entre les siennes, ajouta :

— On dit... mais puis-je vous le répéter?

– Que dit-on? Parle librement.

– On dit que vous vous apprêtez, avec Alençon et Condé, à fausser compagnie au roi.

Il éclata de rire.

– On dit aussi, ma mie, que des comètes vont surgir, que la fin du monde est proche, que mille démons de l'enfer...

– Vous avez tort de plaisanter, sire. Si vous partez, je me ferai nonne. Jurez-moi que ce sont des ragots!

– Ce sont des ragots.

Elle lui frappa la poitrine à coups de poing.

– Vous vous moquez de moi. Vous croyez que je ne suis auprès de vous que par ordre de la reine-mère, pour vous espionner! Eh bien, vous vous trompez! La reine-mère m'interrogera mais je ne lui dirai rien!

– Parce que tu n'auras rien à lui dire.

Pour la mettre à l'épreuve, il lui révéla qu'il avait décidé de quitter sa prison du Louvre; un cheval et une dizaine de complices l'attendraient sur le chantier des Tuileries pour le conduire à La Rochelle rejoindre les siens. Il lui fit jurer de ne pas révéler ce projet à quiconque. Elle jura.

Ce que Navarre avait prévu se réalisa point par point. La reine-mère le fit appeler. Elle venait de se faire administrer un clystère et trônait sur sa chaise percée capitonnée de rose. Elle confia son auguste derrière à une servante, rabattit ses jupes et demanda à son médecin, Cavriana, d'examiner ses selles.

– Eh bien, mon fils! dit-elle joyeusement, le roi vous attendait à sa chasse, ce matin. Seriez-vous souffrant? Voulez-vous que Cavriana vous ausculte?

Elle le fit asseoir sur un escabeau, près de son fauteuil, au coin de la fenêtre donnant sur la cour, parla de la pluie et du beau temps, lui demanda des nouvelles de son royaume de Navarre, de sa sœur Catherine qui assurait la régence en son absence, puis soupira:

– J'ai conscience que ce séjour forcé vous soit pesant, mais il est nécessité par des raisons d'État. Si vous nous quittiez, les chefs de la Réforme vous entraîneraient dans des aventures où vous auriez tout à perdre. Prêtez l'oreille à ces sirènes et vous êtes perdu!

Henri de Condé, l'air maussade, le front soucieux, attendait Navarre dans l'une des salles de jeu de paume située sous le châtelet d'entrée.

— Mon cousin, dit Navarre, vous paraissez de méchante humeur. Qu'est-ce qui vous tracasse?

— Vous tombez du ciel? Il se fait un beau charivari à notre propos. Le roi parle de nous envoyer, vous, moi, Alençon, au donjon de Vincennes. J'ignore qui a fait courir le bruit de notre évasion mais il m'a valu une semonce du roi au cours de la chasse de ce matin et Alençon est consigné dans ses appartements.

— Je n'ai rien observé, si ce n'est une nouvelle mise en garde de la reine, mais j'y suis habitué.

— Elle vous ménage car elle sait qu'elle n'a rien à redouter de vous. La moindre injonction de sa part et vous passez sous la table. Quant au roi, s'il vous menaçait de sa dague, vous vous feriez mahométan. Vous avez bien montré, au soir de la Saint-Barthélemy, que vous étiez prêt à toutes les compromissions.

« Garder son calme... », se dit Navarre. Il se refusait à répondre à ce genre de provocation, conscient qu'il était de partager avec son cousin les mêmes intérêts et les mêmes projets.

Il n'était pas mécontent de sa ruse dont l'idée lui était venue alors qu'il faisait l'amour à Dayelle : déclencher une fausse alerte, éprouver l'émotion qu'elle susciterait, les moyens que l'on mettrait en œuvre pour le rattraper... La supercherie avait réussi; elle lui avait appris que le roi ferait tout pour éviter qu'ils s'évadent. Il faudrait donc envisager d'autres moyens de prendre la fuite. Par chance, ils ne manquaient pas, si risqués fussent-ils : un office religieux? une soirée de fête au Louvre? une partie de chasse?

Sur le point de révéler la supercherie à Condé, Navarre y renonça. Il ne l'instruirait de son plan que le moment venu.

Quant à François d'Alençon, il eût été de la dernière imprudence de l'informer de ce projet. Il mûrissait d'ailleurs d'autres ambitions : susciter contre le roi et la reine-mère qu'il détestait un nouveau parti constitué de gens épris de liberté, les « Malcontents » ou « Politiques ». Cette dernière appellation tournait dans sa tête et lui donnait des vertiges de grandeur. « François, duc d'Alençon, chef des Politiques... » Cela retentirait sur la scène, changerait peut-être le cours des événements, sonnerait clair dans les pages d'histoire.

Il pourrait compter sur l'aide de Navarre, de Condé et de quelques autres, comme ces deux aventuriers : La Mole et Coconas, ces grands seigneurs : Henri de La Tour d'Auvergne, vicomte de Turenne, la tribu remuante et ambitieuse des Montmorency, ainsi que sur de grands capitaines, comme La Noue « Bras de Fer » et Armand de Gontaut, baron de Biron...

L'ennui, avec ce nabot vérolé, c'est qu'il passait dans sa tête plus de fumées que d'idées sensées.

Durant les trois jours qui précédèrent sa fausse évasion, Navarre se délecta du spectacle dont lui et son cousin étaient les acteurs. La surveillance s'était renforcée autour d'eux au point qu'ils regardaient sous leur lit avant de se coucher, derrière les tapisseries d'où parfois dépassaient les pointes d'une paire de bottes, dans les placards et les lieux d'aisance. Navarre s'amusait de ces précautions ; Condé s'en inquiétait.

Au jour dit, une heure avant l'aube, branle-bas de combat au Louvre ! Ce n'était partout que conciliabules, piétinements de patrouilles sous les galeries et dans la cour, cavalcades le long de la Seine, pelotons de stradiots albanais autour du chantier des Tuileries et de Suisses aux portes du château.

Cette alerte avait rendu Madame Catherine malade et le roi à demi fou. Au début de la matinée, alors qu'il était en train de se faire épouiller par une servante, ses chausses sur les talons, Navarre vit son beau-frère entrer en coup de vent dans sa chambre en hurlant :

— De qui vous moquez-vous, mon cousin ? Votre tentative a échoué et je m'en réjouis, mais la prochaine fois vous ne couperez pas à la Bastille ou à Vincennes !

19

— Cela ne me changera guère du Louvre, répondit tranquillement Navarre. Prison pour prison...

Ce n'est que le lendemain qu'il révéla sa supercherie à Condé qui, après une nuit passée avec son aimée, était d'humeur radieuse. Condé s'esclaffa. Pourquoi son cousin ne l'avait-il pas mis dans la confidence? Ils auraient bien ri ensemble.

— Cette ruse m'a appris deux choses, dit Navarre : il nous sera difficile de quitter cette souricière et il n'est pas conseillé de se confier à des gens dont on n'est pas sûr, et notamment aux beautés que la reine nous jette dans les bras.

Il ajouta à voix basse :

— Je ne perds pas de vue notre projet, mais nous devons garder la bride courte à nos impatiences et nous montrer dociles avec nos geôliers. J'ai bien réfléchi : c'est au cours d'une partie de chasse que nous avons le plus de chances de prendre le large. Je dois accompagner demain le roi à Fontainebleau pour chasser le sanglier. À mon retour, je vous informerai de mes conclusions. Je n'aurai pas les yeux dans mes poches. Puis-je compter sur votre discrétion?

— Je serai muet comme une tombe. Embrassons-nous!

— Pas devant cette fenêtre et pas en présence de tiers, je vous prie. Cela paraîtrait suspect et serait rapporté. Vous savez à qui...

Après avoir passé sa jambe autour de l'arçon, l'amazone souleva son masque de manière que Navarre la reconnût. Dayelle lui dit d'une voix aigre :

— Je vous en veux, monsieur. Vous m'avez conté des sornettes, l'autre nuit.

— Et vous, ma chère, vous m'avez trahi. Je voulais éprouver votre sincérité. Expérience concluante...

— C'est un beau coup, je l'admets, mais je ne vous ai trahi qu'à demi, et par devoir, vous le savez bien. Par votre faute j'ai risqué d'être renvoyée de la Cour!

— Je vous aime et vous déteste avec la même passion, ma mie. J'aimerais savoir quel est de ces deux sentiments celui qui l'emporte.

— Vous le saurez dès ce soir, si cette partie de chasse ne vous a pas épuisé.

La cour de Fontainebleau retentissait de sons de trompes et d'aboiements de meutes. Charles se démenait comme un beau diable au milieu d'une nuée bigarrée de sonneurs, de piqueurs, de gentilshommes et de chasseresses, s'époumonant lui-même à sonner le *rendez-vous* auquel ne tarda pas à succéder le *lancé* signalant que le cerf était délogé et qu'on pouvait prendre la voie.

Navarre montait un cheval de bataille habitué aux difficultés du terrain et Dayelle un joli barbe vigoureux, facile à mener. Il reconnut le cousin Condé qui s'était décidé à suivre le train bien qu'il se déplût à ce genre de réjouissances ; il le trouva fringant mais maniéré, avec des allures de mignon de ruelle ; il avait à sa droite sa fiancée et à sa gauche Monsieur, dont nul n'ignorait la passion irrésistible qu'il vouait à Marie de Clèves, que le prince lui avait ravie.

En le rejoignant, Condé avait dit à son cousin :

— Ouvrons l'œil. Un coup de feu est si vite parti.

Avant de prendre la voie, Navarre et Dayelle s'attardèrent à se quereller sous les ramures d'un gros chêne quand, excédée de devoir justifier son comportement, elle s'écria que l'*hallali* venait de retentir et qu'ils devaient rejoindre la chasse.

— Ce n'est que la *boiteuse*, rectifia Navarre. Cela signifie que le cerf, peut-être blessé par les chiens, a du mal à courir. Cette autre sonnerie est le *bât l'eau*. Le cerf vient de se jeter dans l'étang. Allons-y !

Ils donnèrent de la houssine à leur cheval et arrivèrent à proximité de l'étang, alors que la chasse venait de se regrouper sur la berge, forçant leur voix pour exciter la meute et les piqueux qui, verge en main, dans l'eau jusqu'à la ceinture, frappaient le malheureux animal pour le déloger.

Lorsque Navarre le vit remonter péniblement sur la berge, langue pendante, assailli par les chiens, trébuchant, à bout de souffle, il se dit que sa dernière heure était venue et que la poursuite aurait été brève.

Incapable de prendre le large, le cerf, un vieux mâle, s'accula à un chêne et fit front avec courage. Les premiers chiens qui l'attaquèrent furent projetés en l'air, tripes pendantes. Des cavaliers qui tentaient une approche prématurée furent démontés sous le choc des bois et leurs chevaux blessés.

— La résistance peut durer, dit Navarre. Dans cette position un cerf aussi robuste que celui-ci, même blessé et fatigué, peut se défendre longtemps. On a déjà dû lui donner la chasse et il n'a pas oublié.

— Il est beau, murmura Dayelle.

— Beau et courageux. Il vendra chèrement sa vie.

Tandis que la fanfare sonnait un joyeux *hallali sur pied*, le roi descendit de cheval et, son couteau de chasse au poing, s'avança vers le cerf en écartant des molosses qui traînaient leur tripaille avec des gémissements lamentables. Il s'arrêta à quelques pas de sa victime, parut l'affronter du regard, lui parler, la provoquer peut-être à lui résister, tandis que les piqueux ramenaient la meute. Il contourna le rouvre, s'avança prudemment et, d'un coup sec, trancha le jarret de l'animal qui chancela et s'effondra sur son arrière-train avec une longue plainte. Le roi sourit, savoura son triomphe, tandis que le pauvre animal tentait de se relever pour faire front, avec des cris de gorge qui se terminaient en sifflements.

Pour achever de maîtriser sa proie, le roi rappela les chiens. Ils bondirent avec des jappements féroces, s'acharnèrent par grappes sur le vieux cerf, le mordant au cou, aux jarrets, au ventre, lui arrachant la langue et des lambeaux de chair.

C'est alors que le roi fit signe aux dames de s'approcher. Elles poussèrent leur cheval jusqu'aux abords de la scène, riant de voir de grosses larmes inonder le museau de l'animal.

— Mesdames, dit-il, l'heure du sacrifice est venue. Imaginez qu'un huguenot soit à la place de ce gibier, qu'il implore sa grâce en versant des larmes de lâcheté et d'impuissance. En votre honneur, je vais le servir à ma façon.

Il chassa les chiens à coups de pied, plongea son couteau jusqu'à la garde dans le flanc de l'animal, sembla jouir de le voir grogner et se débattre, un sang vif jaillissant de la robe déchirée. À plusieurs reprises, lentement, il fit tourner le couteau pour faire souffrir son huguenot en élargissant la plaie et ne cessa son manège que lorsque sa victime eut cessé de se débattre.

Il s'écria en gonflant sa poitrine :

— Mesdames, voilà un huguenot de moins ! Celui-ci, je vous invite à en déguster ce soir les meilleurs morceaux...

Il regarda longuement la lame ensanglantée qu'il venait de retirer de la plaie, puis, l'air hébété, jeta l'arme dans un buisson avec un air de dégoût et s'éloigna, le dos courbé.

— Ce pauvre Charles..., soupira Dayelle. Il ne pourra jamais oublier.

Charles ne pourrait jamais oublier la nuit tragique, l'appel au massacre qu'il avait lancé : « Tuez-les tous ! », la tête sanglante de Coligny qu'on avait jetée à ses pieds. Il errait comme une âme en peine en gémissant, entre sa chambre, son cabinet, l'appartement de sa mère, celui de Marie Touchet. Il semblait encore assailli par la meute de corbeaux qui avaient envahi le Louvre au lendemain du massacre ou par le reliquat de honte qui l'obsédait.

Chaque matin, les servantes de Marie trouvaient au bas du lit des mouchoirs tachés de sang et peut-être de larmes. Les médecins hochaient la tête : leur royal patient n'en avait plus pour longtemps à vivre ; sa robuste charpente pouvait faire illusion ; il donnait parfois, au cours des audiences et des séances du Conseil, l'image d'un souverain sage et sûr de lui, mais il tournait souvent ses regards vers sa mère ou sombrait dans des silences prolongés.

Un matin d'octobre, apprenant qu'en dépit de ses ordres les catholiques poursuivaient dans les villes de province le massacre dont Paris avait donné l'exemple, le roi hurla de rage, déchira les rideaux de son lit, éventra une tapisserie des Flandres, malmena ses serviteurs et garda le lit trois jours durant.

Une autre nouvelle le bouleversa, bien qu'il l'eût prévue et qu'elle fût dans l'ordre des choses : les rebelles n'avaient pas désarmé ; ils se regroupaient dans plusieurs places fortes qui constituaient pour la nouvelle religion autant de sanctuaires.

La Rochelle était la plus importante de ces villes, et la plus dangereuse.

Il allait donc falloir en faire le siège.

2

LE BASTION DES ÉVANGILES

1573

Une banale histoire de chemise était à l'origine de la passion de Monsieur pour Marie de Clèves.

À la suite d'une folle danserie au Louvre, alors que la princesse venait d'avoir seize ans et que l'on envisageait de la marier au prince Henri de Condé, elle s'était retirée dans une chambre pour changer de chemise et avait abandonné ce linge sur un fauteuil. Pénétrant peu après dans cette pièce, Monsieur avait épongé sa sueur avec la chemise, l'avait respirée et avait demandé à une servante à qui elle appartenait.

De retour au bal, Anjou n'avait pas quitté des yeux la jeune princesse. Alors qu'il ne lui avait accordé jusqu'alors qu'une attention distraite, il se sentit la proie d'une irrésistible passion.

Persuadé qu'on allait la marier contre sa volonté au nabot hérétique, il tenta de la dévoyer, mais en vain. Fille soumise aux lois de sa famille, bardée de principes, Marie avait transposé ses vertus dans le cloaque de la Cour où elle surnageait comme une fleur sur un marécage.

Le mariage annoncé, incapable de prendre d'assaut cette citadelle inviolable, Monsieur tenta de l'investir avec le concours de la sœur aînée de Marie, Mme de Nevers. Affaire délicate. Assiégée en permanence mais refusant de baisser le pont-levis, la fiancée de Condé consentit, par lassitude plus que par conviction, à entrebâiller une poterne. Monsieur reçut de la belle une miniature de son portrait et une promesse : si Marie était libre, elle l'épouserait.

Dès lors, persuadé d'avoir découvert l'idéal féminin correspondant à sa nature, Anjou ne quitta plus Marie. Il l'introduisit dans les coulisses de la Cour, l'incita à se livrer à des jeux licencieux, tenta de la persuader que tromper le nabot ne choquerait personne. Il lui fit tenir dans les spectacles des rôles de nymphette voilée de gaze. Elle finit par trouver ces jeux piquants et par convenir que le plaisir était un fruit à consommer sans réticence ni remords. Du plaisir elle glissa à la perversité, de la perversité au vice. Il lui eût fallu pour résister à ces tentations une âme huguenote. Elle sombra.

À quelques jours de la chasse du roi, alors qu'elle se trouvait dans le gynécée de Madame Catherine, elle dit à Margot :

— Ma bonne, dites-moi : êtes-vous toujours aussi éprise de M. de Guise ?

— Certes ! répondit Margot, et même je l'épouserai si je suis un jour séparée de Navarre. Et vous-même, où en êtes-vous de vos rapports avec mon frère ?

— Nous sommes tous deux sur les charbons et je ne tarderai pas à lui céder mais il me faut une complice car Condé est fort suspicieux. Il se donne du bon temps avec Mme de La Trémoille mais ne tolère pas la moindre incartade de ma part. Il est fort colère de me voir demi-nue dans une fête.

— Une complice, dites-vous ? C'est ce qui me manque aussi dans mes rapports avec mon cousin Guise.

Marie lui prit la main, lui glissa à l'oreille quelques mots qui les firent glousser.

À quelques jours de cette double confidence, Marie proposa à sa compagne de l'accompagner à l'hôtel du Petit-Bourbon, abandonné et désert depuis que Condé était retenu au Louvre. Elle souhaitait s'y installer un appartement, avec les conseils de Margot.

— Je vous ai ménagé une surprise, dit-elle.

Elle poussa la porte d'une chambre. Assis côte à côte sur le lit, Monsieur et son cousin Henri de Guise les attendaient.

— Marie, dit Margot, vous êtes une petite dévergondée mais je vous adore.

Informé par des voies détournées de cette partie à quatre, Navarre se contenta de hausser les épaules : il savait que Marie de Clèves était sur la pente et, de la part de Margot, rien n'aurait pu le surprendre. « Bah..., se dit-il. Une humiliation de plus, et ce ne sera sans doute pas la dernière... » Il avait d'ailleurs d'autres soucis, et de plus d'importance.

On l'avait contraint à rédiger à l'intention du pape Grégoire XIII une lettre où il déclarait renier sa religion pour revenir à celle de son enfance. Pis : il avait dû prier les autorités du royaume de Navarre d'accepter comme gouverneur une créature du roi de France : M. de Biron, et promettre, en cas de rébellion, de marcher contre ses propres sujets. Il avait cru atteindre le fond de l'humiliation lorsqu'on l'avait obligé à décréter l'interdiction du culte réformé et expulser les ministres.

Il n'était pas encore au bout des vexations qu'on lui infligeait.

— Mon fils, lui dit la reine-mère, vous risquez de dépérir au Louvre. Il vous faut prendre du mouvement. Mon fils chéri, Anjou, va partir pour La Rochelle dont nous avons commencé le siège. Vous l'y rejoindrez avec M. de Condé. Menez cette affaire tambour battant. Nous sommes en janvier. Il me plairait de faire mes Pâques dans cette ville.

Elle éclata de rire, ajouta :

— Eh bien, quoi, mon fils ? Vous semblez affligé comme si vous aviez perdu vos couilles aux dés.

— Madame, bougonna-t-il, vous m'obligez à me battre contre mes coreligionnaires !

— Et alors ? Je dois bien me battre contre les miens, chaque jour ou presque, dans mon cabinet !

L'armée royale conduite par Monsieur quitta Paris le lendemain du baptême de Marie-Élisabeth, la fille du roi, pour prendre la route de Saintonge. Le printemps faisait rouler sur l'immensité des plaines des charrois de nuées gorgées d'eau. On s'endormait sous la pluie, on se réveillait dans la boue et l'odeur des marais apportée par le vent de mer.

Melchior observait son maître d'un œil attristé. Au titre de grand écuyer, qu'il partageait avec Agrippa d'Aubigné et Maximilien de Béthune, baron de Rosny [1], il ne le quittait pas d'une semelle, de nuit comme de jour. La Saint-Barthélemy, à laquelle, de même qu'Aubigné et Rosny, il n'avait échappé que par miracle, l'avait laissé dans un tel état de délabrement physique et mental que son maître lui avait proposé de renoncer à ses fonctions pour se retirer dans ses terres de Lagos ou pour rejoindre Strozzi.

— Considère-toi comme libre de ne pas me suivre à La Rochelle si tu répugnes à cette campagne.

— Mon domaine est en de bonnes mains, sire, répondit Melchior. Mon frère s'en occupe, et fort bien. Quant à rejoindre le maréchal...

Melchior n'avait pas revu Philippe Strozzi depuis le drame des Ponts-de-Cé et ne lui avait pas pardonné la mort de Margret. M. le Maréchal poursuivait sa carrière de *cortigiano*, de courtisan, comblé d'amabilités et de faveurs par la reine-mère avec laquelle il avait de longs entretiens dans la langue de Toscane. Une brouille avec Pierre de Bourdeilles, sire de Brantôme, avait alimenté les ragots de la Cour. Strozzi avait eu l'audace de solliciter la main de la belle-sœur de son ami, veuve d'André, sénéchal du Périgord : Jacquette de Montbrun. Le mariage de cette dame de haute noblesse avec un condottiere de modeste extraction et de mauvaise réputation était inconcevable, d'autant que Brantôme lui-même en était amoureux.

À son arrivée au camp de Nieul, dans les parages de Saintes, Navarre avait compris que cette opération n'avait guère de chances de réussir. Alençon et Condé partageaient cet avis. La Rochelle, ville puissante, ouverte sur l'océan, entretenait des relations directes avec le royaume d'Angleterre ; elle était défendue par des fortifications imposantes et les obstacles

1. Le futur Sully.

30

naturels des marais ; sa population était animée d'une foi ardente et d'un patriotisme jaloux. Malgré les bouches à feu amenées sous ses remparts et dans ses faubourgs par le maréchal de Biron, elle ne se laisserait pas investir et harceler sans se défendre.

La faiblesse de l'armée royale, pour importante qu'elle fût, résidait dans le désordre qui régnait dans ses rangs : chaque chef avait son plan et prétendait le faire prévaloir aux yeux de Monsieur, duc d'Anjou, lequel avait davantage souci de ses passions que de la guerre de siège qu'il allait entreprendre.

— Une mascarade ! s'exclamait Alençon. Nos gens sont plus soucieux de leur toilette et de leurs plaisirs que de monter à l'assaut.

— Ce carnaval, ajoutait Condé, amer, risque de se prolonger des mois. Nous crèverons avant d'en voir la fin.

Le comportement de Navarre ne laissait pas de les confondre. Il n'avait rien perdu de sa belle humeur gasconne et, en toute occasion, lâchait des salves de *capdediou* et de *Dioubiban*, avec de bonnes saillies dont il était le premier à rire.

Il se faisait instruire par M. de Biron dans la pratique de l'artillerie, de la confection des grenades, des gargousses et des pétards, déplorant avec le maréchal les imperfections des pièces qu'on leur avait livrées, bien inférieures en qualité et en précision à celles des Espagnols, des Italiens et des Allemands. De poids inégal, plus lourdes devant que derrière, elles étaient en outre bosselées de l'intérieur, ce qui les rendait aussi redoutables pour les canonniers que pour l'ennemi.

Navarre se perfectionnait de même dans le maniement du mousquet à mèche soufrée, du pétrinal à rouet utile en temps de pluie, ainsi que de différentes variétés de pétoires. Pour expérimenter ces armes, il ne dédaignait pas de faire le coup de feu contre les défenseurs des remparts.

Les Rochelais s'en amusaient. Au cours des trêves, ils lui demandaient de ses nouvelles. Il faisait répondre qu'il se portait fort bien et qu'il ne tarderait pas à aller leur rendre visite.

Il s'avança un jour jusqu'au redoutable bastion des Évangiles, défense septentrionale en double pointe au-dessus d'un vaste marécage, que l'artillerie avait vainement tenté d'entamer. Sur le flanc occidental, par-dessus un patouillis creusé de tranchées où grenouillaient de pauvres hères, on avait réussi quelques ébréchures que les défenseurs colmataient au fur et à mesure.

— Le beau spectacle ! s'exclamait Condé. Mon cousin, cela ne vous donne pas envie de sauter le fossé ?

Les défenseurs étaient en fait des femmes. Une noria de Rochelaises vêtues de tuniques blanches, traînant à la bricole des chariots de moellons, circulaient sur le chemin de ronde en chantant des psaumes de Clément Marot ou de Goudimel. Lorsqu'elles avaient déposé leur charge et ajusté les pierres, elles faisaient des signes de la main aux spectateurs, les apostrophaient galamment, donnaient aux claquedents des tranchées des rendez-vous imaginaires.

— Oseriez-vous prendre ces femmes pour cibles ? demanda Condé.

— Ma foi, répondit Navarre en se grattant la barbe, je donnerais volontiers dans le noir de la cible. L'arquebuse à laquelle je pense n'est pas enrayée.

— Cessez de plaisanter ! Tireriez-vous sur elles ?

— Ce sont nos ennemies. Nous épargneraient-elles si elles étaient armées ?

— Elles nous épargneraient, sachant qui nous sommes.

Navarre tira son pistolet, l'arma. Le coup se perdit dans les nuages. L'une des femmes riposta en montrant son cul.

— Vous voyez bien, dit Navarre. Huguenotes ou papistes, les femmes demeurent des femmes.

Il ajouta :

— Mon cousin, il faut apprendre à hurler avec les loups. Je donne joyeusement de la voix et vous boudez. Mes grimaces dignes de celle de Chicot sont destinées à faire illusion. On nous propose un jeu ? Jouons-le jusqu'au bout sans perdre de vue notre intention de fausser compagnie à nos geôliers. L'attaque que je menai hier contre l'écluse et la tour de Laverdière devrait nous éclairer. N'avez-vous rien remarqué ?

32

– Rien, dit Condé.

Anjou avait confié à Navarre le soin de se porter avec une compagnie de Gascons contre cette défense qui marquait quelque signe de faiblesse. Il n'avait pas rechigné mais avait fait passer à ses hommes la consigne de mener le plus de tapage possible en évitant de faire mouche. Les Gascons, par leurs hurlements, avaient donné aux défenseurs une alerte salvatrice et avaient enlevé les échelles plus vite que prévu. Fureur de Monsieur! Riposte de Navarre : il était impossible d'imposer silence à des Gascons dans le feu de l'action, et même avant.

Les jours, les semaines passaient dans la morne torpeur du printemps sans que les royaux eussent avancé d'un pas. Mises en coupe réglée depuis le début du siège, les campagnes ne pouvaient plus fournir aux fourriers les subsistances nécessaires. Pour éviter la famine et la maladie, les soldats et leurs chefs désertaient; las de contempler les mêmes murailles, de lancer des assauts infructueux, les gentilshommes regagnaient leur province avec leur femme, leur maîtresse et leur suite. Anjou voyait avec stupeur son armée fondre de jour en jour.

À l'intérieur de la ville, la situation n'était guère plus enviable. Le convoi de vivres et de munitions que Montgomery devait acheminer par mer était contenu par un cordon de navires royaux qui interdisaient l'entrée du port et occupaient les côtes de l'île de Ré. La population se nourrissait de crustacés, de coquillages, et puisait l'essentiel de son énergie dans sa foi. Sa défense, tout le temps que dura le siège, ne faiblit pas une heure. Les habitants avaient appris à manier les bouches à feu, et notamment une grosse couleuvrine attelée qu'ils appelaient la « Vache » et qui semait la panique chez l'ennemi. Brantôme en fit la triste expérience : une charge de plusieurs livres de balles avait éclaté à quelques pas de lui; il s'était retrouvé à terre, couvert de chairs déchiquetées mais miraculeusement indemne.

Anjou prenait chaque jour à témoin de son désarroi quatre de ses mignons qu'il avait entraînés dans cette partie de plaisir : Caylus, Lévis, Épernon et d'O. Par leurs toilettes et leurs bonnes manières ils entretenaient dans le camp qui sentait la boue, le crottin et le cadavre une ambiance de Cour.

Des nouvelles dramatiques arrivaient du siège de la citadelle huguenote de Sancerre, où opérait M. de La Châtre. Cette ville était, avec La Rochelle, l'une des deux seules à subir les rigueurs des troupes royales. La famine qui menaçait les rebelles rochelais y sévissait atrocement. Des centaines d'habitants étaient morts d'inanition ; ceux qui restaient en étaient réduits à dévorer du papier, du cuir, du parchemin ou de l'herbe, faisaient un festin d'une bouillie d'escargots et de pain de paille. Ces nouvelles étaient rapportées par des émissaires de la Cour.

— Sancerre est au bout du rouleau, dit Condé. Si elle capitule, le tour de La Rochelle ne tardera guère.

La certitude de la victoire finale animait toujours les gens de La Rochelle et leur faisait rejeter toute sommation. L'orgueil qui possédait Anjou lui interdisait de lever le siège. Il eût fallu un miracle pour dénouer ce nœud gordien.

L'événement se produisit au mois d'avril. Ce n'était pas un miracle mais peu s'en fallait.

Le mois de juillet précédent, le roi de Pologne, Sigismond Auguste, dernier descendant de l'illustre famille des Jagellon, avait trépassé sans héritier mâle dans son palais de Cracovie. Mis en demeure de choisir un nouveau souverain, les députés de la Diète tournèrent leurs regards vers des candidats de nations amies. Les envoyés de la cour de France, notamment M. de Montluc, frère du maréchal, proposèrent la candidature du duc d'Anjou ; elle fut agréée.

Lorsqu'un courrier de Paris le mit au fait de ce choix, Monsieur en fut accablé. Blême de fureur, il s'écria :

— Je refuse de quitter la France ! Les Polonais se passeront de moi ! Qu'irais-je faire chez ces Sarmates, ces barbares mangeurs de viande crue, dans ce pays où il neige six mois de l'année et où il pleut le reste du temps ? D'ailleurs je ne connais pas un traître mot de leur baragouin ! S'il s'agit de m'exiler, qu'on me le dise !

— Il ne s'agit pas d'un exil, sire, dit Nevers. Et puis, là-bas, vous n'aurez pas à combattre les huguenots. La grande majorité de la population est catholique.

— De plus, ajouta Biron, les Polonais sont d'excellents soldats. Ils tiennent les Moscovites et les Turcs en échec.

— Des soldats ! Dites plutôt des hordes de crève-la-faim vêtus de peaux de bêtes, armés d'arcs et de gourdins !

— On dit, ajouta Nevers, que leurs femmes sont belles et leurs mœurs libres et raffinées, du moins à la cour des Jagellon.

— Seriez-vous du complot ? dit Monsieur d'un air suspicieux. Leurs soldats, leurs femmes, leurs mœurs, je n'en ai que faire. Je veux rester en France, avec des gens qui me sont chers.

Les conseillers échangèrent des regards narquois. On savait à qui songeait le roi : à Marie de Clèvres, dont son « exil » l'éloignerait peut-être à jamais.

Marie avait accompagné Condé au siège de La Rochelle. Lorsque le nabot se lançait à l'attaque, ce qui lui arrivait plus souvent qu'à son tour, elle s'abandonnait à d'autres assauts sous la tente royale. En apparence, M. le Prince ne soupçonnait rien : il papillonnait autour de conquêtes faciles qui le consolaient de la froideur de Marie à son égard.

— Monsieur, dit Navarre, est victime d'un double complot. Le roi son frère, en l'envoyant en Pologne, se débarrasse d'un personnage qui lui fait ombrage, et Madame Catherine le pousse à accepter cette couronne inespérée.

Il ajouta en se tournant vers Alençon :

— Si vous épousiez la reine d'Angleterre, la France serait la maîtresse du monde. Le roi Philippe n'aurait qu'à bien se tenir de ce côté de l'Europe, et les Habsbourg de même de l'autre côté. La perspective est séduisante.

Jugeant qu'il fallait en finir avec cette expédition avant qu'elle ne sombrât dans le désastre, Monsieur décida de lancer un ultime assaut. La date en fut fixée au 12 juin. La montre préalable avait l'apparence d'un ramassis de gueux hâves et chancelants. Biron regroupa son artillerie sur quelques objectifs vulnérables qu'il arrosa copieusement d'une pluie de boulets de tous calibres.

Anjou tint à commander en personne cet assaut final. Ce fut un beau carnage. Les tranchées regorgeaient de cadavres, les gabions en étaient couverts. Des femmes combattaient dans les rangs des rebelles, et elles avaient appris à manier l'arquebuse et le pétrinal comme des vétérans des guerres d'Italie.

C'en était trop. Les murailles de cette nouvelle Jéricho demeurant inviolables, Anjou commanda la retraite.

— C'était la solution la plus sage, dit Navarre. Si nous étions parvenus à entrer dans cette ville, il aurait fallu la conquérir maison par maison et nous y aurions tous laissé notre peau.

Il s'était donné avec ardeur à ce dernier combat. Son cheval abattu d'une balle dans l'encolure, il était parvenu à disperser un groupe de rebelles auxquels il avait fait quelques prisonniers, parmi lesquels une femme.

Esther Imbert était une prise de choix. Il se dit qu'il pourrait en tirer rançon, mais il souhaitait d'obtenir d'elle des avantages d'une autre nature. Il se sentait en mal d'amour. Les belles dames de la Cour avaient fini par déserter ce siège qui les ennuyait et les filles à soldats étaient toutes gâtées.

Esther Imbert de Boislambert était la fille, un peu montée en graine, mais potelée et assez jolie de visage, d'un ancien maître de requêtes de Navarre, un vieux tousseux installé à La Rochelle pour y soigner ses bronches.

De prime abord, elle ne semblait guère disposée à fêter en compagnie de son vainqueur la fin du siège. Lorsqu'il la retrouva sous sa tente, meurtrie par une chute de cheval, blessée au visage, renfrognée, il se dit que sa victime ne serait pas plus facile à investir que ne l'avait été la ville. Il la questionna ; elle fit la sourde oreille. Il se dit qu'une bonne nuit de sommeil et une bouteille de vin de Saintonge viendraient à bout de ses réticences.

De crainte que sa proie ne lui échappât, il mit un garde en faction devant sa tente et s'en alla coucher à la belle étoile en compagnie de ses écuyers.

Lorsqu'il la retrouva le lendemain matin, elle avait fait toilette mais n'était guère mieux disposée envers lui que la veille. Sa plaie au visage laissait sous le pansement un petit fleuretis de perles rouges. Il la fit asseoir près de lui, sur le lit de camp, lui annonça que ses hommes venaient de retrouver son cheval et qu'elle pourrait bientôt retourner dans ses pénates.

– Bientôt ? dit-elle. Cela signifie...

– ... que vous n'êtes pas vraiment ma prisonnière. Je ne ferai pas l'affront à votre père, que j'ai connu jadis, de vous maintenir en captivité sans votre consentement.

– Et pourquoi serais-je d'accord, je vous prie ?

– Parce que je le souhaite de tout cœur et que vous ne pouvez me refuser cette faveur.

Au mot *cœur* elle eut un sourire.

– Deux bonnes nouvelles ! s'écria-t-il joyeusement. Non seulement vous n'êtes pas muette, mais vous savez sourire...

Il lui demanda des nouvelles de son père et de sa maison. La ville avait beaucoup souffert du siège. Les navires de Montgomery n'ayant pu accoster, elle s'était sustentée de mets infâmes. Il lui demanda si elle avait travaillé aux remparts ; elle montra ses mains crevassées.

– J'admire votre courage, soupira-t-il. Travailler dur et se battre le ventre creux...

– Quand on lutte pour sa foi et sa liberté, on peut souffrir bien d'autres maux. Cette foi, vous l'avez trahie, sire...

Il répliqua d'un air bourru :

– Vous vous trompez. J'ai subi bien des humiliations, mais elles m'ont nourri et j'en tirerai vengeance. Je suis prisonnier, comme vous. Si je m'éloignais de quelques pas, j'aurais dix argousins à mes trousses. Passez le nez par la fente de cette tente et vous verrez : ils sont quatre à virer la carte sur un tambour mais ils ne quittent pas cette tente de l'œil. Si je vais à la messe, c'est que j'y suis contraint, mais ma foi est ailleurs, et vous savez où. Je vous en donne ma parole. Elle est de bronze.

— De ce bronze dont on fait les cloches papistes!

— Moquez-vous! Il n'empêche : nous sommes du même bord. Ma voix chante les cantiques et mon cœur les psaumes. Lorsque je me libérerai, ce qui ne saurait tarder, c'est à vous que je penserai.

— C'est beaucoup d'honneur que vous me faites, sire.

— Que souhaiteriez-vous avant que je vous libère?

— Manger, s'il vous plaît.

Melchior se mit aussitôt en campagne, ramena d'Aytré une volaille étique, un fromage et une miche. Il dressa la table sous l'auvent, face au bastion du Cavalier-des-Évangiles où l'on avait commencé à rassembler les morts et les blessés. Le soleil de juin leur donnait soif. Ils vidèrent la bouteille que Navarre gardait en réserve et burent ce vin sans le couper d'eau.

— Vous êtes un magicien, sire, dit-elle en riant. Moi si sobre de nature, voilà que je suis ivre.

— La fortune de guerre nous réserve de ces surprises. Je vais tâcher de trouver une autre bouteille.

— N'en faites rien! Je tiens à garder mon libre arbitre, à éviter de me laisser entraîner à des folies.

— La fortune de guerre est aussi favorable aux folies. Il faut s'y abandonner. Je boirai, avec votre permission, à notre liberté et à nos amours.

Elle eut un hoquet de surprise.

— À nos amours? Comme vous y allez! Je reconnais bien là le coquelet qui, à ce qu'on prétend, fait l'amour à toutes les bêtes coiffées de la Cour, comme on dit à La Rochelle.

— On exagère beaucoup. Prenez mon propos comme il vous plaira : j'ai envie de vous.

— Sire, je me suis promise à un autre homme.

— Et moi, je suis marié. Le plaisir efface vite le remords.

Esther le laissa lanterner durant deux jours, s'amusant à le regarder faire le dindon amoureux autour d'elle, tandis que les pourparlers, desquels il était exclu, se poursuivaient dans la ville avec Morrisson, le maire, et La Noue, le gouverneur. Elle savoura une délectation subtile à l'écouter débiter les fadaises qu'il avait servies à tant d'autres, puis un plaisir d'autre nature lorsqu'il la fit basculer sur le lit de camp sans qu'elle protestât outre mesure.

L'élan qui le portait vers cette créature ne laissait pas de le surprendre. Elle était moins séduisante que Dayelle, moins habile que Margot, moins ardente que Charlotte de Sauves, mais elle lui révélait une saveur nouvelle : celle d'une conquête difficile dans une ambiance de guerre. Tandis qu'ils faisaient l'amour, des ordres claquaient sec à travers le camp, des chevaux passaient en hennissant, une trompette sonnait l'exercice au loin et l'odeur des cadavres en décomposition leur arrivait par bouffées des remparts.

Une dizaine de jours après la fin du siège, les préliminaires d'une trêve établis, les quelques compagnies de l'armée royale, qui avait perdu plus de vingt mille hommes, la plupart déserteurs, firent leur paquet.

C'est La Noue qui vint annoncer à Navarre qu'une entente s'était réalisée entre Anjou et les rebelles. Ce colosse d'allure fruste, au visage rugueux, au regard généreux, se courba pour entrer dans la tente. La guerre était pour lui une vieille maîtresse ; il lui vouait encore de la passion mais, l'âge et la lassitude venant, il lui préférait la paix.

Il s'assit dans le fauteuil de camp, ramena son bras articulé contre sa cuisse et soupira.

— Eh bien, lui dit Navarre, vous devriez être fier et satisfait du dénouement de ce siège.

— Je ne suis ni l'un ni l'autre, répondit Bras de Fer. Fier de vous avoir combattu ? Satisfait alors que nous avons perdu des centaines d'hommes et que les nôtres résistent toujours à Sancerre ? Cette trêve n'est qu'une parade. Il faudra bientôt reprendre la lutte.

— Cette trêve pourrait déboucher sur une paix générale.

La Noue haussa les épaules. Navarre était jeune et connaissait la nature humaine moins bien que le vieil homme qu'il était, nourri d'amères expériences.

— Les hommes, dit Navarre, j'apprends chaque jour à les juger et à faire la balance entre les bons et les méchants. Cette balance penche du côté du diable. Il y a plus de monde autour de lui que devant les autels du Seigneur. Pourtant, je me refuse à désespérer.

— Il me plaît de vous entendre parler ainsi. J'aurais aimé avoir un fils qui vous ressemble.

La Noue ajouta en frappant son genou de sa main valide :

— Sire, dans un an ou dans dix ans vous serez roi de France.

Navarre se leva, gratta sa joue rosie par une pelade consécutive à la nourriture de chien qui était son ordinaire. Il resta un moment silencieux, debout dans l'entrée de la tente devant laquelle passait un peloton d'*artilliers* traînant une pièce.

— La race des Valois, ajouta La Noue, est en train de pourrir sur pied. Charles disparaîtra en premier. Anjou lui succédera mais il est stérile et la Pologne est loin. Quant à ce pauvre Alençon, qui pourrait l'imaginer avec une couronne royale ? Vous seul, sire, pouvez espérer gouverner ce malheureux pays.

— C'est ce qu'on dit à La Rochelle ?

— C'est ce qu'on dit partout. Méfiez-vous de la reine-mère : elle ne vous porte pas dans son cœur. Elle est jalouse de vous lorsqu'elle vous compare à ses fils, et elle vous garde en otage de crainte que, vous libre, les huguenots ne redressent la tête.

— Jalouse ! La reine-mère jalouse de moi ? Savez-vous comment elle m'appelle ? Le « Reyot », le « roitelet de merde »...

— C'est pourtant ainsi. La jalousie est femme, vous le savez mieux que quiconque...

Esther avait disparu sans un mot, sans un message.

À l'aube du dernier jour, alors que l'arrière-garde prenait la direction de Paris sous les cris de joie et les sarcasmes de la population, Henri constata que la tente était déserte et le cheval de sa captive absent.

Première réaction : envoyer Melchior se mettre à la recherche de l'oiseau envolé. Réflexion faite, il préféra tirer un trait sur cette aventure qui, de toute façon, n'aurait pas eu de suite. Esther n'eût pas accepté d'abandonner son vieux tousseux de père et il n'avait pas vraiment envie de l'amener avec lui au Louvre. Il avait goûté avec cette femme une amorce de passion faite d'un sentiment de revanche et de justification qui s'accordait à des élans généreux de part et d'autre. Revanche sur les Rochelais qui lui avaient donné de la tablature ; justification d'une attitude dont sa conquête avait dû avoir quelque mal à saisir les méandres.

Il venait de recevoir une dernière lettre de Margot.

Les ambassadeurs du royaume de Pologne étaient juste arrivés à Paris. On s'amusait follement au Louvre.

3

LES NEIGES DU SEPTENTRION

1573-1574

Ils portaient des noms bizarres et pour la plupart imprononçables, ce qui prêtait à rire. Le comte Laski, seigneur palatin de la province de Siradie, grand gaillard aux fortes moustaches, au crâne rasé, était le chef de la délégation : une dizaine d'envoyés de la Diète venus avec un train fabuleux chercher leur nouveau roi.

Si leurs noms étaient singuliers, leurs accoutrements étaient franchement grotesques : ils mêlaient les étoffes précieuses, le cuir, la fourrure, aux bijoux barbares qui ruisselaient de leurs doigts, de leurs oreilles et sur leur poitrine.

Lorsqu'ils déambulaient dans les rues de Paris, entassés dans des coches à huit chevaux, ils étaient l'objet de risées et de railleries auxquelles ils répondaient par des sourires et souvent par des paroles d'amitié dans le meilleur français.

Des Sarmates parlant la langue de Montaigne et de Ronsard, voilà qui était surprenant ! Mieux : ayant lu ces auteurs et bien d'autres, ils pouvaient en disserter, et Agrippa ne se privait pas de solliciter leur présence.

La réception des Palatins au Louvre fut mémorable.

Madame Catherine avait assigné à ses hôtes, pour le temps de leur séjour, quelques beaux appartements bourgeois du quartier de Saint-André-des-Arts. Ils traversèrent la Seine sur des naves en forme de gondoles, ornées de tapisseries turques et vénitiennes, sous le soleil de juillet qui, de loin, donnait au vieux Louvre l'éclat de la jeunesse.

Au cours de leur première audience royale, ils n'étaient restés dans la chambre du roi que le temps de lui baiser la main et de lui remettre quelques présents, Charles ayant passé une mauvaise nuit, ce qui l'avait mis d'humeur maussade.

En revanche, ils s'étaient attardés dans les appartements de la reine-mère qui écouta sans y comprendre un traître mot l'allocution en latin de l'évêque de Poznan qui ne parlait pas, quant à lui, un mot de français.

Anjou avait fait de ses appartements un décor des *Mille et Une Nuits* et trônait au milieu de ce fatras avec une grâce empreinte de vénusté féminine. Laski lui avait adressé un discours qui avait fait monter des larmes aux yeux du souverain. Ils s'étaient retirés après un baise-main à l'espagnole.

Visite au duc d'Alençon (il était souffrant et ne put les recevoir). Visite aux souverains de Navarre (ils les avaient trouvés rayonnants de jeunesse et d'amour). Visites... Visites...

Les cérémonies religieuses succédèrent aux manifestations civiles et les banquets aux bals. On festoyait aux Tuileries qui sentaient encore la peinture fraîche; on se divertissait au Louvre. Les ambassadeurs ébahis virent un soir, au cours d'un festin, surgir une île enchantée, une montagne creusée d'alvéoles dans lesquels des filles demi-nues figuraient les seize provinces de la France. Un autre divertissement, tout aussi ahurissant, proposait la reconstitution allégorique des triomphes guerriers du nouveau roi de Pologne. On n'eut garde d'y adjoindre une évocation du siège de La Rochelle, les ambassadeurs étant informés de son issue désastreuse. Dans une autre scène, on vit des filles dénudées et éplorées tenter de dissuader Monsieur d'abandonner sa mère patrie, d'échanger la Seine contre la Vistule. On pleura en écoutant la cantate composée par Claude Le Jeune pour les adieux du roi. Les murailles intérieures du Louvre ruisselaient d'accents pathétiques et de larmes d'argent.

Jusqu'au dernier moment, Monsieur avait espéré qu'un événement imprévu bouleverserait l'ordre des choses, renvoyant les Sarmates et leur train dans leur pays de neige et d'ennui : le roi mourait, ce qui lui ouvrait l'accès au trône et lui permettait d'arracher Marie à Condé pour en faire une reine ; la guerre reprenait contre les huguenots et réclamait sa présence à la tête des armées ; lui-même tombait si gravement malade que tout voyage lui était interdit...

Les événements, hélas ! prenaient un cours différent et l'entraînaient à son corps défendant sur les routes d'un destin inexorable. Les Palatins s'interrogeaient : ils trouvaient leur nouveau souverain peu sensible à l'honneur qui lui était échu et d'humeur maussade. Ils lui apportaient un trône, un royaume puissant, la perspective d'une union avec la sœur du dernier Jagellon, une existence tissée d'or et de soie dans des palais somptueux, et Monsieur boudait !

Anjou boudait. Il s'enfermait des journées entières dans son appartement, des heures à prier dans son oratoire. Seul l'amour qu'il vouait à Marie le soutenait dans sa détresse. Elle prenait sa tête bouffie sur ses genoux, caressait les cheveux bouclés, son visage gras de fard mêlé aux larmes, le berçait comme un enfant puni, lui disait :

– Mon amour, j'ai la certitude que nous ne resterons pas longtemps séparés. Lorsque votre frère aura quitté ce monde, vous reviendrez parmi nous. Alors plus rien ne pourra nous séparer. Tout est prévu. Les ambassadeurs ont fait la grimace mais ils devront en passer par cette condition.

Elle avait exécuté avec le comte Laski une danse de la province de Poznanie, vive, légère, faite de petits pas et de tourbillons étourdissants.

Le dernier bal à la Cour avait été un crève-cœur. Un orchestre composé de violonistes italiens avait joué dans le jardin des Tuileries, sous un beau ciel d'été crépitant d'étoiles, une autre musique de Roland de Lassus qui accompagnait un ballet de nymphes. Margot était apparue dans une robe de velours incarnat qui laissait la poitrine largement découverte, image vivante de toutes les nostalgies que son frère allait emporter dans ses bagages. Joseph Boniface de La Mole, Henri de Guise, Bussy d'Amboise et quelques autres de ses amants, se dirent qu'ils avaient possédé la plus belle femme du monde.

De tout le temps que durèrent les préparatifs – et ils n'en finissaient plus – la reine-mère ne quitta pas son fils chéri. Les appartements de Monsieur rappelaient par leur encombrement et leur désordre ces grèves de l'océan où viennent s'échouer les épaves. Las de garnir puis de dégarnir, il s'asseyait sur un coffre, les mains entre les genoux, et se mettait à pleurer des larmes que sa mère essuyait avant de lui offrir de la poudre de tabac ou des dragées.

– C'est comme pour Marie, vous vous souvenez, mère ?
– La *reginetta di Scozzia*... Si je me souviens !...

Après le décès de François, Marie Stuart avait mis des semaines avant de se décider à quitter Paris pour un trône vide, un royaume lointain, une existence sans joie. Marie, prisonnière de la reine Élisabeth, au château de Carlisle...

– Quelque chose me dit que je finirai comme elle, pleurnichait Monsieur. Je ne reverrai plus la France, mes amis, mes amours, et vous, ma mère. Pourquoi m'imposer ce sacrifice ?

Il éprouvait le sentiment d'être l'enjeu d'une conspiration d'intérêts. Charles ne se sentirait vraiment roi que lorsque ce cadet encombrant régnerait sur la lointaine Pologne. François n'attendait que la mort de Charles pour donner corps à ses ambitions démesurées. Henri de Condé allait retrouver Marie, dont Monsieur avait fait sa maîtresse. Henri de Guise verrait sans tristesse se dissiper dans les brumes de Varsovie celui qui lui faisait ombrage auprès des catholiques. Navarre se réjouirait de l'élimination de ce symbole de résistance aux avancées de la nouvelle religion et de l'un des principaux acteurs de la Saint-Barthélemy. Quant à Madame Catherine, elle serait plus que jamais la gouvernante de France.

Comment résister à toutes ces pressions, à ce tourbillon centrifuge qui l'expulsait hors de France ? Il se sentait prisonnier à l'égal de Condé, de Navarre et d'Alençon. Un prisonnier que l'on jetterait dehors chargé de chaînes.

Tout ce qu'il pouvait encore faire, c'était retarder son départ. Il ne s'en privait pas, mais la manœuvre ne saurait durer indéfiniment. Le roi, la reine-mère, les ambassadeurs le rappelèrent rudement à l'ordre.

Monsieur quitta Paris à la fin de septembre, accompagné par une escorte royale. À Vitry, le roi dut interrompre son voyage à la suite d'une attaque de petite vérole. Au fur et à mesure que la caravane approchait du lieu prévu pour les adieux, Madame Catherine se disait qu'elle était peut-être en train de sacrifier à ses ambitions sa seule raison de vivre, ce fils chéri, son « petit aigle », son « cher cœur ». Fragile comme il l'était, comment supporterait-il les rudes climats du septentrion ? Lui si raffiné, comment pourrait-il faire siennes les mœurs barbares de la cour de Cracovie ?

Le temps doux et chaud ajoutait à sa peine, plus intense au fur et à mesure que la séparation approchait. La caravane royale s'arrêta à Blamont, à la frontière de ces terres d'Empire que l'imagination populaire peuplait de génies malfaisants et d'où sortaient des régiments de reîtres en flots inépuisables.

Après les adieux, lorsque le cheval noir de son fils s'effaça derrière un bouquet d'arbres, Madame Catherine, prise d'une faiblesse, ne put remonter dans sa litière. Elle se sentait soudain dans la position d'un pilote ivre accroché à la barre d'un navire démâté dans la tempête. Dans son désarroi, une idée atroce s'imposait à elle : que ce pauvre Charles disparût très vite et que son « petit aigle », affranchi de ses servitudes, revînt se poser sur son poing.

Il pleuvait lorsque le roi de Pologne, botte à botte avec Henri de Guise, entra dans Nancy, mais l'accueil de la population fut si chaleureux qu'il en conçut du réconfort. Lors de la présentation à la cour de Lorraine, il eut un choc au cœur : Marie de Clèves se trouvait dans l'assistance. Il s'approcha d'elle d'un pas chancelant. Ce n'était pas Marie mais sa vivante réplique.

— Ma nièce, Louise, lui glissa Guise à l'oreille. Louise de Vaudémont. Elle doit vous rappeler une jeune personne que nous connaissons bien...

La demoiselle s'inclina, bredouilla un compliment auquel il ne comprit pas un traître mot mais qu'il n'osa lui faire répéter. Il eut du mal à maîtriser son impatience, dans l'attente du bal qui allait lui faire rencontrer de nouveau cette jeune beauté. Il n'avait pas le sentiment de trahir Marie mais de l'aimer davantage encore à travers son double.

Il lui fit durant la soirée une cour discrète, s'informa de ses goûts et de ses relations. Le lendemain, il lui avoua qu'elle lui plaisait. Le surlendemain, il lui dit qu'il l'aimait. Au moment de remonter en selle, il lui baisa les lèvres et lui dit qu'il reviendrait bientôt, lorsque les événements le rappelleraient à Paris. Elle ne lui demanda pas de quels événements il voulait parler.

Avant de s'enfoncer dans les territoires de l'Empire, le roi dit à Guise :

— Mon cousin, avant de nous séparer, je tiens à vous remercier de m'avoir fait rencontrer votre nièce. Je crois que je viens de découvrir une épouse selon mon cœur. Veillez à ce qu'elle attende mon retour.

Henri de Guise accompagna le cortège royal jusqu'à Mayence et suivit de l'œil l'interminable défilé qui s'avançait à travers l'inconnu. Cinq cents personnes le composaient : une forte escorte armée, les ducs de Mayenne et de Nevers, l'évêque de Saint-Flour et l'abbé de Noailles, des favoris triés sur le volet : Pibrac, Villequier, Montesquiou, du Guast, tous fameux bretteurs, ainsi que le médecin Miron et une nuée de serviteurs et de dames.

À peine avait-il abordé les terres germaniques, le roi n'avait pas tardé à comprendre que la population n'avait pas oublié la Saint-Barthélemy et lui en tenait rigueur. L'hospitalité des princes allemands compensait imparfaitement l'hostilité du peuple luthérien et la morgue des ministres du culte. À Heidelberg, il trouva dans sa chambre, par manière de provocation, un portrait de Coligny. On célébra à Fulda, sous la neige, un triste Noël.

Lorsque le cortège parvint en vue de Medzerich, ville frontière entre l'Empire et la Prusse, le roi se félicita que cette traversée se fût opérée sans incident notable. La véritable aventure du pouvoir allait débuter : à la frontière de la Pologne, des milliers de ses nouveaux sujets l'attendaient, véritable pandémonium de peuplades barbares vêtues d'oripeaux, harnachées d'armes grossières et qui l'acclamaient dans des langues inconnues.

Il tombait une neige lourde sur des horizons de cauchemar. Les Français claquaient des dents sous les assauts du vent âpre des steppes, somnolaient sur leur selle, déliraient de fièvre sans interrompre leur marche.

Fort heureusement, Cracovie n'était pas très éloignée de la frontière. Le cortège l'atteignit à la mi-février, y pénétra dans le grondement des canons de la citadelle, fendant une foule en délire qui brandissait des branches de houx. Dentelle délicate de tours, de remparts, de clochers, la ville émergeait de l'horizon bleuâtre de la steppe et de la forêt comme un rêve d'enfance, belle mais sinistre et glacée. On venait de célébrer les obsèques du roi défunt, et les alléluias succédaient aux *De profundis*, les joyeuses sonneries de cloches au glas. Autour du palais de Wawel l'air crépitait de carillons comme un feu de Saint-Jean.

Précédant sénateurs et princes palatins, le comte Laski vint au-devant du nouveau souverain, un sourire éclatant sous ses lourdes moustaches blondes, son crâne rasé coiffé d'un calot de velours orné de perles, harnaché de fourrures précieuses, un sabre turc dans la ceinture.

Il était suivi d'une longue fille maigre, au visage ingrat : Anna Jagellon, la sœur du roi Sigismond.

Elle était laide et célibataire.

Le départ de Monsieur pour son nouveau royaume n'avait apporté que peu de changement au train de vie de la Cour. Madame Catherine et quelques-unes de ses *libellules* qui avaient eu les faveurs de Monsieur, les mignons que Sa Majesté avait dédaignés, Margot qui l'aimait sincèrement, quelques fournisseurs en produits de luxe étaient les seuls à pleurer son départ.

Navarre n'avait pas versé une larme. Il n'avait jamais eu avec son beau-frère, qui le méprisait et le brocardait à toute occasion, que des rapports dictés par la convenance ou la diplomatie.

Depuis le retour de l'expédition de La Rochelle, les liens qui le retenaient captif s'étaient resserrés. Ses rapports avec Margot avaient de nouveau sombré dans la banalité et l'habitude. Elle n'avait d'attention que pour Joseph Boniface de La Mole, qui lui avait fait oublier les étreintes de Guise et d'Anjou. Grand seigneur, d'une élégance raffinée, officier de mérite, assidu à la messe comme aux duels ou aux rendez-vous galants, La Mole avait de quoi la séduire ; il n'y manqua pas. Il partageait avec le duc d'Alençon, qu'on appelait « Monsieur » depuis le départ d'Anjou, une amitié qui se transforma en complicité lorsque ce dernier lui révéla son projet de complot contre le roi. Sollicité d'y prendre part, Navarre se récusa : il n'avait confiance ni en l'un ni en l'autre de ces rebelles.

En quittant la France, Monsieur avait abandonné son titre

de lieutenant général du royaume, chef des armées. Alençon l'avait revendiqué et s'était heurté au refus du roi, qui, à juste titre, ne croyait guère aux capacités militaires de son cadet et qui, de plus, se méfiait de lui.

Navarre partageait cette aversion. Il avait vu Alençon à l'œuvre devant La Rochelle et avait pu mesurer son degré d'incompétence et de prétention. Il s'était érigé en chef des Politiques, ce mouvement qui visait à s'insérer entre les catholiques extrémistes et les huguenots farouches. Il lui avait dit :

— Les Politiques ont un rôle à jouer et ils le joueront. Les excès des papistes et des parpaillots justifient l'existence de ce tiers parti qui prône la tolérance et la paix. Les deux religions peuvent et doivent coexister, comme cela se fait couramment en Allemagne.

Navarre devait convenir que ces raisons ne manquaient pas de bon sens et de générosité, mais Alençon ne lui inspirait pas confiance et les méthodes qu'il souhaitait mettre en œuvre lui semblaient dangereuses.

Le nabot avait ajouté :

— Les responsables de la Saint-Barthélemy n'ont pas désarmé. Nos vies sont menacées, à la merci de mon pauvre frère qui a perdu la raison. Soyez des nôtres, mon cousin, et nous pourrons déjouer les plans de nos adversaires.

— Mettez de l'eau dans votre vin, avait répondu Navarre. Pour l'immédiat, songeons à nous libérer. Le reste de vos projets viendra par la suite.

Alençon n'avait pas cette patience : il fallait que tout arrivât à la fois. Il attendait la mort de son frère. Chaque matin, il allait aux nouvelles et revenait maussade : le roi s'accrochait à la vie, s'adonnait à la chasse et à l'amour, laissant à sa mère les servitudes du pouvoir. Monsieur songea à en finir par le poison mais ne put s'adjoindre aucune complicité.

Un matin, Monsieur entra tout guilleret dans la chambre de Navarre qu'il entraîna vers une fenêtre pour mieux se confier à lui.

— Notre évasion est pour demain, dit-il à voix basse. Tout est prêt. Je viens de confier mon projet à notre cousin Condé. Il est ravi.

Navarre l'était beaucoup moins. Il détourna son visage pour éviter l'haleine de Monsieur, qui sentait le lieu d'aisance, et fit mine de réfléchir.

— Ne me dites pas, souffla le fantoche, que vous n'êtes plus d'accord!

Il annonça à Navarre d'autres ralliements d'importance à son mouvement. Bientôt la moitié de la France aurait adhéré aux Politiques, qu'on appelait aussi les Malcontents. On avait la sympathie de nombre de princes allemands qui fourniraient de forts contingents de reîtres et de lansquenets au cas où une autre guerre éclaterait, contre le pouvoir royal cette fois.

— Demain..., dit Navarre. Ne devions-nous pas aller chasser à Saint-Germain?

— C'est de là que nous partirons.

— Qui donc est dans le secret?

— Chaumont-Guitry, un de vos propres officiers, et La Mole. Je n'ignore pas vos préventions contre ce dernier. Elles sont fondées, mais c'est un excellent officier et tout dévoué à notre cause.

« Dévouement suspect..., songeait Navarre. La Mole n'aura pas fait faute de confier ce projet à Margot, laquelle aura jugé de son devoir d'en informer sa mère. » Alençon poursuivit :

— Nous disposerons de cinquante chevaux. Notre point de ralliement sera Mantes. La garnison nous est acquise. De là nous prendrons la direction de l'Allemagne afin d'y recruter des troupes et de venir assiéger Paris.

— Assiéger Paris? Y songez-vous sérieusement?

— Je vois bien, soupira Monsieur, que vous n'êtes guère favorable à notre plan, pas plus qu'à notre cause. Alors, si vous préférez rester dans vos chaînes, grand bien vous fasse. Adieu, cousin!

54

– Soyez au moins assuré d'une chose : ce n'est pas moi qui vous trahirai.

Le 28 février, jour choisi par Monsieur et ses acolytes pour s'évader, il tombait sur Saint-Germain une neige fine et serrée qui laissait mal augurer de la partie de chasse, la plupart des participants s'étant récusés. La meute était prête à prendre la voie du cerf que l'on venait de lever quand la reine-mère donna l'ordre de tout interrompre. D'un balcon dominant les terrasses, droite et sévère sous la neige comme un bloc de basalte, elle s'écria :

– Monsieur ! dans ma chambre, tout de suite...

Grelottant d'inquiétude autant que de froid, Monsieur obtempéra. La reine-mère l'attendait dans un fauteuil, les pieds sur une chaufferette, au coin du feu.

– Approchez ! dit-elle d'un ton sec. J'ai à vous parler. J'en apprends de belles ! Ainsi vous vous prépariez à nous fausser compagnie, à comploter contre votre propre frère et contre moi, votre mère ! Quel monstre êtes-vous donc ?

Il se cramponna au dossier d'un fauteuil, bredouilla :

– Mère... j'ignore de quoi vous parlez. Me croyez-vous donc capable de...

Elle lui coupa brutalement la parole :

– Assez de palinodies ! Je connais tout de votre plan et les noms de vos acolytes. Voulez-vous que je les cite ? J'aimerais croire que vous n'êtes pas l'instigateur de ces menées, mais ne me dites pas que vous n'y êtes pas impliqué !

Il tomba à genoux devant sa mère, retrouvant ses peurs d'enfant devant la marâtre armée d'une verge. Il balbutia :

– J'étais informé de ces menées, avoua-t-il, et j'ai tout fait pour m'y opposer. On n'a pas daigné m'écouter !

– Pourquoi ne m'en avoir pas informée ?

– Parce que cette manœuvre me semblait vouée à l'échec. Mal préparée, trop risquée. Maudits soient Condé, Chaumont, La Mole ! Ce sont des traîtres ! Il faut les jeter à la Bastille, les mettre à la question, les mener sur la roue. Il faut...

Le rire aigrelet de la reine-mère interrompit l'anathème.

— Hé là, mon fils! comme vous y allez! Envoyer au supplice un prince du sang! Cela nous mettrait une fâcheuse affaire sur les bras et déclencherait une prise d'armes des huguenots. Mais si vous tenez à vous venger de vos suborneurs, allez en informer votre frère. Il vous attend, d'ailleurs.

Monsieur blêmit, supplia :

— Mère, je vous en conjure, épargnez-moi cette entrevue. Vous connaissez mon frère : il n'écoutera pas mes raisons, il me brutalisera, me tuera peut-être.

Elle ne put maîtriser un mouvement de colère devant tant de cynisme et de lâcheté. Tout était faux dans ce personnage qu'elle aurait aimé n'avoir jamais engendré. Faux, dit-on, comme des diamants du Canada!

— Vous ne pouvez refuser, dit-elle. Une dérobade vous accuserait. Il faudra trouver un coupable, lui infliger un châtiment exemplaire. Ce coupable, le roi le connaît. Je ne peux quant à moi vous en dire plus...

Chaque jour un officier des gardes se présente à la chambre de Navarre : il vient lui remettre le courrier qui a été ouvert et lu, inspecter la chambre et le cabinet, fouiller les coffres, demander au roi ce qu'il souhaite pour ses repas. Ses plats, on les lui apporte comme au guichet d'une geôle. Il en est ainsi depuis que Charles a découvert le pot aux roses, bien que son abstention à la partie de chasse de Saint-Germain plaide en sa faveur.

Il a déniché entre deux tapisseries une sarbacane destinée à surprendre ses entretiens avec ses proches et ses maîtresses.

Ce qu'il avait prévu était arrivé : informée par La Mole du projet d'évasion, Margot l'avait rapporté à sa mère, laquelle en a fait part au roi.

Margot était venue rendre visite à son mari au lendemain de l'événement. Il lui avait amèrement reproché d'avoir trahi les conjurés. Passait encore pour son frère qu'elle détestait, pour Condé qui lui était indifférent, mais trahir La Mole, son amant!

Quant à lui, bien qu'il témoignât de la sympathie pour les Politiques, il avait refusé d'adhérer à leur projet d'évasion qui lui semblait voué à l'échec.

— Vous avez trahi La Mole, dit-il. Savez-vous ce qu'il risque ?

Elle avait tenté de le dissuader de s'engager dans cette aventure, mais il n'en faisait qu'à sa tête. On l'avait jeté à la Bastille avec son ami et complice, Annibal de Coconas, et quelques autres conjurés de modeste envergure.

— Ce qu'il risque, dit-elle avec des sanglots dans la gorge, je ne le sais que trop bien. La hache du bourreau ! Il fallait des victimes expiatoires. Lui et Annibal sont tout désignés. Je suis intervenue en leur faveur auprès du roi. Il s'est montré inflexible. La Mole mourra.

— Vous l'aimez donc tant ?

— Je crois qu'il m'a envoûtée.

Monsieur est consigné dans sa chambre. Seul de tous les conjurés, le prince de Condé a été gracié, pour des raisons mystérieuses, et a pu regagner son gouvernement de Picardie où il n'a fait qu'une halte : ce trublion vindicatif n'a eu rien de plus pressé que de rompre le serment de fidélité qu'il avait consenti au roi et de partir pour l'Allemagne avec Turenne afin de recruter une armée de mercenaires. De Chaumont-Guitry et des autres complices, pas de nouvelles.

Le roi a assigné à son frère et à Navarre une résidence mieux gardée que le Louvre : la forteresse de Vincennes. De leur fenêtre, ils peuvent voir le printemps aigre d'Île-de-France traîner ses nuages et ses brumes sur le donjon et les défenses hérissées de canons, se prélasser sur la forêt étincelante de pluie et de soleil.

Monsieur dans une cellule, Navarre dans une autre. Communiquer entre eux ? Impossible. Tout ce que Navarre a pu apprendre de son codétenu, c'est qu'il n'a pas renoncé à comploter, qu'il a profité de la présence de la Cour pour entraîner quelques-uns de ses proches admis à le visiter dans une autre aventure, plus folle encore que la précédente.

Il a appris de même la date de l'exécution des conjurés : le 30 avril, moins d'un mois après leur arrestation. Ce jour-là, Paris sera en fête.

De retour au Louvre avec la Cour, Navarre a eu un sursaut de stupeur en pénétrant dans sa chambre : on avait posé des grilles à toutes les fenêtres.

Il avait reçu, peu après son arrivée, la visite de la reine-mère. Elle s'était excusée des mesures de rigueur qui accompagnaient la détention de son gendre : c'était une exigence du roi. Elle lui avait parlé des conjurés que l'on avait envoyés croupir à la Bastille en attendant leur jugement. On n'aurait aucune pitié pour Coconas : durant la nuit de la Saint-Barthélemy, il avait outrepassé les consignes, avait assassiné de sa main une trentaine de huguenots et quelques catholiques ; ce n'était que justice qu'il montât sur l'échafaud. Mais Ruggieri, un des proches de la reine-mère ? Elle expliqua qu'on avait découvert dans son laboratoire une statuette de cire percée d'aiguilles, à l'effigie du roi. Mais Tourtray, l'un des alchimistes de Madame Catherine ? On l'accusait d'avoir préparé des poisons pour hâter la fin du roi.

L'exécution de La Mole laissa Margot inconsolable.

Mis à la question durant une semaine, lui et ses complices avaient tout avoué. On les conduisit en place de Grève à travers une foule hystérique qui les hua, les lapida, au point qu'ils étaient plus morts que vifs quand on les hissa sur l'échafaud.

Le supplice consommé, lorsque les aides du bourreau se mirent en devoir de transporter les dépouilles au cimetière des Innocents, on ne retrouva pas les têtes de La Mole et de Coconas. Margot avait racheté au bourreau celle de La Mole et Mme de Nevers celle de Coconas, son amant, dans l'intention de les faire embaumer. Elles les avaient conservées quelques jours dans leurs chambres, entre deux chandelles, pleurant de concert leurs beaux amants, puis les firent jeter dans la Seine quand elles commencèrent à puer.

Montmorency et Cossé restèrent quelque temps prisonniers. Ruggieri fut libéré, comme si l'on redoutait qu'une fois mort il jetât de l'au-delà un sort au souverain.

Charles était entré en agonie lorsque la reine-mère vint lui annoncer une nouvelle dont elle espérait qu'elle redonnerait vie au malade.

La prise par les troupes royales de Domfront avait mis fin à la guerre civile qui sévissait en Normandie. Parmi les captifs, une victime de choix : Gabriel de Lorges, comte de Montgomery, responsable de la mort du roi Henri II dans un tournoi aux lices des Tournelles, quinze ans auparavant. La reine-mère avait laissé éclater sa joie : Montgomery était l'être qu'elle haïssait le plus au monde.

Elle se pencha sur le lit aux draps souillés de sang vomi.

– Mon fils, dit-elle, m'entendez-vous ? C'est moi, votre mère.

Il fit signe qu'il l'entendait.

– Nous avons capturé Montgomery, le meurtrier de votre père.

Le roi secoua la tête, murmura :

– Cela ne me concerne plus, mère. Pourquoi ne me laisse-t-on pas mourir en paix ?

Elle regarda avec dégoût se former une grosse bulle de salive mêlée de sang aux lèvres du moribond. Il était déjà dans un autre monde, au-delà des contingences terrestres. Il avait assisté avec une parfaite indifférence à la décapitation des conjurés. Que pouvait bien lui faire que Montgomery fût vivant ou mort ? Il conservait dans sa mémoire le souvenir d'un capitaine des gardes de haute taille, lourd d'épaules, rude de visage et d'aspect. Il n'avait jamais pu l'exécrer, et comprenait mal la haine que lui vouait sa mère.

Melchior devait assister en compagnie d'Agrippa au supplice de Montgomery, le 26 juin, un mois après la mort du roi Charles. Des dizaines de milliers de gens se pressaient, malgré la chaleur, à l'exécution. On avait dû porter le prisonnier jusqu'au billot, ses jambes ayant été broyées par ses tortionnaires. C'était un vieillard qui avait posé sur le billot son visage déformé par les tortures mais souriant. Le bourreau s'y était pris à trois fois pour lui décoller la tête. Et cette tête-là, personne n'était venu la réclamer.

Charles ne s'était jamais relevé complètement de la petite vérole contractée à Vitry en accompagnant son frère aux marches de Lorraine.

Il n'avait jamais non plus réussi à effacer les remords que la Saint-Barthélemy laissait subsister en lui. Il s'éveillait en hurlant, appelait sa nourrice, la bonne Nanon, s'accrochait à elle, repoussant les spectres qui se pressaient autour de son lit, fermant l'oreille aux voix qui le harcelaient. C'est moins la mort qu'il redoutait qu'une éternité de remords.

Devinant sa fin prochaine, Charles s'était fait conduire à Vincennes, ses appartements du Louvre lui rappelant les effusions de sang de la nuit tragique. Il se disait aussi que l'air de Vincennes, plus salubre que celui du Louvre, lui serait bénéfique et que la vue de la forêt lui rappellerait des souvenirs de chasse.

La Cour avait suivi le roi dans sa retraite. Par son silence, son affliction, elle semblait déjà porter le deuil. On avait pris soin de la faire précéder et escorter d'un régiment de Suisses car Paris commençait à s'agiter : à la nouvelle que le roi était entré en agonie, huguenots et Politiques relevaient la tête et préparaient une prise d'armes dans l'intention d'aller délivrer Alençon et Navarre qui avaient suivi le cortège royal.

À quelques jours de la Pentecôte, le roi avait fait appeler Navarre. Le prisonnier n'avait pas revu le souverain depuis une semaine et l'avait trouvé méconnaissable : un corps décharné sous la chemise souillée, un visage couvert d'ecchymoses, un filet de sang coulant du nez.

Le moribond lui avait pris la main et l'avait attiré à lui pour lui dire d'une voix à peine audible :

— Mon frère, vous êtes le seul de cette Cour en qui j'ai confiance.

– Mais Madame votre mère, sire ?

Charles secoua la tête d'un air excédé.

– Elle sacrifie tout à sa politique.

– Votre frère, Monsieur ?

– Il m'aurait fait empoisonner pour avoir le trône.

– Margot ?

– Trop prise par ses passions, vous le savez mieux que moi.

Il ajouta entre deux accès de toux qui lui firent vomir chaque fois un flot de sang :

– C'est à vous que je confie le soin de veiller sur ceux et celles qui me sont chers : mon épouse et notre petite Marie-Élisabeth, ma maîtresse, Marie Touchet, et le fils que j'ai eu d'elle, Charles. Je sais que je puis compter sur vous, en attendant que mon frère revienne de Pologne. Quant à ma mère, ne lui faites jamais confiance. Elle peut vous témoigner de l'amitié et même de l'affection, mais souvenez-vous qu'elle a toujours Machiavel sur sa table de chevet.

« Précaution superflue... », songea Navarre.

Au soir de cette entrevue qui marquait la fin des visites autorisées, Charles avait envoyé des sonneurs dans une clairière, à peu de distance du château, pour qu'ils sonnent du cor. Il s'était fait conduire jusqu'à la fenêtre ouverte sur la première fraîcheur du soir, alors que le ciel prenait des lueurs mauves sous une traînée de nuages effilochés par le vent. Des épaisseurs végétales montaient les premières ombres, glauques comme des eaux souterraines suintant de l'humus. Les sonneries de cor, roulant sur l'étendue de la forêt, répercutaient leurs échos contre les murailles. Il semblait que toute la forêt chantât l'*hallali*.

– Cela suffit, avait dit le roi. Ramenez-moi à mon lit.

Des larmes de sang coulaient sur ses joues.

Le roi était mort le jour de la Pentecôte. On accusa le poison, mais l'autopsie avait révélé qu'il n'en était rien.

Ambroise Paré avait confié à Navarre :

– Sa Majesté avait les poumons gâtés depuis longtemps et ne prenait aucune précaution pour éviter que son mal ne s'aggravât. Il parvenait à faire illusion mais ne pouvait échapper à la maladie sournoise qui le rongeait. Sa mort a eu d'autres causes : un catharre descendu de la tête aux poumons a occasionné un énorme abcès qui, en crevant, l'a empoisonné. Les prétendus envoûtements dont on a tant parlé ne sont que billevesées.

Ce n'était pas l'avis de la reine-mère. Elle avait accusé Ruggieri, avait obtenu du Parlement qu'on le mît à la question, mais on l'avait libéré faute de preuves.

Lors des obsèques du roi, célébrées à Notre-Dame, les voûtes résonnèrent autant des querelles de préséance entre la noblesse, le clergé et le Parlement que du chant des orgues et de la rumeur du bourdon. Pour accompagner la dépouille mortelle à la basilique de Saint-Denis, la famille n'était suivie que de quelques rares gentilshommes précédés d'une escorte d'archers.

On devait apprendre à quelque temps de là que le roi de Pologne, à l'annonce de la mort de son frère, avait faussé compagnie à ses courtisans. Au lendemain du décès de Charles, Madame Catherine lui avait adressé une lettre mouillée de larmes : elle lui conseillait de prendre dès que possible ses dispositions pour un retour en France. Elle lui disait en terminant : *Prenez soin de vous. Si je venais à vous perdre, je me ferais enterrer tout en vie à votre côté.*

Le roi ouvre son canif, se fait une petite entaille au pouce de la main gauche (celle du cœur), trempe la plume dans la goutte de sang, signe de son nom la lettre qu'il vient d'écrire à Marie de Clèves et se renverse dans son fauteuil en léchant la plaie. Marie... Où est-elle ? Que fait-elle ? Ne l'a-t-elle pas oublié dans le tourbillon de la Cour ? Il espérait, en arrivant à Cracovie, qu'une lettre l'y aurait précédé. Espoir déçu. Daignera-t-elle lui écrire, et le pourra-t-elle seulement ? Peut-être l'absence, la quasi-certitude de ne plus le revoir, a-t-elle gommé les quelques souvenirs qu'elle a pu garder de lui. Elle lui avait pourtant, à son départ de France, confié son amour.

Il sait, quant à lui, qu'il ne pourra l'oublier. Regrets et remords l'assaillent. Pourquoi avoir obéi à sa mère ? Quelle absurde ambition l'a poussé à accepter cette couronne qui semble soudée à son crâne comme un étau de glace ? Un seul espoir dans ce marasme, mais tenace : la mort de son frère. Elle ne saurait tarder. Elle le délivrera.

Tout est prévu pour le retour. Chaque jour, en compagnie de ses gentilshommes, il en étudie l'itinéraire, note chaque étape de cette évasion. Il sourit en songeant que son frère Alençon, son beau-frère Navarre, son cousin Condé sont peut-être encore dans la même situation que lui. Mais eux, à travers leurs barreaux, respirent l'air de Paris.

Il se redresse, lance à son premier valet de chambre :

– Du Halde, surveillez le feu! On gèle...

– Sire, dit le valet, il faut vous apprêter pour la fête de ce soir.

– Un courrier doit partir demain pour la France. Veuillez y joindre cette lettre.

Déjà trois semaines que le duc d'Anjou a été sacré roi de Pologne. Trois semaines qui ne lui ont apporté que des querelles avec les autorités civiles et religieuses et des réprimandes à l'encontre de sa suite qui en prend trop à son aise avec ses sujets, fait retentir les couloirs et les antichambres du palais de ses provocations, de ses chansons de corps de garde, du tumulte de ses beuveries. Des familles sont venues se plaindre de vols et de viols. La population de Cracovie commence à murmurer contre le satrape.

La fête de ce soir aura lieu dans le palais de Wawel, cette sombre bâtisse discrètement ornée dans le goût italien. Elle sera donnée en l'honneur d'un potentat du clan Wapowski ou Tenczinski, il ne sait plus. Il sait seulement comment elle va débuter et se terminer : il ouvrira le bal avec Anna Jagellon et, passé minuit, les hommes fin ivres se battront en duel, Français contre Polonais, après s'être copieusement agonis d'insultes.

Épousera-t-il Anna? C'est dans l'ordre des choses mais il répugne au sacrifice que l'on attend de lui. Le pire est qu'il doit se montrer empressé auprès de cette longue fille blondasse et fanée, au visage de vieille amazone, avec laquelle les échanges sont difficiles car elle ne parle pas un mot de français. Quant à lui, il n'a appris que les mots indispensables : « oui », « non », « merci », « bonjour », « au revoir »...

Son règne a débuté par un événement grave : un incendie qui n'avait rien d'un feu de joie et laissait mal augurer de l'avenir : une partie de la ville a été la proie des flammes. Par la faute, proclamait-on, des Français. Imprudence? Malveillance? Comment savoir?

Les odeurs de l'incendie à peine dissipées, le roi a dû jouer les arbitres dans un conflit opposant deux puissantes familles dont il a oublié les noms.

À ces tracas qui s'accumulent s'ajoute la gêne. Proclame-t-il qu'il est le roi, qu'il lui faut, pour honorer convenablement ses fonctions, un budget important ? Aussitôt les oreilles se ferment et les mines s'allongent. Fort heureusement, sa garde-robe est bien garnie et il a fait provision au départ de Paris de parfums, de fards, de bijoux.

— Du Halde, que vais-je mettre ce soir ?

— Tout est prêt sur votre lit, sire. J'ai choisi votre pourpoint d'étamine jaune broché de blanc et de noir, à crevés de soie, votre haut-de-chausses feuille morte, votre fraise à l'espagnole. Quant au manteau...

— Celui de velours brun fera un contraste agréable.

C'est la même tenue qu'il portait hier pour la réception du khan des Tartares et pour les grandes nuits de Niépolémie. Du Halde ranime le feu, classe la lettre à « Marie de Clèves », devenue « Mme de Condé », dans la sacoche du courrier et tousse.

— Sire...

— Quoi encore ?

— Si je puis me permettre... Vous devriez présenter meilleure figure à votre fiancée. Il en coûte si peu de lui faire plaisir : prendre sa main, lui sourire, l'inviter plus souvent à danser... Les princes palatins, les sénateurs, les officiers de la couronne commencent à jaser. Depuis la lettre de M. de Condé, ils sont sur le qui-vive.

Une indiscrétion a révélé au roi que ce fourbe a écrit aux autorités polonaises pour les mettre en garde contre une éventuelle évasion de leur souverain. Il a pris soin d'inviter les princes allemands à arrêter ce papiste au passage pour le renvoyer à Cracovie. M. le Prince sait que le roi, de retour à Paris, n'aurait de cesse de lui ravir sa femme une nouvelle fois.

Cette fourberie a contraint Sa Majesté à veiller sur son comportement, à éviter de laisser supposer ses intentions d'abandonner ses sujets à leurs polonaiseries.

— Convenez, du Halde, que, depuis cette lettre, je fais des efforts méritoires pour donner le change. La princesse Anna ne peut se plaindre de moi. Ces menus cadeaux, ce baise-main qui la ravit, cette pavane qu'hier nous avons dansée ensemble...

— Annoncez-lui que vous désirez l'épouser. Cela n'engage à rien. Et d'ici là...

Une semaine plus tard, une lettre de Madame Catherine donnait au roi des nouvelles de Charles : il ne quittait plus sa chambre et refusait de participer aux audiences. Il fallait avoir l'œil constamment sur Alençon qui n'avait pas renoncé à comploter, mais Navarre semblait avoir accepté sa captivité sans trop de rancune.

Cette lettre sonnait comme un signal d'alarme.

Décidé à préparer sérieusement sa fuite, le roi envoya en France un ambassadeur, M. de Bellièvre, accompagné de quelques officiers et conseillers, ce qui ne parut pas inquiéter ses sujets. Il redoubla de courtoisie avec son entourage, fit effort pour ne pas s'endormir lors des séances de la Diète, participa à des chasses aux loups, visita ses bonnes villes dont il s'exerçait à prononcer le nom, poussa jusqu'aux rives de la Baltique pour visiter des villages de pêcheurs, couvrit Anna Jagellon de fanfreluches et de babioles. Il parvint ainsi à faire illusion sur ses intentions profondes.

Un soir de la mi-juin bourdonnant de moustiques, un gentilhomme venu de France poussa sa porte. M. de Chemeraut, écuyer de la reine-mère, avait parcouru neuf cents lieues en dix-sept jours et tenait à peine sur ses jambes. Il tendit au roi un pli de sa maîtresse lui annonçant la mort de Charles. La lettre couvrait plusieurs pages d'une écriture désordonnée, dans un style incohérent. Des mouillures, ici et là, témoignaient d'un chagrin sincère.

Bouleversé, le roi tendit la lettre à Pibrac en lui demandant de faire exécuter une copie lisible de cet étrange magma enchevêtré de gémissements, des cris de passion, de nouvelles. Quand Pibrac eut fait traduire ce pathos, le roi soupira :

— Eh bien, nous voilà au pied du mur, mon bon Pibrac. Qu'allons-nous faire ?

– Ce que la circonstance exige : faire prendre le deuil à la Cour, recevoir les condoléances des grands personnages, vous faire confectionner un deuil violet, donner l'impression que rien n'est changé pour ce qui vous concerne.

– Les princes palatins, les sénateurs, les évêques doivent être informés de la mort de mon frère. La surveillance autour de nous va se renforcer.

– Vous devrez vous en tenir à votre contrat : promettre de garder votre couronne, de nommer un vice-roi en France, et attendre le moment favorable pour prendre la fuite.

S'évader du palais de Wawel était une entreprise en apparence impossible. Le roi se disait que son projet était voué à l'échec. Il demanda l'opinion de ses conseillers. Les avis divergeaient : certains suggéraient de nommer Alençon lieutenant général du royaume et de partager le pouvoir avec la reine-mère ; d'autres lui démontraient que, sans sa présence, le royaume allait sombrer dans une nouvelle guerre civile ; il s'en trouva peu pour souhaiter rester en Pologne : c'étaient ceux qui avaient acquis des biens, organisé leur vie sentimentale et qui comptaient bien en profiter.

Après d'âpres discussions, la majorité pencha pour la fuite.

– C'est le parti le plus dangereux mais le plus sage, dit Villequier. Votre mère ne saurait longtemps gouverner seule. Quant à Monsieur, il ne pourrait lui procurer que des ennuis.

La veille du jour prévu pour le départ, le roi décréta la fin du deuil pour la Cour et la convia à un repas au cours duquel il déposa sur la tête d'Anna Jagellon un diadème de diamants. Des Tziganes de Cracovie donnèrent un concert et animèrent le bal. Ce fut la soirée la plus joyeuse depuis que la Pologne avait un nouveau roi. Le vin et la vodka coulèrent en telle abondance que, sur le coup de minuit, tous les invités étaient ivres morts et que le roi put se retirer sans attirer leur attention et raccompagner Anna au seuil de sa chambre.

Respectueux jusqu'au bout de l'étiquette palatine, il reçut

avant de se coucher le maréchal du palais venu lui souhaiter une bonne nuit.

— L'affaire se présente bien, lui dit Villequier. Nous avons rendez-vous avec nos gardes à une poterne du faubourg juif de Kasimierz. Du Halde est chargé de convaincre les factionnaires qu'il est porteur d'un message important. S'ils lui font des difficultés...

Il porta la main au pommeau de son épée.

La manœuvre se déroula sans anicroche. Les chevaux attendaient à proximité d'une synagogue. Au moment de franchir la Vistule, les fugitifs durent mettre le couteau sur la gorge d'un manant qui les guida sur le chemin d'Owiescin. Arrivés au pied des remparts, ils aperçurent dans la clarté lunaire un peloton de Tartares lancés à leur poursuite.

— Ils sont meilleurs cavaliers que nous! s'écria le roi. Nous sommes perdus...

— Ils ne nous rattraperont pas, dit Pibrac. La frontière n'est qu'à trois ou quatre lieues. Ne traînons pas.

Alors que la cavalerie tartare gagnait sur la distance qui la séparait des Français, ils franchirent la rivière sur un pont de bois que l'on fit sauter après le passage par une charge de poudre. La première ville autrichienne, Plès, n'était qu'à quelques lieues. M. de Bellièvre, que le roi avait renvoyé, ses fonctions d'ambassadeur étant devenues caduques, avait reçu pour mission de les attendre à Plès. Il était fidèle au rendez-vous, avec quelques chevaux frais.

Au moment de monter en selle, ils trouvèrent la sortie de la ville barrée par les cavaliers tartares accompagnés du prince Tenczinski qui, s'approchant du roi, lui dit dans un excellent français :

— Sire, j'ai reçu l'ordre de vous reconduire à Cracovie.

— Je n'ai pas l'intention de vous abandonner, répondit le roi, mais j'ai des affaires urgentes à régler en France. Je vous promets de revenir dès que possible.

En gage de bonne foi, il tendit au prince un coffret.

— C'est ce qui reste des joyaux de la couronne de France, dit le roi. Je vous les confie comme la chair de ma chair. Vous me les restituerez lorsque je reviendrai.

Le prince sortit sa dague, s'ouvrit la paume de la main et but son sang pour témoigner sa confiance.

— Sire, dit-il, je suis certain à présent que vous ne nous trahirez pas.

Margot entra dans la chambre de Navarre alors que Melchior épouillait et taillait les cheveux et la barbe de son maître.

— Une nouvelle lettre de mon frère, dit-elle en s'asseyant sur un coffre drapé d'étoffe rouge. Il nous en inonde depuis qu'il a quitté Cracovie. Celle-ci vient de Venise.

— De Venise ? Par exemple... Que fait-il là-bas ?

— Il fait son tour d'Europe comme nous avons fait jadis, mon frère Charles et moi, le tour de la France. Il souhaite, je pense, enrichir son expérience des hommes, voir du pays, se montrer, nouer des alliances peut-être...

Le 23 juin, le roi était entré à Vienne. Pour la première fois depuis l'empereur Charlemagne, cette ville accueillait un roi de France. Il fit le tour de la ville en carrosse, sous les vivats de la foule, avec à côté de lui Maximilien. Lorsque l'empereur lui fit suggérer par un de ses ministres un mariage avec sa fille Élisabeth, veuve du roi Charles, il promit d'y réfléchir, mais c'est à Marie de Clèves qu'il pensait, ou à cette autre « Marie » qui l'attendait en Lorraine.

Pour éviter les territoires allemands dont les princes lui étaient hostiles, il descendit vers l'Italie. Venise l'attirait ; il s'y rendit comme à un rendez-vous d'amour, avec l'intention de séduire cette grande hétaïre ornée de soieries de Chine et de joyaux des Indes. Il avait faim de cette chair de pierre et d'eau.

Il envoya des courriers annoncer sa visite au doge et fut reçu comme le Grand Moghol. Un carrosse doré, présent des autorités, l'attendait à Mestre. Il découvrit une cité balayée par un vent de folie, des armadas de gondoles pavoisées, des hôtels drapés de tapisseries et d'emblèmes de France. Sur son passage des groupes de femmes quémandaient un regard, un signe de la main, l'assiégeaient pour toucher ses vêtements.

Il fit l'amour dans le lit d'une célèbre courtisane, Veronica Franco. Elle l'accueillit dans son palais où elle vivait comme une reine, entourée d'une nuée de serviteurs, de négrillons emplumés en livrée rouge et or, de pages aux fesses rondes. Durant deux jours et deux nuits ils ne quittèrent pas la chambre et le lit aux draps de soie qui n'avait jamais été le témoin d'une telle tempête. Dans la loggia, dix violons et autant de choristes de San Marco se relayaient pour leur donner l'aubade. Il la remercia de quelques perles et elle d'un souvenir cuisant.

Dans l'ardente atmosphère de Venise qui mijotait à feu doux sous le soleil de juillet, le roi oublia très vite les sombres citadelles polonaises, les neiges de l'interminable hiver, la brutalité des mœurs palatines, le visage ingrat d'Anna Jagellon... Il s'imprégnait jusqu'à l'extase d'une civilisation raffinée qui mariait l'Orient à l'Occident.

Il eût fallu peu de choses pour qu'il s'abandonnât au charme fascinant qui émanait de cette ville et qu'il désirât s'y établir. Pressé par ses proches de lever l'ancre, il remettait chaque fois son départ. Les courriers de sa mère qui le pressait de rentrer n'y faisaient rien : les subsides qu'elle lui adressait pour le voyage de retour fondaient en manne généreuse ou en achats dispendieux.

Il vint un moment où le roi ne put remettre sa décision de repartir et de rompre l'envoûtement. Il fit des adieux pathétiques à ses maîtresses et à ses pages, embrassa la main du doge Mocenigo, fit une dernière promenade en gondole sur le *Canale Grande*, au crépuscule, en compagnie d'un vieil artiste, Il Tintoretto, et pleura en l'embrassant sur le débarcadère.

— Où se trouve-t-il cette fois? demanda Navarre.

Margot s'assit près de lui, déplia la lettre.

— Il m'écrit de Turin, du palais de la duchesse de Savoie, qui a quitté la France depuis dix ans et souhaite rétablir de bonnes relations entre nos deux nations.

Soudain, comme un oiseau hors de sa cage, le roi brûlait les étapes. Il s'était arrêté à Padoue mais avait dédaigné Ferrare, Mantoue, Parme, où l'on espérait sa visite, afin d'arriver plus vite à Turin, puis à Lyon, où sa mère devait l'attendre.

— Nous savons, vous et moi, l'objet de cette agitation subite, dit Navarre. Il lui tarde de retrouver Marie de Clèves. Lorsque mon cousin apprendra que son rival est de retour et à pied d'œuvre, il en perdra le sommeil!

Condé, occupé en Allemagne à recruter des mercenaires, ne reviendrait pas de sitôt. Lorsque son époux l'avait quittée, Marie était enceinte de trois mois. Elle l'attendait sans impatience mais priait pour que le roi de Pologne revînt vite; elle avait montré à Margot une de ses premières lettres, signée de son sang.

— Mon frère, dit Margot, compte se trouver à Lyon au début de septembre. Nous irons à sa rencontre. Il est temps de préparer nos paquets. Mais... qu'avez-vous? Ce voyage semble vous contrarier.

— Pas le moins du monde! Au contraire. Mes habits commençaient à sentir le moisi...

Navarre voyait dans cette longue randonnée un moyen de s'évader. Sa dernière tentative, lors des obsèques de Charles à Saint-Denis, avait échoué; on avait dû faire feu sur lui pour le rattraper et le ramener au Louvre.

— Je sais bien à quoi vous pensez, allez, dit Margot, mais il vaut mieux faire votre deuil d'un nouveau projet d'évasion. Ma mère vous aura à l'œil. Vous voyagerez dans son coche en compagnie d'Alençon. Le seul moyen de lui échapper serait de vous jeter dans le Rhône ou la Saône, mais vous n'en viendrez pas à cette extrémité. Cela me causerait un gros chagrin.

— Vraiment? Vous m'aimez donc un peu?

72

— Quoi que vous pensiez, j'ai beaucoup d'affection pour vous, mon ami.

— Autant que pour votre nouvelle conquête ?

Margot toussa pour cacher sa gêne.

— Vous voulez parler de Charles de Balzac d'Entragues ? Eh bien, soit ! Il me donne du plaisir et je ne lui demande rien d'autre. Si vous croyez que je vais m'enticher à en mourir de ce gentillâtre...

— Le « bel Entraguet », comme on dit..., murmura Henri.

Il avait croisé à plusieurs reprises au Louvre celui que, par dérision, on appelait « Bidé ». C'était un de ces muguets de province qui poussent en abondance autour du trône. Margot l'avait rencontré lors d'un bal ; elle avait aimé ses fines moustaches blondes, son nez menu, ses lèvres délicates, la grâce avec laquelle il touchait le coin de ses lèvres de son mouchoir dans la conversation. Elle s'était dit qu'elle allait respirer quelque temps cette fleur au parfum pénétrant quitte à la jeter lorsqu'elle aurait cessé de lui plaire.

— Et vous, dit-elle, où en sont vos amours avec Mme de Sauves ? On dit qu'elle commence à vous lasser.

— Elle s'est usée à trop servir, cette grande bagasse, dit Navarre. Lorsqu'elle me rejoint, je devine à ses parfums les gens dont elle vient de quitter le lit, et ils sont nombreux. C'est comme si elle portait leur miniature à son cou. C'est une bête que l'on peut atteler à tout chariot. Une claque de Madame Catherine sur sa croupe et elle prend le trot, mais rarement le galop car elle devient froide.

— On dit qu'elle vous boude depuis peu.

— On dit vrai. Au soir d'une chasse à Vincennes, je l'ai trouvée dans mon lit et l'en ai chassée. Melchior en a fait son profit.

— Et Dayelle ?

Il avoua qu'il regrettait son absence. Elle avait le talent de broder une dentelle de sentiment autour de leurs étreintes. Il s'était toujours méfié d'elle et n'avait pas eu tort, mais cela tournait au jeu. La porte de sa chambre lui était toujours ouverte

73

mais elle n'abusait pas de cette latitude. Qu'était-elle devenue ? Il l'ignorait.

— Mme de Tignonville, la dame d'honneur de votre sœur Catherine, vous a, dit-on, jeté son mouchoir...

— ... et je me suis empressé de le ramasser. Elle est jolie, bien qu'un peu fade. Elle a le nez de Cléopâtre : un peu court, mais c'est un charme supplémentaire. Vous savez ce que dit M. de Brantôme ? *Petit nez, grand con...*

Le roi de Pologne fit son entrée à Lyon le 6 septembre.

Il avait pris le deuil violet et, dans un coche drapé de velours noir, traversé la ville enfiévrée. Sur la grand-place il avait été indisposé par les copieuses escopetteries répondant aux salves de canon de la forteresse et aux sonneries de cloche. Une grande barque rappelant le Bucentaure de Venise l'attendait sur le bord de la Saône, ornée en proue d'une effigie du dieu Mars et en poupe d'une Junon joufflue et fessue brandissant la foudre.

Madame Catherine blêmit en serrant dans ses bras son « petit aigle ». En quelques mois, son fils avait changé au point qu'elle aurait eu du mal à le reconnaître. À vingt-trois ans, il en faisait plus de trente ; son visage avait maigri, s'était allongé, couvert de dartres, et il avait perdu presque toutes ses dents ; une fistule à l'œil droit suppurait ; il boitillait toujours à la suite de la blessure au pied qui datait du siège de La Rochelle et qui refusait de se cicatriser, malgré les soins de son médecin, Miron, qui lui faisait plonger le pied dans la plaie d'un bœuf égorgé.

Il se débarrassa des deux bichons à long poil qu'il rapportait de Venise et embrassa sa mère. Elle l'enveloppa et l'étourdit d'une logorrhée de propos enflammés tandis qu'il cherchait à reconnaître dans l'assistance Marie de Clèves, mais en vain. Demander d'emblée de ses nouvelles eût été indécent. Il s'en abstint et se renfrogna.

— Mère, soupira-t-il, je suis las de ces discours et de ces congratulations. Revenons vite à Paris, je vous prie.

La reine-mère n'était pas dupe : ce n'est pas l'air de la

capitale que son cher fils souhaitait retrouver mais sa maîtresse. Il serait bien déçu, Marie étant sur le point d'accoucher.

— Soyez rassuré, mon cher cœur, répondit la reine-mère. Nous allons repartir sans tarder, mais je vous préviens : le voyage de retour risque d'être mouvementé.

Le roi s'installa avec sa mère dans une embarcation armée de canons et flanquée d'une armada chargée de soldats piémontais envoyés par la duchesse de Savoie. Précautions indispensables : Damville, comte de Montmorency, gouverneur du Languedoc et huguenot fraîchement converti, avait des comptes à régler avec la famille royale.

Il avait fallu, malgré l'empressement du roi à retourner au Louvre, se résoudre à assister à la réunion des états généraux de la province, qui se tenaient à Avignon. Descendre le Rhône en cette saison n'était pas une partie de plaisir : on allait trouver le froid, la neige, la tempête, être affronté aux huguenots qui occupaient les rives du fleuve... La reine-mère demeura inflexible. La situation dans ces pays était trop tendue pour ne pas tenter de la maîtriser.

La neige de novembre tombait dru lorsque la caravane royale s'embarqua sur le fleuve.

La Cour suivait le navire amiral, entassée dans des embarcations de diverses natures, chargées à couler bas de gens et de bagages. Si les troupes huguenotes ne purent interrompre la descente, le temps s'en chargea. Dans les parages de Pont-Saint-Esprit il se leva une tempête si violente que la plupart des bateaux furent en péril de couler.

Lorsque la cloche du bord les alerta du danger, Navarre et Margot se précipitèrent sur le pont et ne purent que constater le désastre : leur embarcation avait pris de la gîte et commençait à sombrer.

— Il faut évacuer le navire ! s'écria Navarre. Ordre du capitaine...

— Impossible ! protesta Margot. Et nos domestiques ? Et nos bagages ?

– Notre vie est plus précieuse que vos bagages. Suivez-moi!

Avec l'aide de Melchior et d'Agrippa, ils parvinrent à se replier dans un canot de secours envoyé par le navire amiral. Ils assistèrent, impuissants, au naufrage de leur chaland, parvinrent à sauver quelques demoiselles de la suite de Margot et quelques domestiques. Quant aux bagages, ils sombrèrent ou partirent au fil de l'eau.

4

LE PÉNITENT NOIR

1574-1575

À quelques jours du retour mouvementé au Louvre, Margot entra en coup de vent dans la chambre de son mari.

– Je viens d'apprendre une triste nouvelle, dit-elle. Marie de Clèves vient de mourir. Ma mère m'en a informée et ne sait comment annoncer la chose au roi. Elle s'attend à une crise de démence.

Le roi ne devait apprendre la nouvelle que le lendemain.

Il était occupé à feuilleter des dépêches quand un document lui tomba sous les yeux. Il l'ouvrit, se leva lentement, blêmit, battit des bras et s'écroula. Lorsqu'on parvint à le ranimer, il se mit à arpenter en tous sens son cabinet, gémissant, cognant de la tête et des poings les meubles et les murs. On fit appeler Miron ; il se déclara impuissant : le mal dont souffrait le roi échappait à sa compétence et à ses médecines.

Sa frénésie de chagrin jugulée, le roi s'alita, en proie à une forte fièvre qui dura plusieurs jours. Dans l'état de prostration où il se trouvait, il refusait qu'on lui rendît visite et qu'on lui adressât la parole ; il renonçait à s'alimenter et à prendre ses médicaments.

Navarre, qui avait en vain tenté d'approcher son beau-frère, dit à Margot :

– Je crains que votre frère ait du mal à exercer le pouvoir. Il est trop sensible, trop nerveux, trop soumis à ses passions. Parviendra-t-il à maîtriser les mauvais penchants de sa nature ?

— Je lui fais confiance. Ce sont des expériences de cette sorte qui nourrissent les hommes et les rois. Mon frère aimait Marie plus que tout au monde, plus que le pouvoir. Marie est morte. Il aimera le pouvoir et saura l'exercer, avec l'aide de Dieu.

— Dieu vous entend. J'espère qu'Il ne lui ménagera pas son soutien...

Un homme, un religieux, parvint à rompre le silence dans lequel le roi s'était emmuré : le père Auger, son confesseur, ancien cuisinier devenu jésuite et qui avait fait son chemin. Il resta une heure, abîmé dans ses prières, au chevet du malade. Lorsque le roi constata sa présence, il lui dit en fronçant les sourcils :

— Qui êtes-vous ?

— Votre confesseur. Vous ne me reconnaissez pas ?

— Qui vous a introduit ?

— Le Seigneur. J'ai reçu commandement de vous dicter votre conduite. Connaissant la sincérité de votre foi, Il a décidé de vous venir en aide par mon intercession.

— M'aider..., soupira le roi. Personne ne peut aider un homme décidé à en finir avec la vie.

— Il est contraire aux lois divines de souhaiter sa propre mort, dois-je vous l'apprendre ? Trouvez en vous la force de résister au mal qui vous ronge. Faites de votre chagrin un palladium, le symbole vivant de votre peine. Lorsque le Seigneur me demandera des comptes sur ma mission, que vais-je Lui répondre ?

— Qu'Il ait la patience de m'attendre...

Le lendemain, éberlués, les favoris admis au chevet du roi par faveur spéciale le trouvèrent à sa toilette, remis de son mal mais l'air buté, le visage fermé.

— Monsieur de Bellièvre, dit-il, je veux que la Cour prenne le deuil de Mme la princesse de Condé.

— Le deuil, sire ? Toute la Cour ?

80

— Achetez en ville les étoffes nécessaires et faites confectionner des habits violets. Durant toute la durée de ce deuil, j'interdis la moindre musique, la moindre chanson. Qui se permettra de rire en ma présence sera envoyé à la Bastille. Faites en sorte que des messes soient dites pour la défunte dans toutes les églises de Paris, que des processions soient organisées, auxquelles je prendrai part avec les pénitents noirs. Je veux aussi...

Bellièvre n'aurait pas été surpris que Sa Majesté exigeât un jeûne de plusieurs jours ou des macérations publiques pour tous ses gentilshommes.

Navarre trouva le roi en train d'essayer des habits dont aucun ne semblait lui convenir. Il taillait lui-même du ciseau dans la soie violette, comparait les qualités des étoffes et leurs couleurs. Il prenait constamment conseil de Margot dont le goût était infaillible.

— Approchez, mon cousin ! lança-t-il. Nous penchons, ma sœur et moi, pour cette tunique de soie avec semis de têtes de mort en argent. Le père Auger trouve cette tenue fort seyante. Qu'en dites-vous ?

— Ne trouvez-vous pas cela un peu... voyant ?

— C'est justement ce que je souhaite ! Je ne veux pas d'un deuil timide, discret, honteux. Il doit être à la mesure de ma passion et de mon chagrin. Mon cousin, vous n'êtes qu'un Béotien ! Si votre épouse ne prenait soin de votre toilette, on vous prendrait pour un de mes palefreniers !

Navarre avala l'insulte, sourit à Margot qui haussa les épaules. Dans la soirée, il dit à sa femme :

— Je crains pour la raison de votre frère. Cette robe de deuil est grotesque. S'il défile dans cette tenue en ville, il risque de s'attirer les railleries de la populace et les sarcasmes des libellistes. Vous avez tort de l'encourager dans ces excès qui lui sont néfastes.

— Moi, l'encourager ? protesta Margot. Je m'efforce au contraire de le modérer. Il voulait faire peindre sur sa tunique un squelette, se faire confectionner un masque de tête de mort et faire porter le deuil à ses chiens ! Ce n'est pas moi qui le pousse à ces excentricités mais son confesseur.

Le père Auger, Navarre l'avait rencontré la veille dans la chambre du roi, assis sur une chaise basse, son gros crucifix de bois sur les genoux, sa capuche au ras des yeux.

— Mon frère ne fait rien sans prendre son avis, poursuivit Margot. Il lui sait gré de l'avoir tiré de sa torpeur, de l'avoir persuadé de faire de son chagrin un spectacle. Si ce religieux conseillait au roi d'élever un mausolée à Marie, il le ferait sans se poser de question. Le scandale ne lui fait pas peur. Il tuerait de sa main qui oserait dire du mal de sa chère défunte.

Le scandale était ailleurs. Le roi dilapidait les fonds publics alors que le peuple végétait dans la misère, que les paysans dépossédés couraient les routes pour mendier leur pain, que des bandes de claquedents pillaient les voyageurs et les marchands.

Il était aussi, le scandale, dans l'indifférence affichée par le roi pour les événements du Midi. Il feignait d'ignorer que Montmorency-Damville avait réuni de son propre chef les états du Languedoc, sans mesurer les conséquences de cette initiative : la sécession possible de toute une province, la reprise de la guerre civile...

Damville avait quelque raison de se dresser contre la Cour. Échappé par miracle de la Saint-Barthélemy, il s'était réfugié dans son gouvernement du Languedoc qu'il dirigeait à sa guise en proférant des injures et des défis contre le pouvoir royal, qu'il menaçait d'une guerre ouverte.

La reine-mère ne faisait que rire de ces forfanteries. Navarre les prenait au sérieux. Damville était une brute ; rien ne lui faisait peur, et il était capable de tout pour se venger.

C'est alors qu'il séjournait à Avignon avant de regagner le Louvre que le roi avait pris goût aux processions de pénitents.

Un soir qu'il se trouvait à son balcon en compagnie du frère d'Henri de Guise, le cardinal de Lorraine, que certains appelaient l'« *Amigo* des Espagnols » et d'autres le « Tigre » à cause de son amitié vénale pour Philippe et de ses colères, le roi avait vu passer devant sa demeure, à peu de distance du palais des Papes, un défilé nocturne de flagellants et en avait été bouleversé.

— Voilà des gens qui savent vivre leur foi! avait-il confié au cardinal. J'aimerais souffrir comme eux pour la plus grande gloire du Seigneur.

— La vie vous en donnera peut-être l'occasion, mon fils, avait répondu le cardinal.

— Cette occasion, je ne l'attendrai pas. J'aimerais participer, pour la rédemption de mes péchés, à la prochaine procession. Quand aura-t-elle lieu?

— Elle est prévue pour le troisième dimanche de l'Avent.

La procession se déroula à travers une ville prise dans une banquise, balayée par des bises glaciales montant du fleuve gelé sur la moitié de sa largeur. Elle eut lieu à la nuit tombante, dans le grondement des cloches et la lumière rouge des cierges qui fumaient sous la neige. Dans le lointain tonnaient les canons d'une bataille entre les troupes de Damville et celles d'Acier qui se bombardaient de part et d'autre du Rhône.

Les trois ordres d'Avignon – les pénitents blancs, bleus et noirs – avaient été requis de participer au défilé des flagellants : les « Battus ».

Le roi avait pris la tête du cortège, pieds nus, le visage couvert d'une cagoule, un collier de têtes de mort sur la poitrine, un gros cierge à la main. Dès le départ de la procession devant le palais, entre deux masses de spectateurs qui entonnaient des cantiques de Noël, les flagellants s'étaient dénudés jusqu'à la ceinture et, dans un concert de hurlements, avaient commencé à se cingler les uns les autres avec des lanières de cuir.

La mort de Marie de Clèves avait conforté le roi dans son désir d'organiser à Paris une procession semblable à celle d'Avignon. Il en parla au père Auger qui l'approuva et à sa mère qui s'indigna :

— À quoi rime cette nouvelle momerie, mon fils? La Mi-Carême est encore loin. Ne comptez pas sur moi pour m'exhiber dans ce spectacle !

— Il le faudra pourtant, mère. Je ne saurais me passer de votre présence. Cela serait pris pour un désaveu.

— Quand serez-vous guéri de votre passion pour

Mme de Condé? Elle ne la méritait pas, cette sainte nitouche, cette...

— Épargnez-moi vos sarcasmes, mère! hurla le roi. N'oubliez jamais que Marie était pour moi une épouse mystique et qu'elle l'est toujours. Jamais je ne pourrai l'oublier!

— Il le faudra bien, pourtant. Le temps fera son œuvre.

Elle lui parla de nouveau mariage. Il avait refusé la main de sa belle-sœur Élisabeth, puis celle d'une princesse de Suède. Alors pourquoi pas cette timide princesse lorraine, parente des Guise, Louise de Vaudémont? C'est vrai : Louise... Il l'avait oubliée, perdue dans la tempête qui l'avait agité à son retour de Pologne.

— On dit, ajouta la reine-mère, qu'elle ressemble fort à Marie de Clèves. Vous la retrouveriez donc un peu en elle...

En fait, Madame Catherine répugnait à cette union. Elle savait peu de chose de cette princesse. Qu'elle fût douce, soumise, jolie comme on le lui avait rapporté plaidait en sa faveur mais voilà : elle appartenait à la tribu des Guise que la reine-mère ne portait pas dans son cœur du fait de leur prétention à la couronne.

Persuadée qu'elle pourrait trouver pour son fils un meilleur parti, elle décida de ne pas désarmer. *Exit* la veuve de Charles et la princesse de Suède, elle reprit ses manœuvres matrimoniales. Par l'intermédiaire de l'ambassadeur d'Espagne, elle fit avancer le nom de l'infante. Le roi se récria : elle n'avait que sept ans et c'était sa propre nièce! Madame Catherine sonda son fils sur cette Anna Jagellon qu'il avait abandonnée à son célibat; réaction catégorique : certes, elle lui aurait permis, s'il l'épousait, de lui conserver la couronne de Pologne, mais ce pays lui faisait horreur et cette vieille fille lui répugnait. On reparla de la reine d'Angleterre, cette grande sauterelle, mais elle était hérétique et d'ailleurs Alençon avait des vues sur elle : chasse gardée...

La reine-mère croyait avoir épuisé le registre des épouses possibles quand, un matin, elle courut chez le roi, en proie à une illumination. Elle lui glissa à l'oreille :

— Catherine de Navarre...

– Eh bien, quoi : Catherine de Navarre ?

– C'est elle qu'il faut épouser.

Le roi se dit que sa mère commençait à perdre la raison. Certes, l'infante de Navarre avait seize ans, était assez jolie, disait-on, malgré une scoliose qui occasionnait une légère boiterie ; elle gérait bien le royaume en l'absence de son frère, mais elle était huguenote, et de l'espèce la plus coriace. L'épouser serait provoquer dans le royaume une levée en masse des catholiques, une révolution, une guerre peut-être...

Madame Catherine confia son désarroi à Margot qui lui répondit :

– Cessez de vous agiter, mère. Mieux vaut s'en remettre au choix de mon frère. C'est Louise de Vaudémont qu'il épousera, et personne d'autre...

Le mariage eut lieu à Reims, deux jours après le couronnement du roi, en février de l'année suivante.

Sa Majesté était d'humeur maussade : la couronne de Charlemagne, trop lourde pour lui, avait glissé de sa tête pour rebondir sur les dalles. Présage inquiétant. Des malveillants faisaient courir le bruit que l'huile de la Sainte Ampoule n'était pas authentique. D'autres affirmaient que le roi n'avait pas le pouvoir de guérir les écrouelles comme ceux qui l'avaient précédé...

L'arrivée de la princesse Louise dissipa les idées noires qui avaient envahi Sa Majesté. Le bonheur inondant la jeune femme lui semblait aussi lourd à porter que la couronne franque. Dans sa famille elle ne comptait guère : on la tenait pour un fruit sec, difficile à marier, bien que jolie et d'une soumission à toute épreuve.

Lorsqu'un émissaire de la reine-mère lui avait fait part du désir qu'avait le roi de l'épouser, elle s'était sentie partagée entre deux sentiments ; d'incrédulité d'abord : était-ce bien d'elle qu'il s'agissait ? de doute ensuite : n'était-ce pas le double de Marie de Clèves dont Sa Majesté souhaitait faire sa femme ?

Du jour au lendemain, la vierge timide, qui allait se faner

très vite entre son oratoire et son tambour de brodeuse, était devenue l'objet d'attentions et de soins inaccoutumés. Elle défaillait de plaisir devant le portrait du royal époux qu'on lui destinait, puis pleurait en se disant que tout cela n'était qu'un rêve qui allait bientôt prendre fin.

Louise ne tarda pas à se rendre compte que le roi ne l'aimait pas : il l'idolâtrait. Elle était devenue sa créature ; il la caressait, la modelait, lui faisait confectionner les robes et les bijoux qu'aimait Marie de Clèves, tentait de recréer en elle l'épouse mystique.

Le jour du mariage, il tint à lui faire essayer lui-même ses vêtements et ses atours : cela prit des heures, si bien que l'on dut reporter le moment prévu pour la cérémonie.

Du Guast, colonel de la garde royale, était mort. Assassiné. On avait retrouvé le corps vidé de son sang dans un escalier du Louvre, un matin de la fin d'octobre. Parmi la foule des favoris, c'était le plus cher au cœur du roi. Une brute, sans conteste, un énergumène capable des pires forfaits, des crimes les plus abominables, mais, pour son souverain, d'une fidélité de chien. Qui avait osé cette provocation contre le roi, dans sa maison, à quelques pas de sa chambre ? Silence.

Qui ? Margot.

Du Guast, qui tolérait l'emprise de la reine-mère sur l'esprit malléable de son fils, ne pouvait admettre celle de Margot qu'il haïssait. Leurs querelles avaient gagné en intensité au fur et à mesure que le colonel prenait de l'importance dans le cœur et l'esprit de Sa Majesté, ce qui l'incitait à ne pas souffrir de partage. Du Guast était jaloux de son maître. Il l'avait suivi en Pologne ; il ne le quittait plus à Paris. Il était devenu l'ombre du roi.

Un jour que le souverain effectuait une promenade avec Navarre dans le coche en forme de gondole, aux alentours de l'abbaye aux dames de Saint-Pierre, il fit signe au cocher d'arrêter l'attelage.

— Ou j'ai la berlue, dit-il à son beau-frère, ou c'est le coche de votre épouse que je vois en face de l'abbaye.

— C'est bien lui, dit Navarre sans s'émouvoir.

— Cette maison ne serait-elle pas celle du bel Entraguet ?

— Si fait. C'est bien elle.

— Eh bien ! s'écria le roi qui sentait la moutarde lui monter au nez, allons surprendre les amoureux !

— Est-ce bien nécessaire ?

— Diantre ! comme vous prenez la chose. Vous n'êtes donc pas jaloux ?

— Vous semblez l'être pour deux, sire.

Le roi ne releva pas l'insolence. Il sauta hors du coche, entraîna Navarre et fit forcer la porte par un valet. Ils parcoururent les appartements, les trouvèrent vides.

— Vos alarmes n'étaient pas fondées, dit Navarre.

Le roi tenait à son idée. Les oiseaux s'étaient envolés ? On les retrouverait. Et alors...

Le lendemain, Navarre trouva son épouse en larmes dans sa chambre où elle l'attendait. Elle venait de subir de violentes diatribes du roi et de la reine-mère qui lui avaient reproché de s'afficher dans Paris au risque de provoquer les railleries des libellistes et de susciter un scandale dont la Cour se passerait bien.

— Nous avons décidé, lui avait annoncé le roi, de bannir M. de Balzac d'Entragues de Paris.

— Je ne sais ce qui me retient, avait ajouté la reine-mère, de vous jeter dans un couvent, *puttana* que vous êtes !

Navarre l'embrassa, la consola, sécha ses larmes avec son mouchoir.

— Vous avez eu tort, lui dit-il, de laisser le coche marqué de votre blason devant le domicile de votre amant. C'est de la dernière imprudence !

Elle protesta avec feu :

— Me croirez-vous si je vous affirme que je n'étais point chez Bidé mais chez les dames de Saint-Pierre ? Mesdames de Nevers, de Retz, de Surgères et même votre cousine, Mme de Bourdeilles, pourraient en témoigner. Je l'ai dit à mon frère et à ma mère, mais il n'est pire sourd... Henri est avec moi, sa propre sœur, d'une jalousie maladive. Quant à ma mère, elle ne perd aucune occasion de m'humilier.

Elle ajouta en reniflant ses larmes :

– J'imagine que ce n'était pas par hasard que vous et mon frère passiez devant cette demeure.

– À la réflexion, je crois que le coup était prémédité. Ce n'est pas un itinéraire habituel.

– Alors c'est que quelqu'un a informé le roi dans l'intention de me nuire. Je sais de qui cela vient. J'en aurai bientôt la confirmation et je me vengerai.

Ce fut quelques jours plus tard que l'on trouva le corps de du Guast dans l'escalier du Louvre.

Margot pleura son bel Entraguet, puis l'oublia. Il avait fait ses paquets pour retourner dans son domaine. Navarre ne tarda pas à apprendre qu'elle lui avait trouvé un remplaçant en la personne de Louis de Clermont, sire de Bussy d'Amboise. Ce n'était pas du menu fretin.

Cette nouvelle toquade avait pour Margot le goût délicieux de la revanche. Les démêlés de son nouvel amant avec du Guast avaient longtemps alimenté les ragots de la Cour et frisé l'explication sur le pré, mais le favori du roi se méfiait de Bussy, « la tête la plus folle et l'épée la plus redoutable », disait-on.

À la suite d'une querelle dans un théâtre avec le seigneur de Saint-Phalle, pour une remarque ridicule sur la qualité d'une broderie que portait Bussy, Saint-Phalle provoqua le mauvais plaisant, un des proches de du Guast.

Le duel qui s'ensuivit n'était pas une petite affaire. On se battit au pistolet, cinq contre cinq. Bussy eut un doigt arraché mais l'honneur était sauf : une petite blessure comparée à celles qu'il avait subies au cours de ses glorieuses campagnes.

Aucun bretteur ne pouvait prétendre résister à ce redoutable homme de guerre. Aucune femme non plus : beau parleur, aussi prolixe et disert que Brantôme, poète à ses heures, il les fascinait. Alençon avait pris dans ses filets ce tranche-montagne qui avait rendu sa parole au roi pour suivre la fortune de Monsieur. Margot tendit les siens et Bussy s'y laissa prendre.

Il n'avait rien de ce qu'on appelait les « mignons de couchette » dont le roi faisait sa compagnie : Saint-Marc, Caylus, Mesgrin et quelques autres. Il entrait en amour comme en campagne, flamberge au vent. Chacune de ses étreintes équivalait à un assaut et il pouvait sans faiblir en livrer plusieurs chaque nuit, quitte, le lendemain, à oublier ses épreuves dans une partie de jeu de paume ou à la chasse. Margot en fit l'expérience et oublia dans ses bras robustes les mollesses de Bidé qui lui faisait l'amour à la petite cuillère. Chaque étreinte de Bussy, en revanche, était un festin dont elle ne se rassasiait pas. Elle dut pourtant se mettre à la diète.

Les provocations, les insolences de Bussy faillirent lui coûter la vie.

Une nuit, alors qu'il venait à peine de franchir à cheval le guichet du châtelet, une décharge de pistolet éclata dans son dos, lui arrachant le lobe de l'oreille. Une blessure de plus à montrer aux dames, mais guère glorieuse, celle-là.

Bussy réchappa de cet attentat mais dut quitter Paris. Ordre du roi, jaloux de sa sœur et ulcéré de l'alliance du matamore avec Monsieur. Il fit une sortie de théâtre, digne d'un roi, sous les vivats de la populace.

5

ÉVASIONS

1576

Le roi entra dans la chambre de Navarre précédé d'un froufroutement de soie et de velours, se mit à tourner en chantonnant dans la pièce, jeta un regard rapide par la fenêtre donnant sur le port au Foin. Il s'assit au chevet de son beau-frère en se pinçant le nez avec une expression de dégoût : les odeurs des chambres de malades l'indisposaient. Il laissa le bichon qu'il portait dans ses bras glisser le long de sa jambe pour aller renifler le fond d'une tapisserie et lever la patte.

— C'est mon préféré, dit-il d'une voix énamourée. Il m'a été offert par une dame vénétienne dont j'ai oublié le nom. Je l'appelle Adonis mais je ne lui ai pas encore trouvé une Astarté. D'ailleurs aucune femelle ne lui plaît. Il n'est pas normal, comme on dit. C'est peut-être ce qui me le rend aimable.

Adonis régnait sur une cour de bichons, de lévriers, de caniches comptant une centaine de têtes. Les appartements du roi tenaient du chenil et du gynécée car, si Adonis était puceau ou impuissant, les autres s'en donnaient à cœur joie au temps des chaleurs.

Le roi payait fort cher les chiens que ses serviteurs allaient ramasser ou voler dans Paris. D'autres serviteurs étaient chargés de la nourriture et de la promenade. En pénétrant dans les appartements de Sa Majesté, il fallait regarder où l'on posait les pieds.

Ce matin-là, le roi semblait de belle humeur et disposé à la confidence. Il avait fait trois fois l'amour à la reine Louise et cherchait une oreille complaisante à ses exploits.

— Louise..., soupira-t-il. Quelle créature exquise, mais d'une froideur, mon cher... J'ai parfois l'impression de tenir contre moi un bel objet d'art auquel un magicien aurait donné un semblant de vie mais en le privant de la parole. Sous la couette, elle subit tous mes caprices mais sans que je puisse savoir si elle y prend ou non du plaisir. Les dames de Vaudémont, ces saintes femmes, ont dû lui apprendre à dissimuler ses émotions. Mais en éprouve-t-elle ?

— Trois fois en une nuit, dites-vous ? *Dioubiban*, vous allez vous ruiner la santé !

Le roi éclata de rire.

— C'est vous qui me mettez en garde contre ces excès, polisson ? Vous semblez aller beaucoup mieux. J'ai parlé à votre médecin, Guillaume Postel. Il prétend que si vous avez été contraint de vous aliter, hardi cavalier que vous êtes, c'est que vous avez crevé sous vous trop de cavales. Il faudra renoncer pour quelque temps à trousser les jupons de nos dames...

Il énuméra quelques-unes des dernières conquêtes du Béarnais.

— Vous oubliez mon épouse, sire, dit Navarre.

Le roi toussa, se rembrunit, rappela Adonis qui venait de laisser une flaque au bas de la tapisserie.

— Ma sœur... On dit pourtant qu'elle et vous...

— Vous semblez oublier, sire, que l'on nous a mariés sans notre consentement et même contre notre volonté. Il est donc normal que nous nous conduisions l'un comme l'autre à notre guise. Nous sommes peu amants mais très amis. Nous n'ignorons rien des amours et des passades l'un de l'autre. La plupart des couples mal assortis n'en sont pas à partager cette complicité.

— Certes... Pourtant, sans amour, à la longue, les couples se défont, sauf si Dieu bénit leur union en leur donnant des enfants. Qu'est-ce qui vous retient d'en tirer de votre épouse ?

— Margot s'y oppose, à moins qu'elle ne soit stérile.

— J'en suis au même point que vous, mon frère, sauf que

94

Louise est aussi désireuse que moi d'avoir un fils. Nous accomplissons des pèlerinages, nous prenons les eaux à Bourbon-Lancy, nous consultons des médecins, des mages, des sorciers, allant jusqu'à mêler à nos aliments de la crotte de rat en poudre. Rien n'y fait. Il ne nous reste qu'à attendre un miracle.

Il se leva, promena quelques instants son regard sur la grande tapisserie bleuâtre représentant Sennachérib, roi d'Assyrie, combattant les rebelles de Babylone.

— Guérissez vite, mon frère, dit-il. J'aurai bientôt besoin de vos services. Les rebelles du Languedoc, avec Damville à leur tête, en prennent à leur aise. Millau vient de faire sécession et de proclamer une sorte de république. Il souffle un vent de folie sur ces gens. Il faudra les ramener à la raison. Je vais vous confier le titre de lieutenant général du royaume. Je vous préfère à ce fou d'Alençon... Puis-je compter sur vous ?

— Sire, vous ai-je trahi, au siège de La Rochelle ?

Autant le roi paraissait heureux et insouciant, autant Monsieur semblait se morfondre dans ses idées noires. Ses ambitions se heurtaient constamment à l'indifférence ou au mépris de ses proches. L'intention du roi de donner à Navarre le titre de lieutenant général l'avait mis hors de lui. Rien n'était fait, mais tout de même : un hérétique !

Il rendit visite à son beau-frère, victime de plusieurs syncopes, par suite d'une faiblesse générale.

— Tâchez de vous remettre rapidement, lui dit-il. Je vais avoir besoin de vos services.

Il avait reçu des nouvelles de Condé. Assisté de Turenne, le prince Henri avait rassemblé douze mille reîtres placés sous le commandement du comte Casimir. Monsieur préparait sa nouvelle évasion en se montrant plus discret que précédemment, pour se porter au-devant de cette armée avec des gens fidèles, politiques et huguenots. L'armée royale ne pèserait pas lourd face à cette marée humaine.

— Votre médecin m'a assuré que, dans une semaine, vous pourriez mettre le cul en selle, dit Monsieur.

— Selon le médecin de la reine, il me faudra bien un mois de repos.

— Impossible! Nous devons partir dans une quinzaine et nous comptons sur vous.

— Je crains, monsieur, que vous ne surestimiez mes forces. Je tiens à peine sur mes jambes. On doit me porter jusqu'à ma chaise percée, et vous voudriez... D'ailleurs, avec une telle armée et de tels chefs, ma présence serait de peu de poids...

Margot lui prend la main, la porte à ses lèvres, puis contre sa joue. Le malade semble moins fiévreux.

— Vous avez bien fait, dit-elle, de repousser l'offre de Monsieur. Son projet ne m'inspire aucune confiance. Le fait qu'il n'ait pu se tenir de m'en parler prouve qu'il échouera. Toute la Cour doit être au courant.

Elle ajoute à voix basse :

— Avez-vous toujours l'intention de vous évader?

Il hoche la tête.

— Alors je vous aiderai.

— Pourquoi feriez-vous cela?

— Parce que vous êtes mon époux et que je souffre des humiliations qu'on vous inflige. Parce que je crains que les qualités de courage, de bonne humeur, de tolérance que j'aime en vous ne se dissipent dans les bras des filles et des femmes que ma mère vous envoie pour mieux vous tenir. À ce régime, au bout de quelques années de plus, vous seriez perdu. Et j'ai trop d'affection envers vous pour accepter cette idée.

Elle l'embrassa sur le front.

— Nous reparlerons de tout cela, mon ami. Si vous parvenez à vous libérer, peut-être ferai-je tout moi-même pour vous rejoindre. J'ai tant envie de connaître Nérac...

Il la regarde s'éloigner en laissant dans son sillage une odeur d'étoffe précieuse et d'eau de Venise. Les remontrances de Margot relatives à son inconduite, à la suite de celles du roi et de Monsieur, le laissent indifférent. Sous les ennuis de santé dont il sort péniblement, sa volonté est intacte; il la sent en lui ronde et dure comme un galet des gaves. Il a échappé aux griffes de la guerre, il saura repousser les liens de la chair. Madame Catherine a cru pouvoir le soumettre par l'intermédiaire de ses créatures ? Elle en sera pour ses frais.

S'il parvient à quitter Paris – et il y reviendra, avec l'aide de Margot ou seul –, ce ne sera pas afin d'aller se battre contre Damville pour le roi ou avec Monsieur et Condé contre le roi. L'air de la liberté qui lui manque tant au Louvre ou à Vincennes, c'est en Navarre qu'il ira le respirer, à Pau et à Nérac, entre sa sœur Catherine et leurs vieux serviteurs. Il rêve de faire le « gentilhomme champêtre » comme son aïeul Henri d'Albret, d'aller chasser l'ours en montagne, de caresser les filles du Meunier de Barbaste, de se baigner nu dans le gave ou la Baïse.

C'est à ces quelques images flottant dans sa mémoire que s'accroche le naufragé.

Madame Catherine n'est venue que rarement prendre de ses nouvelles. Elle a d'autres soucis en tête : cet hôtel qu'elle se fait construire pour son usage personnel dans les parages de Saint-Eustache et de l'enclos des Frères-Repentis, entre la rue Coquillère et celle des Deux-Écus.

Depuis que l'un de ses mages lui a annoncé qu'elle mourrait « près de Saint-Germain », ses nuits sont traversées d'angoisses : le Louvre est proche de Saint-Germain-l'Auxerrois d'où est parti le signal de la Saint-Barthélemy. Elle trouvera dans ces lieux à sa convenance le repos que le Louvre lui refuse.

Elle devine qu'il ne lui reste plus longtemps à vivre. Entre migraines, catarrhes, rhumatismes, diarrhées, elle traîne la jambe, elle qui ne cessait de bouger, de danser et de chevaucher.

Cette demeure dans le style florentin se compose de cinq vastes appartements luxueusement aménagés et meublés. L'entrée monumentale, imitée du palais Farnèse, est l'œuvre de Salomon de Brosse. Germain Pilon a construit les fontaines et la chapelle. Au milieu du jardin, elle a fait édifier ce qu'elle appelle la tour de l'Horoscope, sorte de minaret couronné d'une terrasse d'où elle et ses mages peuvent sonder les mystères du ciel nocturne et les signes qui s'en dégagent.

La hantise de la mort la replonge dans son enfance florentine qu'elle s'est attachée à recréer dans ces lieux, jusque dans l'ordonnancement du jardin. C'est dans ce *retiro* qu'elle souhaite finir ses jours, parmi le chant des oiseaux, le murmure des fontaines, le silence des nuits.

Mourir? Pas encore. Elle a trop à faire.

Et d'abord partir à la recherche de ce songe-creux de François qui est parvenu à s'évader du Louvre.

Un matin de la mi-septembre, Margot a fait irruption dans la chambre de sa mère en lui annonçant la nouvelle qui courait déjà le Louvre : Monsieur s'était enfui. La reine-mère a sauté du lit.

— Que me dites-vous là? François? enfui? Quand? Avec qui? Pour aller où?

Margot n'en sait pas davantage. On a trouvé le lit vide, les serviteurs absents, la garde-robe mise à sac. Personne ne l'a vu quitter sa chambre. Un archer en faction dans un escalier a bien remarqué au petit matin un bougre malingre et mal fagoté, entouré de deux portefaix, mais il n'a pas jugé bon de les interpeller.

— C'est lui! s'est exclamé le roi. C'est le « Moricaud »! Il faut le rattraper.

On a lancé des pelotons de cavalerie dans plusieurs directions, sans résultat : Monsieur a pris trop d'avance.

Un parti de trois cents cavaliers attendait le fuyard au clos Saint-Lazare, dans le nord de la ville. De là, il a pris la direction de Dreux, trompant ainsi ceux qui pensaient qu'il irait rejoindre directement l'armée d'invasion que lui amenait Condé.

Avant de quitter Dreux, il a adressé un ultimatum à son frère, exigeant la liberté de conscience en matière religieuse, la reconnaissance du parti des Politiques et la convocation d'états généraux dans le plus bref délai.

À la tête d'une petite troupe, il s'est dirigé vers le Poitou où l'attendait La Noue Bras de Fer qui devait lui amener des troupes fraîches. On s'est dit à la Cour que son intention était de s'avancer vers Paris par l'occident, tandis que les reîtres l'aborderaient par l'orient, et qu'il comptait prendre la ville comme dans un étau.

Navarre, qui faisait ses premiers pas dans le jardin des Tuileries, les jambes encore molles et l'esprit brumeux, sourit en voyant Margot s'avancer vers lui, un bouquet de roses passé dans sa ceinture. Il observa qu'elle avait le regard bas et la lèvre morose.

– Fine mouche! dit-il. Vous avez réussi à faire évader votre frère. Vous m'aviez pourtant assuré de votre indifférence à ses projets et de la méfiance que vous lui témoigniez.

– Pardonnez-moi, dit-elle, mais il y avait du nouveau.

Ce n'était pas un motif politique qui avait opéré ce revirement mais une vengeance de femme. Le roi avait ordonné à Margot de renvoyer une de ses suivantes, la belle Gilonne, complice de sa maîtresse dans ses rendez-vous avec Bussy d'Amboise, lequel, par défi, en quittant le Louvre à la suite de la décision de Sa Majesté, avait arboré à son chapeau les couleurs de Margot dans la traversée de Paris. Tous les libellistes en avaient rendu compte dans leurs gazettes.

– Comment pourrais-je vous faire confiance? dit Navarre en s'appuyant à son bras. Votre inconstance me déçoit. Vous avez mis votre famille et le pays dans un beau pétrin. Pour venger l'honneur d'une servante qui n'en avait guère, vous risquez de mettre le feu aux quatre coins du royaume. Les Politiques alliés des huguenots n'attendaient qu'un chef de sang royal pour se donner un semblant de légalité. Vous le leur avez offert. Souhaitons que le roi ne soit pas informé de vos manigances!

Il voulut en savoir plus sur le déroulement de cette opération. Margot avait tout combiné, trouvé les hardes qui permettraient aux fugitifs de passer inaperçus, soudoyé les gardes du guichet, acheté les quelques chevaux nécessaires à gagner du terrain avant qu'on ait donné l'alerte; elle avait même trouvé un coche pour le conduire jusqu'à Saint-Lazare, puis à Dreux.

– Je ferai de même pour vous, dit-elle en serrant son bras

contre sa poitrine, mais ce ne sera pas dans l'intention de me venger de qui que ce soit. Autant je me méfie de Monsieur, autant je peux faire fonds sur vous.

Elle prit une rose dans sa ceinture et la glissa dans une boutonnière du pourpoint de son époux. Il sursauta.

– Rassurez-vous, dit-elle. Elle n'a pas d'épines...

Le 10 octobre, à la tête d'une armée royale, Henri de Guise attendait de pied ferme les deux mille reîtres que les rebelles poussaient vers Paris. Il avait choisi pour les attendre la ville de Dormans, sur la Marne, entre Châtillon et Château-Thierry. Le combat fut brutal mais bref. Guise repoussa les envahisseurs, gagna l'estime du roi et revint avec une blessure au visage qui le fit surnommer, comme son père avant lui, le « Balafré ». Talonnée par le maréchal de Biron et Philippe Strozzi, la horde vaincue s'était repliée sur la Bourgogne, puis s'était orientée vers le Bourbonnais et les Limagnes, où l'on pouvait plus aisément se procurer des subsistances.

Madame Catherine choisit de négocier plutôt que de s'engager dans un conflit dont l'issue, malgré cette victoire initiale, restait incertaine. La confiance qu'elle témoignait jadis aux vertus guerrières de son « petit aigle » s'était dissipée. Depuis son retour de Pologne, il préférait la compagnie de ses mignons et de ses chiens à celle des militaires, et les plans de campagne qu'on lui proposait l'ennuyaient.

Le Moricaud attendait à Chambord le moment d'entamer à son tour les hostilités. La reine-mère l'y retrouva, le sermonna, tenta, avec l'aide de Brantôme, de le ramener au bercail. Monsieur écouta sagement, faillit céder, se rétracta, annonça que sa décision était remise à plus tard.

– Plus tard, mon fils ? Mais quand ? Mais où ?

– Disons fin octobre, à Lusignan, en Poitou. J'espère que, d'ici là, mon frère aura satisfait aux termes de mon ultimatum.

Illusion... Tout ce qui sortit de la nouvelle rencontre, à Lusignan, ce fut une trêve de six mois. Belle victoire !

– Une trêve ! s'exclama Navarre. Une trêve avec cette

planche pourrie d'Anjou, alors qu'il n'y a pas eu de bataille décisive. Décidément, nous sommes au royaume des fous!

– Les rebelles, dit Margot, n'espèrent qu'un chef, un vrai – vous, mon mari – pour prendre l'offensive. Qu'attendez-vous pour les rejoindre?

Il y pensait le jour et la nuit, échafaudait des plans mais espérait une circonstance favorable qui tardait à se présenter. Mal préparées, sujettes à des improvisations maladroites, ses tentatives précédentes avaient échoué piteusement et n'avaient eu pour résultat que de resserrer les mailles du filet.

Margot avait un plan; elle le lui confia. Il fallait dans un premier temps endormir la vigilance des gardiens.

Au début de février, avant le souper, Navarre fit une promenade dans le jardin des Tuileries et, jusqu'à minuit, s'enferma dans une cabane de jardinier. Il en sortit en sifflotant, les mains dans sa ceinture, le bonnet sur l'œil.

Le stratagème avait si bien réussi que tout était sens dessus dessous : une panique identique à celle qui avait accompagné le départ de Monsieur. On le traîna devant le roi qui s'écria :

– Vous! Mais où étiez-vous donc passé? Cela fait une heure que l'on vous cherche. J'ai même envoyé quelques pelotons de cavalerie dans les faubourgs.

Navarre répondit avec un sourire :

– C'est beaucoup d'honneur que vous me faites, sire. Je m'étais endormi dans une cabane.

– Vous vous moquez! s'écria la belle-mère. C'est encore un de vos tours de Béarnais! Vous aviez l'intention de nous fausser compagnie!

– Loin de moi cette idée, madame. J'aurais pu prendre la fuite si je l'avais voulu, mais à quoi bon abandonner ce lit douillet pour aller courir l'aventure et la guerre? Merci bien!

Ils en rirent le matin, Margot et lui, assis dans une flaque de soleil, contre le puits de la cour. Le subterfuge avait été efficace; restait à lui donner une suite sérieuse. Dans les jours qui suivirent, Navarre sentit que la surveillance se relâchait, qu'on

le regardait d'un œil moins soupçonneux durant ses promenades aux Tuileries ou ses parties de jeu de paume.

La chasse lui manquait? Le roi le convia à courre le cerf
en sa compagnie à Rambouillet. Dès qu'on le perdait de vue,
c'était l'affolement. Lorsqu'il revenait, on l'accueillait avec des
cris de joie.

Le roi renonça bientôt à suivre la chasse. Il ne s'en sentait
plus la force, épuisé qu'il était par la maladie ramenée de Venise.

– Racontez-moi votre journée, mon frère, disait-il à
Navarre.

Navarre avait tué un splendide dix-cors que l'on destinait à
Sa Majesté, rapporté une râtelée de canards, fait collation sur
l'herbe d'une clairière avec quelques amazones, leur avait
démontré que les fatigues de la chasse ne sont pas incompatibles
avec le plaisir d'amour...

– Décidément, plaisantait le roi, vous n'êtes qu'un polisson incorrigible. Songez à votre santé!

Il avait rencontré un matin, sur une coupe de bois, un
brave homme de bûcheron qui, grelottant de froid, n'arrivait
pas à retrouver son chemin. Il l'avait pris en croupe pour le
ramener au village. «Je vois parfois passer la chasse du roi, dit
le bonhomme. Sera-t-il présent aujourd'hui?» Navarre avait
répondu qu'il était sûrement au village. «Je le reconnaîtrai à
quoi? demanda le bûcheron. – À ce qu'il sera le seul à garder
son chapeau sur la tête.» Lorsqu'ils arrivèrent au village et des-
cendirent de cheval, les gentilshommes se découvrirent; seul
Navarre garda son chapeau. «Sapristi! jura le bonhomme, le
roi ne peut être que vous ou moi...»

Quelques autres manœuvres savamment élaborées suivirent ce joyeux retour de chasse qui avait bien diverti Sa
Majesté. Qui aurait pu croire que le Béarnais comptait toujours
prendre le large puisque de nombreuses occasions s'étaient pré-
sentées, dont il n'avait pas profité? Il s'était de nouveau plongé
dans les plaisirs et livrait à ses partenaires de fausses confidences
qui étaient rapportées à la reine-mère.

Un soir de début février, Navarre tarda à paraître au Louvre. Nul n'y attacha d'importance, bien que ce retard fût plus long que les précédents. On l'attendit à la table du roi où sa chaise était restée inoccupée. Sa Majesté envoya quérir sa sœur.

— Navarre, dit le roi. Savez-vous où il est?

— Ma foi, je l'ignore, dit Margot. Mme de Sauves a dû le retenir plus longtemps qu'il ne l'avait prévu.

— Balivernes! s'écria la reine-mère. Navarre est en fuite et vous l'y avez aidé! Vous êtes sa complice! Ses préparatifs n'ont pu vous échapper.

Margot jura ses grands dieux qu'elle n'était au courant de rien, que son mari s'abstenait de lui faire des confidences.

— Je ne vous crois pas! rugit le roi. Vous l'avez aidé, comme vous avez aidé mon frère François! Je lui avais promis la lieutenance générale du royaume, et voilà comment il me manifeste sa reconnaissance. L'ingrat! Le coquin!

Après sa partie de chasse dans les parages de Senlis, Navarre n'avait pas regagné le Louvre. Il avait raccompagné ses compagnons jusqu'à l'hôtel du Petit-Bourbon. Discrètement, il leur avait faussé compagnie sous prétexte d'aller se désaltérer.

Il était sorti du Petit-Bourbon par le portail du jardin et, un moment plus tard, avait rejoint Melchior et Agrippa. Sans attendre que l'alerte fût donnée, ils avaient lancé leurs chevaux en direction des faubourgs. La nuit pluvieuse avait le goût de la liberté.

Navarre eut très vite l'impression qu'il s'était joué à lui-même une comédie dont il était la première dupe.

Il ne s'attendait certes pas à ce que, dans les villes où il faisait halte, on lui dressât des arcs de triomphe, qu'on le couvrît de fleurs, que les portes des châteaux s'ouvrissent d'elles-mêmes au simple énoncé de son nom, mais il dut convenir qu'il n'avait pas plus d'importance qu'un roitelet perdu dans la tempête.

Melchior et Agrippa le consolaient de leur mieux :

– Vous êtes resté trop longtemps absent de la vie publique, lui disait Agrippa. On vous a oublié. Vous avez quitté le Louvre ou trop tard ou trop tôt.

Une autre déception l'attendait. On lui avait laissé entendre que les rebelles constituaient une force susceptible d'ébranler le trône, qu'à l'annonce de son évasion des légions sortiraient de terre comme celles de César. Il ne sortait de terre que de la boue et des désillusions.

Monsieur n'avait pas respecté la trêve, ce qui ne surprit personne. Que pouvait-on attendre d'honnête et de sérieux de cet opportuniste ? Et d'abord, où se trouvait-il ? Anjou, Navarre, Condé se cherchaient comme des ombres à travers le brouillard. On ne mène pas une campagne avec des ombres.

Quelques mois plus tard, Navarre devait avoir la confirmation du peu de cas que l'on faisait de sa personne.

104

La reine-mère, consciente de la nécessité de ramener à tout prix la paix dans le royaume, décida, malgré les dangers que comportait cette entreprise, de se rendre à Sens où les rebelles tenaient enfin une assemblée. Elle était accompagnée de Margot et d'une escouade de son « escadron volant ». Dans les premiers pollens du printemps, la suite royale châtelait sur les bords de la Seine et de l'Yonne.

Personne, à l'ouverture de l'assemblée, ne s'inquiéta de l'absence de Navarre.

L'essentiel, pour la reine-mère, c'est qu'elle avait une occasion de faire la paix et qu'elle ne la lâcherait pas. Le roi ne ménageait pas ses concessions : désaveu de la Saint-Barthélemy, liberté des cultes, places de sûreté accordées aux huguenots, réhabilitation de la mémoire de Coligny, de Montgomery, de La Mole, création de chambres de justice mi-parties catholiques et huguenotes...

Paris ne l'entendait pas de cette oreille. Désavouer la Saint-Barthélemy, faire de Coligny un martyr, c'était aller trop loin. Il n'y eut ni feux de joie ni *Te Deum* mais une vague de marasme qui faillit dégénérer en émeutes. Pactiser avec le diable est un péché mortel. Égorger ses créatures est une œuvre sainte.

Lorsqu'ils apprirent que le roi avait fait don à Condé de Péronne, moines et prélats soufflèrent sur les braises et incitèrent les habitants de cette ville à fermer leurs portes au nouveau gouverneur. À Paris, l'exaspération confina à l'hystérie. On avait voulu faire une bonne paix ; elle risquait de dégénérer en mauvaise guerre.

Navarre se trouvait dans les parages de Saintes lorsque ces nouvelles lui parvinrent, rapportées par Agrippa qui avait passé une journée dans une taverne des bords de la Charente où l'on ne parlait que de cette « paix de Monsieur », ainsi nommée en hommage au frère du roi.

Les faveurs consenties aux huguenots le comblaient. En revanche...

— Ce traité, s'écria-t-il, est une véritable foire d'empoigne!

Agrippa lui avait appris que le Berry, la Touraine, l'Anjou étaient attribués à Monsieur, qui recevait en plus une rente annuelle confortable. Le gouvernement de la Picardie, avec Péronne et d'autres villes de cette importance, tombait dans le giron du prince de Condé. Les ducs de Guise, quant à eux, recevaient cinq provinces.

— De quel droit, s'écria Navarre, Sa Majesté s'arroge-t-elle le pouvoir de distribuer des territoires dont elle a hérité et dont elle n'est que dépositaire? Ce traité est une honte!

— Sans compter, renchérit Agrippa, les seigneuries, les abbayes, les joyaux du trésor royal dont le roi comble ses favoris ou qu'il vend à l'encan! Lorsque ses coffres sont vides, il s'attaque aux bijoux de famille. Bientôt le domaine royal sera réduit à l'Île-de-France, comme sous les temps mérovingiens!

Agrippa témoignait sa fureur dans ses écrits. Navarre le surprenait souvent, au cours de leurs haltes ou des veillées de camp, occupé à griffonner sur des bouts de papier, avec une sorte de fureur.

— Encore occupé à ronsardiser? lui dit-il un soir. Tu n'es donc jamais fatigué?

Agrippa avait depuis longtemps renoncé à tresser des rubans de poèmes à la manière du vieux poète sourdaud. Il se souvenait de ce que son maître lui avait dit après avoir lu ses premiers vers: qu'il devrait, au lieu de débiter des galanteries, s'attaquer à une œuvre qui serait le miroir du siècle, de ses gloires comme de ses misères.

— J'ai enterré Ronsard, confessa Agrippa. Ce que j'écris aujourd'hui me sort de l'esprit et du cœur comme la lave d'un volcan. J'ai entrepris de raconter en alexandrins la tragédie de notre temps. D'ailleurs j'intitulerai ce livre *Les Tragiques*. Je viens de terminer la première partie.

Navarre l'invita à lui lire le début.

— Ce soir, sire? Dans cette grange?

— Le lieu importe peu. Le génie est partout à son aise.

Navarre s'assit sur une botte de paille tandis que le poète fouillait fébrilement dans sa liasse pour retrouver le premier feuillet. Dans la clarté de la chandelle posée sur le cul d'une barrique vide, son rude visage chafouin, fortement coloré sous la barbe roussâtre, semblait retrouver sa jeunesse perdue.

Il s'éclaircit la voix avant de déclamer, en martelant très fort les syllabes :

Puisqu'il faut s'attaquer aux légions de Rome
Aux monstres d'Italie, il faudra faire comme
Hannibal qui, par feux d'aigre humeur arrosés,
Se fendit un passage aux Alpes embrasées...

— Excellent ! dit Navarre. Cela sonne bien, la forme est hardie, mais nous sommes loin de notre temps.
— J'y viens ! dit Agrippa :

Mon courage de feu, mon humeur aigre et forte
Au travers des sept monts fait brèche au lieu de porte.

Navarre se retenait de bâiller. Il trouva cet interminable pathos confus, truffé de références absconses, d'images excessives, mais d'une exceptionnelle vigueur. Le verbe se faisait fouet, cinglait la nuit odorante, suscitait des images de feu et de sang, soutenait la marche de légions innombrables.

Lorsqu'il eut terminé la lecture du premier livre intitulé *Misères*, Agrippa souhaita parler du second, qui porterait le titre de *Princes*. Il en avait déjà conçu le canevas. Navarre coupa son élan :

— Demain ! dit-il en bâillant. Il est temps de dormir. Quant à moi, j'ignore si je pourrai trouver le sommeil. Tes vers vont faire la sarabande dans ma tête...

Au cours des tractations qui avaient abouti à la paix de Monsieur, il n'avait été fait mention du roi de Navarre que pour confirmer son titre de gouverneur de Guyenne. Le lui enlever eût été, de la part des protagonistes, un acte d'hostilité injustifiable à l'encontre d'un prince du sang, beau-frère du roi.

Il ne lui serait resté que la perspective de se replier sur son petit royaume des Pyrénées, proie facile pour la France ou l'Espagne.

Il renonça à retourner en Navarre. Ce fut sa sœur, Catherine, qui, ayant appris son évasion, vint à lui. Ils se retrouvèrent à Niort.

La « bonne et douce huguenote », comme on disait à la Cour pour la différencier de sa mère, Jeanne, étant loin d'avoir les qualités qu'on lui prêtait. Elle avait dix-huit ans, mais les événements, la solitude, l'angoisse des lendemains l'avaient mûrie. Longue, sèche, vêtue à la huguenote d'une robe noire très stricte, avec au cou un simple collet de dentelle brodé par des paysannes, elle aurait dû, vivant au Louvre, subir des railleries, d'autant que sa démarche déhanchée prêtait à se moquer. Son dernier séjour au Louvre remontait à quatre ans : elle avait pu, contrairement à son frère, retrouver son petit royaume et l'avait administré en bonne régente.

— Si j'ai souhaité votre présence, lui dit Henri, c'est afin que vous soyez témoin d'un événement grave. J'ai pris la décision d'abjurer la religion qui m'a été imposée et de reprendre le chemin des Évangiles.

Elle se jeta contre sa poitrine. Ses cheveux rêches sentaient le savon militaire. Elle avait des graviers dans la voix en murmurant :

— Notre mère serait heureuse de cette décision. Vous avez dû souffrir lorsqu'il a fallu renier votre foi.

— Moins que vous ne le supposez. Nous avons été élevés dans la religion catholique. Il m'en était resté quelque enseignement. Et puis je n'ai juré que du bout des lèvres. Il n'empêche : tous ces changements m'importunent.

Né dans la religion de ses pères, il avait été enseigné par Jeanne d'Albret dans le culte répandu par les ministres de Genève. Son père, Antoine de Bourbon, l'avait arraché aux idées nouvelles pour le ramener à l'autel, auquel il venait de tourner le dos en s'évadant du Louvre. Les enseignements contradictoires qu'il avait reçus se brouillaient dans son esprit. Comment aurait-il pu prendre au sérieux ces jeux de masques ?

108

Catherine ne resta que quelques jours à Niort.

— Je n'aime pas demeurer longtemps absente de notre royaume, dit-elle. Nous sommes pris entre les troupes de Montluc et les hordes de Navarrais des montagnes. Il faut constamment veiller au grain.

— Montluc n'est plus dangereux. Il a résilié ses fonctions car il est âgé, malade et déçu dans ses ambitions. Ce vieux lion a regagné sa tanière d'Estissac. Il ne pendra plus personne.

Navarre assista au départ de sa sœur, qui était venue accompagnée de quelques dames et gentilshommes du Béarn. Il lui dit en lui baisant la main :

— Ma petite sœur, il sera bientôt temps de songer à vous marier.

— Je m'en soucie peu, mon frère. Rien ne presse.

— Vous ne souhaitez pas rester fille ?

— Sachez que je n'ai pas de prétendant et que je n'en cherche pas. Je vous souhaite le bonjour, *Portaz-ve plan*, comme on dit chez nous...

6

LA NOUVELLE JÉRUSALEM

1576-1577

Un matin du début de juillet, Melchior ne se présenta pas au rassemblement. Navarre fit part de son étonnement à Agrippa qui répondit, fort gêné :

— Je sais où il se trouve et pourquoi il est absent, mais je lui ai promis de me taire, du moins durant quelques jours. Si cela peut vous rassurer, il ne lui est rien arrivé de fâcheux.

— J'ignore les raisons de son départ mais cela doit être pour des motifs de politique ou de religion. Qui a-t-il rejoint ? Strozzi ? Brantôme ?

— Ni l'un ni l'autre, sire : elle se nomme Elissa...

Un soir d'été, dans les parages d'Angoulême, Navarre et ses compagnons avaient fait halte en lisière des vignobles, en même temps et à peu de distance d'une troupe de comédiens d'origine italienne, venue en France dans le sillage des Gelosi, cette troupe fameuse de la commedia dell'arte, que le roi avait admirée lors de son séjour à Venise.

Les Palcoscenici voyageaient dans des chariots bâchés depuis le Piémont, présentant dans des villes et des villages les farces et les comédies dans le genre italien, dont les publics populaire et rustique raffolaient.

Navarre et son escorte avaient assisté à la première représentation donnée en plein air, dans la cour d'une ferme de vignerons proche de Barbezieux. Les propriétaires n'avaient pas lésiné sur le vin et le brandevin, si bien qu'en montant sur les tré-teaux les acteurs, hommes et femmes, semblaient pris de frénésie. Personne ne put comprendre ce que signifiaient ces gesticula-tions de la part de personnages qui portaient des noms bizarres et des accoutrements extravagants, mais on s'était bien diverti. À la fin de la farce surtout, lorsque l'un des acteurs s'était mis à pisser sur les spectateurs du premier rang et qu'une comédienne avait troussé ses cottes pour montrer son cul à l'assistance.

Comme le temps ne pressait guère, Navarre céda à l'insis-tance de ses compagnons et accepta de prolonger cette halte de quelques jours.

Tandis qu'Agrippa, entre deux bouteilles, débitait ses alexandrins, Melchior faisait sa cour à une jeune comédienne, Elissa, qui, à défaut de talent, avait le charme pimenté des Ita-liennes. Il avait durant deux jours tourné autour d'elle comme un dindon qui fait la roue. Elle avait accepté, sans trop se faire prier, de suivre son amoureux dans le grenier à foin.

Melchior paraissait si fort épris que Navarre avait cru de son devoir de le mettre en garde contre certains élans mal maî-trisés de sa nature. Peine perdue. Melchior ne quittait pas sa belle, la promenait au milieu des vignes, l'emmenait en croupe à Barbezieux et lui offrait des babioles. Ils ne parlaient pas la même langue mais se comprenaient fort bien. Il avait obtenu d'Elissa qu'elle ne montrât plus son anatomie sur les tréteaux.

Lorsqu'il lui avait demandé de renoncer à sa carrière pour se consacrer à lui et le suivre, Elissa avait regimbé : le théâtre était sa vie, sa passion et sa famille – son père, l'un des acteurs principaux, tenait le rôle d'Arlequin.

– Puisqu'il en est ainsi, lui avait-il dit, c'est moi qui te suivrai.

Les Palcoscenici avaient levé l'ancre un matin, après un dernier spectacle sur la grand-place de Barbezieux. Fidèle à sa promesse, Melchior avait suivi le train après s'être ouvert de sa décision à Agrippa et lui avoir recommandé le silence, le temps de prendre de la distance.

– Capdediou ! rugit Navarre. Ce n'est pas la première fois qu'il me trahit. Si je le retrouve...

114

— Je crains que vous ne le retrouviez pas, sire, lui dit Agrippa. À cette heure, il est déjà loin et j'ignore où. À supposer d'ailleurs que vous retrouviez sa trace, il se ferait tuer plutôt que de vous suivre sans cette fille. Je connais bien ces passions qui chauffent les entrailles pour remonter jusqu'au cœur. Melchior braverait Dieu plutôt que de vous obéir.

Le soir précédant le départ, on dansa dans la cour de la ferme avec quelques solides gaillardes, filles de métayers ou de tâcherons. On fit sonner la bombarde, la chalemie et le bedondon jusqu'aux aurores. Pour quelques-unes la nuit s'acheva dans le foin. Navarre se consola du départ de son écuyer dans les bras d'une fille du maître, qui était pucelle.

Dédaigneux de ces divertissements triviaux, Agrippa avait quant à lui fulminé durant une partie de la nuit quelques alexandrins bien frappés. Il sortait de ces séances d'écriture exalté, transfiguré comme Moïse exhibant les tables de la Loi.

En s'acheminant par petites journées vers La Rochelle, Navarre ne décolérait pas et prenait Agrippa à témoin de l'aversion que la politique provoquait en lui :

— Cette paix de Monsieur est une duperie ! On nous accorde quelques faveurs, à nous, huguenots, mais on fait des gens de Lorraine et des Guise en particulier les vrais maîtres du royaume. Ils règnent sur le tiers de la France ! Le roi ne pourra que se plier à leurs exigences et les manigances de la vieille reine n'y feront rien. Monsieur est bien le seul à se montrer satisfait. Ce nabot... ce fantoche...

Il apprenait peu à peu que des catholiques, mécontents des faveurs accordées par le roi aux Politiques, catholiques modérés, et aux huguenots, avaient suscité un mouvement qui avait pris le nom de Sainte Union de la Ligue. La Ligue, comme on disait, était née à Péronne, la ville qui avait refusé d'accueillir son gouverneur, le prince de Condé, et les Guise venaient de lui donner leur bénédiction.

Il régnait dans Paris une frénésie qui confinait à l'anarchie.

Le décret royal proclamant la réhabilitation de Coligny et de quelques autres traîtres avait soulevé une tempête. Les moines soufflaient la haine et la vindicte à travers la ville, les prêtres en chaire, avec une violence qui laissait entrevoir une nouvelle Saint-Barthélemy. Frères de Saint-François et de Saint-Dominique, jésuites, carmes, capucins, génovefains ou feuillants, ils sortaient en groupes de leurs couvents, organisaient des processions nocturnes à la lumière des torches et brandissaient des armes hétéroclites. Ils proclamaient la nécessité d'un gouvernement autoritaire comme l'avait été celui de Clovis. On criait : « Mort aux parpaillots ! », et l'on menaçait d'envoyer le roi au couvent : « Frère Henri... »

Les jésuites n'avaient pas tardé à prendre la tête du mouvement. Ils réclamaient à grands cris le rétablissement de la Sainte Inquisition, l'instauration d'une nouvelle dynastie – et l'on savait à quelle famille ils faisaient allusion ! Leur principale auxiliaire était la bouillante duchesse de Montpensier qui avait failli faire la conquête du roi alors qu'il n'était que duc d'Anjou mais avait dû renoncer à ses ambitions, Sa Majesté s'étant éprise de Marie de Clèves et ayant choisi Louise de Vaudémont pour épouse. La « Jolie Boiteuse », comme on l'appelait, s'était consolée en épousant un barbon bien nanti. Elle n'avait pas pardonné au roi ce qu'elle considérait comme une insulte. Les ciseaux d'or qu'elle portait à sa ceinture étaient destinés à tonsurer le Valois lorsqu'on le jetterait au couvent.

La reine-mère vivait dans l'angoisse d'une révolution. Elle voyait la masse des Parisiens se précipitant vers le Louvre pour l'assiéger, se saisir de son fils, le massacrer ou l'envoyer au couvent, et d'elle pour lui signifier son exil. Le roi demeurant aveugle et sourd dans les bras de ses mignons, au milieu de ses chiens, que faire ? Parer au plus pressé, neutraliser Monsieur puis mater les huguenots.

Monsieur avait fait de Saumur sa capitale.

Les bandes de reîtres dispersées par le duc Henri de Guise,

116

Condé dans l'expectative, Navarre on ne savait où, il laissait passer le temps dans l'espoir que les événements décideraient à sa place de son comportement. Le château était devenu un lupanar ; les fêtes qui s'y déroulaient se transformaient en orgies dignes de Babylone.

Surmontant ses souffrances, la reine-mère prit clopin-clopant la route de Saumur, accompagnée de quelques *libellules* et de Charlotte de Sauves dont, elle s'en souvenait, Monsieur s'était entiché...

Elle trouva Monsieur en compagnie de Bussy d'Amboise, son favori et son homme de main, en train de jeter des poignées de grain aux oiseaux des volières. Le matamore ne quittait plus son prince ; fier comme Artaban de son nouveau titre de gouverneur de l'Anjou, il se conduisait comme un satrape dans son nouvel apanage.

— Monsieur mon fils, dit la reine-mère, je dois vous adresser des remontrances de la part du roi votre frère. La débauche dans laquelle vous vous vautrez est indigne de votre qualité. Vous vous dites chef des Politiques mais la politique semble être le moindre de vos soucis !

Monsieur fila doux, protesta de ses bons sentiments vis-à-vis du souverain et de sa mère. Jamais l'idée ne lui était venue de s'attaquer au pouvoir royal : il le respectait, il le vénérait, il lui était soumis... Bussy vint à la rescousse mais ne put articuler trois mots. La reine-mère lui cloua le bec :

— Vous, pendard, allez au diable !

Elle examina son fils d'un regard froid, remarqua ce visage terreux, ces yeux inexpressifs, ces lèvres blêmes et soupira :

— Persistez dans cette voie et je ne vous donne pas pour un an à vivre. J'ai pitié de vous et je souffre de voir mes enfants, la chair de ma chair, quitter ce monde en laissant la vieille femme que je suis prendre en charge la misère du royaume.

Elle ajouta en s'appuyant à l'épaule de son fils :

— Ce voyage a fatigué la vieille haridelle que je suis. Nous parlerons ce soir, mais épargnez-moi l'un de ces festins qui ruinent vos finances et votre santé. Si le temps le permet, nous souperons sur la terrasse, en tête à tête.

Au cours de ce souper, elle lui fit comprendre que son héritage était menacé, mais moins par les huguenots que par les Lorrains.

— Les Guise, mon fils, voilà nos ennemis. Le roi a eu la faiblesse, en dépit de mes protestations, de leur accorder cinq provinces sur les treize que compte notre royaume. Cette faveur exorbitante leur a donné de l'ambition. Ajoutez à cela que Paris les a mis au pinacle. Que demain le duc Henri prenne la tête de la Ligue, c'en est fait de votre frère et de vous. On parle déjà de réserver au roi une cellule dans un monastère et de vous exiler.

Elle ajouta avec un sourire :

— Vous aurez un recours : vous réfugier en Angleterre et épouser Élisabeth, mais acceptera-t-elle un roi sans royaume ?

Monsieur pétrissait des boulettes de mie et les faisait rouler sur la nappe.

— M'entendez-vous, François ? Vous paraissez à cent lieues de là !

Monsieur songeait à Charlotte qu'il avait aperçue au débotté. L'âge ne semblait pas avoir de prise sur elle ; sa vénusté éclatait dans son port d'amazone royale, son teint de pêche à peine flétri par le voyage, ses yeux verts où rayonnait une promesse de plaisir. Il la voulait dès ce soir dans son lit. Au besoin il la supplierait, l'exigerait d'elle. Il oublierait qu'elle avait partagé naguère ses faveurs avec Navarre, Condé, les Valois et quelques autres, mais elle opérait en service commandé. Il était repu des catins de bas étage, des filles d'auberge que Bussy poussait dans leurs orgies. C'était Charlotte qu'il voulait. Et sa mère qui lui parlait d'Élisabeth...

— Je vous suis, mère, dit-il. Vous me parliez, je crois, des Guise et de la reine d'Angleterre...

Ce ne fut pas la reine-mère, avec ses remontrances, ses menaces, ses diatribes, qui parvint à ramener dans l'esprit de ce pauvre fou une apparence de raison, mais Charlotte de Sauves. Quelques nuits ardentes lui avaient suffi pour retourner le Moricaud et lui arracher la promesse de revenir à Paris et de se réconcilier avec son frère.

– Vous êtes une magicienne, madame ! lui dit la reine. Vous avez réussi où j'avais échoué. Ce n'est pas pour rien que l'on vous compare à Circé...

Monsieur, à peine l'avait-il formulé, regrettait son engagement. Revenir dans cette ville qui sentait le soufre et la poudre, retomber sous l'autorité de son aîné, de nouveau prisonnier peut-être, ne lui disait rien qui vaille. Il demanda une faveur à sa mère : amener Bussy avec lui. Elle accepta à contrecœur. Le matamore exulta : ce semblant de retour en grâce allait lui permettre de retrouver celle qu'il n'avait pas oubliée et dont il continuait à porter les couleurs, Margot. Elle lui manquait. Il aurait accompli des prouesses et fait des folies pour la revoir... Ces retrouvailles seraient d'autant plus aisées que Navarre était absent.

Le roi avait créé une intense émotion dans Paris : il venait de déclarer son adhésion à la Sainte Ligue et sa décision d'en prendre la tête. Les regards se tournèrent vers le duc de Guise : il n'avait pas bronché mais n'en pensait pas moins.

Paris réclamait une réunion des états généraux ? Qu'à cela ne tienne ! Le roi les convoqua. Ils auraient lieu à Blois, en décembre.

Navarre se trouvait à La Rochelle quand il apprit ces nouvelles. Une bombe éclatant à deux pas de lui ne l'aurait pas autrement abasourdi. Le roi était sorti de sa réserve. Le roi fulminait des menaces : ceux qui bouderaient la Ligue seraient traités en ennemis du pouvoir royal...

– Que faire ? dit La Noue. Depuis que Monsieur et les Politiques ont pris le parti du roi, nous voilà seuls. Seuls et impuissants ! Nous n'avons pas de trésor de guerre, pas d'armée digne de ce nom. Que nous reste-t-il ? La prière.

Tout ce que les députés huguenots qui furent admis aux États de Blois purent obtenir, ce fut la promesse que le roi n'entreprendrait pas une guerre ouverte contre la religion réformée. Devant l'incohérence des discussions et les menaces plus ou moins feutrées dirigées contre eux, ils s'étaient retirés avant la fin des débats.

Un seul avait eu le courage de se dresser contre le pouvoir du roi et la Ligue : Jean Bodin, député du Vermandois. Il protesta contre le procédé qui consistait à vendre à l'encan des parcelles du domaine royal pour renflouer le trésor. Il avait fait sensation en s'écriant : « La royauté est un pouvoir délégué, non un droit divin ! » Un pavé dans la mare aux grenouilles... Il plaida avec le même courage, la même liberté d'esprit pour la tolérance religieuse, mais en vain.

Bodin ne put s'opposer à l'hystérie des États : ils décrétèrent l'annulation de la paix de Monsieur, la mise à l'index des réformés, le bannissement des pasteurs... Monsieur était entré dans le jeu : un pied sur la marche du trône, il se sentait redevenir l'héritier, lui que l'on avait si longtemps méprisé.

Il prenait sa revanche. Elle le grisait.

Les décisions des États généraux n'avaient pas laissé Navarre indifférent : il allait réagir violemment, faire de La Rochelle le bastion principal de la résistance, la « nouvelle Jérusalem », comme disaient les ministres. Un souffle prophétique soufflait parmi ses compagnons.

— Rien n'est perdu, proclamait-il. Nous recevrons des secours de l'Angleterre, nous renforcerons nos défenses. Nous ferons à la ville et aux côtes une ceinture de fer ! Nous allons montrer à nos adversaires qu'ils doivent compter avec nous. Nous recevrons des secours de mon cousin Condé qui vient de décider une prise d'armes...

Son idée – créer une contre-Ligue – avait fait son chemin. Élisabeth avait donné son accord et promis son soutien. Les rois de Danemark, de Suède, les princes allemands avaient adhéré avec enthousiasme au nom des Évangiles.

— Nous sommes moins seuls que nous l'imaginions, ajoutait Navarre. Une nouvelle guerre se prépare. Dans un premier temps, nous devrons nous borner à résister.

La guerre ? Elle avait éclaté dès le printemps, avec une violence sporadique, comme autant de pétards disséminés. Damville avait fait défection, s'était déclaré partisan des royaux pour le Languedoc. Il avait trouvé en face de lui François de Châtillon, fils de l'amiral de Coligny : Monsieur avait payé très cher la prise de La Charité-sur-Loire, occupée par les rebelles ; il avait fait dans Paris une entrée digne de Josué retour de sa victoire contre les Amalécites mais n'avait pu risquer une aventure en Guyenne, que les partisans de Navarre tenaient ferme. La plus belle « victoire » des catholiques avait été une réplique de la Saint-Barthélemy : à Issoire, ils avaient massacré plus de trois mille hérétiques...

Pour fêter les succès de ses fils, Madame Catherine avait choisi Chenonceaux, une de ses résidences favorites. Le festin qui couronnait ces réjouissances eut lieu dans les jardins dominés par la grosse tour, près de la fontaine du Rocher. Sa Majesté y parut déguisée en femme, épaules nues, trois collets de dentelle et des colliers battant sa poitrine, fardée à outrance et constellée de joyaux de la tête aux pieds. Les belles dames se présentaient costumées en hommes et les messieurs en femmes. Les nains et les naines cavalcadaient sur les tables, faisaient des cabrioles sur les pelouses avec les bichons du roi. Ce fut le bouffon Chicot qui donna le signal de l'orgie : dans la lumière des flambeaux et des pots à feu, on assista aux accouplements des nabots.

Rayonnante, comblée, Madame Catherine savourait son triomphe : ses fils réconciliés, les rebelles mis à la raison, la paix prochaine... La fête avait coûté plus de cent mille livres et le trésor était vide ? Et alors ? Les banquiers italiens n'avaient rien à lui refuser.

Navarre devait vite déchanter : les rebelles n'étaient pas de force à tenir tête aux troupes royales qui opéraient en Auvergne et en Saintonge. On allait de défaite en défaite.

Sous le lourd soleil de juillet, à peine tempéré par la brise marine, La Rochelle somnolait. On ne trouvait quelque animation que dans la proximité du port où les Terre-Neuviers et les marins de toute origine faisaient retentir les auberges et les tavernes de leurs récits de navigation et de leurs chansons de mer. Habillés en marchands ou en bourgeois, Navarre et ses compagnons se mêlaient à eux, écoutaient ces voyageurs au long cours leur apporter des nouvelles du bout du monde : des Indes, de la Nouvelle-France, de l'Afrique, ainsi que des Isles d'Amérique... Ils croisaient des militaires et des matelots anglais, danois, italiens, forts en gueule, francs buveurs, qui harponnaient hardiment le moindre jupon passant à leur portée.

Le siège des années précédentes avait laissé quelques traces encore visibles, mais on avait reconstitué les défenses entamées par l'artillerie de Biron, reconstruit les demeures éventrées par les bombardements, extrait des fossés les derniers cadavres.

Dès son installation à La Rochelle, Navarre avait tenté de retrouver cette Esther de Boislambert qu'il avait capturée et séduite non sans mal dans les derniers jours du siège. La belle demeure de son père donnait sur le port, au mitan d'une étroite corniche. Depuis la mort de M. de Boislambert, elle vivait seule avec un enfant de trois à quatre ans : son fils.

Elle n'avait pas accepté sans réticence de recevoir celui qui l'avait séduite mais qu'elle n'avait pas oublié.

— Vous n'êtes pas mariée, lui avait-il dit, et pourtant, cet enfant...

— Votre fils, sire. Tout votre portrait...

Il avait senti une bouffée d'émotion lui empourprer le visage en se penchant sur la beneste. Le fait est qu'il lui ressemblait.

— M'avez-vous pardonné, madame ? Je vous ai forcée comme un rufian et me le suis longtemps reproché.

— Mais, sire, vous ne m'avez pas forcée. Si cela avait été, vous en porteriez encore les traces sur le visage malgré le temps. Si je me suis donnée à vous, c'est que j'étais consentante. Je ne regrette rien.

Il lui demanda comment elle vivait. Elle n'était pas dans la misère. Elle avait repris le commerce de son père, avec l'aide de quelques commis. Elle s'occupait de commerce avec la Nouvelle-France et les Isles d'Amérique ; elle exportait des vins et du matériel agricole, importait des pelleteries et des bois précieux.

Depuis quatre ans, Esther n'avait guère changé ; elle avait un peu forci mais cela lui allait bien. Si bien que Navarre décida de tenter une nouvelle fois sa chance. Elle céda sans qu'il eût à la contraindre, accepta qu'il vînt la retrouver quand cela lui plairait.

Ils s'endormaient dans le chant des matelots et le mugissement des cornes de brume, s'éveillaient dans le tumulte du port, lorsque les premiers navires prenaient la mer.

Si Esther n'avait guère changé, lui, en revanche... Elle avait du mal à le reconnaître sous ce visage émacié, aux longues rides verticales qui rendaient son grand nez gascon encore plus proéminent; des poils gris gagnaient sa barbe et ses moustaches. Il avait perdu sa belle humeur, et sa faconde. Sa longue captivité au Louvre, les événements qu'il avait affrontés avaient fait du garçon qu'elle avait connu un homme mûr.

Il lui dit un soir, alors qu'ils soupaient en tête à tête devant la fenêtre ouverte sur un ciel couleur de lilas :

— Cette nuit que nous allons passer ensemble sera la dernière. Je vais quitter La Rochelle. J'éprouve ici la même impression que me procurait ma captivité au Louvre : celle de m'user dans l'inaction, l'inutilité. Je ne suis pas fait pour la résistance passive. Si je n'ai pas un destrier sous les fesses, je doute de moi. Il y a encore tant de combats à mener...

Il ajouta en lui prenant la main :

— Esther, je ne vous oublierai pas, vous et notre fils. J'ai même la certitude que nous nous reverrons. Prenez soin de lui et de vous.

La séparation se fit sans larmes, sinon sans regrets, mais il fallait bien, comme il le lui dit en la quittant, que chacun retournât à sa chacunière...

Avant de se rendre en Guyenne dont il était toujours gouverneur, Navarre aborda la Saintonge avec la mine inquiète d'un paysan qui met le nez dehors à la suite d'un orage de grêle qui aurait détruit sa récolte.

La guerre avait laissé partout la trace de ses griffes et de ses crocs. Navarre ne trouvait sur son chemin que des hameaux abandonnés, des églises sans prêtre, des temples sans pasteur, des solitudes hantées par des bandes de maraudeurs et de soldats groupés en compagnies.

Son premier souci fut de retrouver dans ce désert quelques compagnons fidèles disposés à suivre sa fortune. Ils se terraient dans leurs demeures, hésitaient à ouvrir leur porte et faisaient grise mine lorsqu'il leur parlait de reprendre les armes, de remonter à cheval : pour courir à la poursuite de quelles chimères ?

On ne trouvait plus de pendus aux arbres, Montluc ayant rendu son dernier soupir sous son masque de cuir, dans son repaire d'Estissac, en rêvant à ses campagnes d'Italie et à ses massacres dc France. Le maréchal de Biron, qui lui avait succédé, mettait en pratique des méthodes de soldat plus que de bourreau.

Lorsque Navarre se présenta devant Bordeaux, arguant de son titre de gouverneur, il ne put obtenir qu'on lui ouvrît les portes. M. Michel de Montaigne, catholique des plus modérés et l'un des jurats les plus éminents de la cité, n'y put rien, malgré la sympathie qu'il témoignait à ce personnage épris des idées de tolérance que lui-même professait.

Navarre reçut le même accueil à Cadillac ; une députation des habitants vint à sa rencontre non pour lui porter les clés de la ville sur un coussinet de velours, mais pour lui conseiller de décamper afin de ne pas attirer sur cette ville frileuse la colère des troupes royales. Il eut beau protester, menacer les délégués des pires représailles, il dut rebrousser chemin, reprendre la route du sud, trouvant partout le même accueil.

À Eauze, les choses faillirent prendre un tour tragique. Tandis que le chevalier errant s'entretenait avec les échevins venus à sa rencontre, la foule et les soldats hurlaient des imprécations malsonnantes en brandissant des armes sur les remparts. On daigna sur son instance lui ouvrir la porte. À peine avait-il, avec quelques compagnons, franchi le châtelet d'entrée qu'un cri retentit sur les remparts :

– Nous tenons le roi ! Laissez choir la herse !

Tandis que tombait derrière lui la lourde herse de bois qui le coupait de sa troupe, d'autres cris éclatèrent :

– La jupette rouge! Le panache blanc! C'est Navarre. Tirez sur lui!

Sans la présence des échevins qui le précédaient et se regroupèrent autour de lui, il serait tombé sous les balles qui claquaient contre la muraille. Poussant un juron, il bondit, pistolet au poing, suivi de ses compagnons, se précipita vers le clocher de Saint-Luperc pour faire sonner le toscin et alerter sa troupe. En quelques instants, la panique ayant gagné la ville, les habitants refluèrent vers leurs demeures, tandis que les factionnaires postés aux remparts levaient la herse pour éviter un assaut auquel ils étaient mal préparés.

– Je vous rappelle que cette ville est dans mon gouvernement, s'écria Navarre. Malheur à ceux qui oseront porter les armes contre moi!

Il confia la défense de la place à l'un de ses officiers, M. de Batz, en lui disant :

– Montrez-vous ferme et intransigeant avec cette population en majorité catholique. Souvenez-vous qu'ils ont failli me tuer.

– Sire, répondit M. de Batz, vous me faites beaucoup d'honneur. Mais qu'allez-vous faire? Continuer à errer sur les routes au risque de tomber sur des troupes royales qui vous feraient un mauvais sort?

Navarre haussa les épaules sans répondre. M. de Batz avait raison. Cette errance lui rappelait la campagne entreprise quelques années auparavant en compagnie de l'amiral de Coligny et de Condé pour ramener à eux des gentilshommes égarés et reconquérir des territoires perdus. C'étaient la même incertitude du lendemain, la même angoisse au lever du jour, les mêmes fatigues, la même misère.

Il décida un matin de reprendre la route de Navarre. Il passerait le reste de l'automne à Pau, finirait l'année à Nérac. Il attendrait que le vent tourne ou qu'une nouvelle tourmente lui arrache son chapeau.

7

JEUX D'AMOUR ET DE MORT

1577-1578

M. de Crillon frappait à la porte de Margot et entrait sans autre forme de convenance car il était toujours le bienvenu et le savait. Il était l'un des rares visiteurs qu'elle eût la permission de recevoir. Elle lui disait :

— Entrez, mon bon Crillon, et prenez place. Je commençais à m'ennuyer sans vous.

Si la reine-mère permettait à sa fille d'accepter dans son intimité Louis de Berton de Crillon, gentilhomme de Provence, c'est qu'elle savait que leurs rapports resteraient décents. Outre que ce capitaine était homme d'honneur et d'âge mûr, il était d'une laideur qui excluait tout risque de dérive sentimentale.

Elle lui montrait ses travaux d'aiguille, lui lisait quelques poèmes qu'elle composait pour se donner l'illusion d'exister. Il lui rapportait des nouvelles de la Cour et des événements extérieurs, lui parlait de cette bataille de Lépante au cours de laquelle don Juan d'Autriche, bâtard de l'empereur Charles Quint, avait anéanti la flotte d'Ali Pacha.

Elle lui disait en plaisantant :

— Monsieur de Crillon, faites-moi la cigale. Parlez-moi de la Provence. Comment vit-on en hiver sur vos terres du Vaucluse ?

Il lui racontait les vallées profondes, les eaux vertes de la Sorgue, les arides collines d'oliviers et de vignes, les villages en forme de forteresse accrochés aux montagnes. Il n'y était pas revenu depuis longtemps et son domaine lui manquait.

Avec le consentement de la reine-mère, Crillon amenait parfois à Margot des musiciens et des chanteurs, et même le bouffon du roi, Chicot, qui connaissait tant de bonnes histoires et savait imiter tous les grands de la Cour. C'était une fontaine intarissable de nouvelles. Il apprenait à la captive que Madame Catherine avait surpris les ébats amoureux de deux dames de sa suite, Louise de Charançonnet et Anne de Serteau, et les avait fait fouetter... que le roi s'était fait livrer par l'abbesse de Montmartre un couple de ces bichons dont il raffolait... qu'aux noces d'un des favoris, Saint-Luc, Monsieur avait été pris à partie par Quélus, Maugiron et quelques autres mignons qui s'étaient moqués de son visage blet, de ses grimaces et de sa démarche en canard... que les autorités bordelaises avaient fermé leurs portes au roi de Navarre, gouverneur de Guyenne...

Pauvre Navarre! Margot se reprochait de ne pas l'avoir suivi, mais aurait-il voulu d'elle pour cette interminable chevauchée à travers des provinces hostiles, sans un sou vaillant, avec pour escorte une gueusaille mal équipée? Qu'importait? Navarre était libre. Navarre vivait. Margot, quant à elle, vivotait au cœur d'un hiver qui lui semblait plus sinistre et plus froid que les précédents.

— Mère, disait-elle, quand va-t-on me laisser aller à ma volonté?

— Nous n'attendons que le bon plaisir du roi. Sa Majesté n'a pas encore digéré ses ressentiments.

— S'il tarde trop, je m'évaderai à mon tour, dites-le-lui.

— Essayez donc! À supposer que vous réussissiez, je vous rattraperais et il vous tuerait.

Margot n'obtint qu'au printemps un assouplissement de sa captivité : surveillée encore mais libre d'aller et de venir dans le Louvre et aux Tuileries. Crillon était parti en campagne avec le duc de Guise sur les marches de Lorraine pour une guerre qui la laissait indifférente, mais Bussy d'Amboise était de retour.

Ce fut Chicot qui lui apprit la nouvelle. Il entra un matin

dans le cabinet de Margot en mimant les allures de dindon du capitaine.

— Bussy! s'écria-t-elle. Tu veux me faire comprendre que Bussy est de retour au Louvre?

Il hocha la tête, mima avec sa marotte une attaque à l'épée. Elle eût appris sa présence même si Chicot ne la lui avait pas annoncée : sa voix de stentor, ses déambulations bruyantes, les rumeurs de ses provocations emplissaient le château. Il s'affichait avec ses dernières conquêtes dans l'espoir de rendre Margot jalouse et de la voir se rapprocher de lui; il s'acoquinait volontiers avec les mignons qu'il détestait, afin de se rapprocher du roi et de son entourage; il jouait à provoquer les pleutres pour le plaisir de les voir mouiller leurs chausses, la pointe du fer sur la gorge...

Margot tenta une nouvelle approche de cette tornade humaine dans l'espoir d'en être emportée, de retrouver dans les bras de cet *Orlando furioso* les ardentes émotions de naguère. Elle touchait à l'œil du cyclone quand Bussy fut rattrapé par la guerre.

— Madame, lui disait Crillon, oubliez ce bellâtre. Il n'aime les femmes que lorsqu'elles lui permettent de se mettre en valeur, d'affirmer sa supériorité, d'accéder aux faveurs royales. De plus, c'est un étourdi. Il vous aurait compromise une nouvelle fois auprès du roi et de votre mère.

Margot dut convenir que le sage Crillon avait raison. Le feu qui avait failli la consumer s'était éteint aussi rapidement qu'il s'était déclaré. Il ne demandait qu'à renaître, mais pour d'autres.

Un soir de novembre, la cour du Louvre s'agita de sonnailles et de piétinements de chevaux sous la neige qui tombait depuis deux jours. Un équipage espagnol venait de franchir les guichets dans la lumière des torchères qui fumaient sous les flocons. Du carrosse de tête descendit un personnage jeune et fringant, emmitouflé de fourrures.

Crillon, retour de Lorraine, posté à la fenêtre, dit à Margot :

131

— Il s'agit de monseigneur don Juan d'Autriche, le frère naturel de Philippe d'Espagne. L'empereur Charles Quint a eu ce bâtard d'une certaine Barbe Blumberg. J'ignore les raisons de sa visite.

Vainqueur dans le combat banal de Lépante contre la flotte turque, don Juan se rendait aux Pays-Bas pour y succéder au gouverneur Alexandre Farnèse, duc de Parme, rappelé par le roi. Il n'était que de passage à Paris où il comptait à la fois se reposer, collecter les secrets amassés par ses agents et sonder les intentions du duc de Guise, dont Philippe entendait faire son agent principal, dûment prébendé, à la cour de France. Don Juan était la séduction faite homme ; on disait que personne, les femmes notamment, ne lui résistait.

Renversant les rôles, Margot se dit que le prince étranger ne pourrait résister à ses charmes pour peu qu'elle y mît du sien. Elle y était bien décidée.

La manœuvre tourna court. Don Juan comptait sur un séjour discret. Connaissant Margot mieux qu'elle ne le connaissait, il savait qu'une aventure d'un prince autrichien avec une reine de Navarre ne passerait pas inaperçue. Ils se contentèrent de s'épier au cours d'un bal donné par la reine-mère, où le prince portait le masque ; ils se donnèrent la main pour une pavane, échangèrent des regards mais pas un mot, avec au fond d'eux-mêmes le sentiment qu'une aventure entre eux n'eût pas manqué d'agrément.

La petite flamme qui commençait à réchauffer Margot ne dura guère. Elle apprit un matin que le bel *hidalgo* s'était envolé pour les Flandres.

— Il n'a guère perdu de temps, dit Crillon. En une demi-journée, il a fait d'Henri de Guise la créature du roi d'Espagne. L'or va couler de ses doigts. Don Juan lui a promis cent mille écus. Un pactole ! De quoi convaincre tout Paris que l'héritier de la couronne, ce sera lui et non Monsieur.

Bussy revenait de la guerre avec quelques blessures en plus et quelques illusions en moins. Il était fatigué de se battre, mais il lui restait assez de force pour répondre aux avances de Margot et les satisfaire. Ils célébrèrent leurs retrouvailles par de joyeuses tempêtes nocturnes. Margot mit tant d'ardeur dans ses transports qu'elle en fut malade. Le bruit courut que son mari, jaloux de cette nouvelle aventure, avait tenté de la faire empoisonner. Crillon n'en croyait rien. Margot non plus. Le poison n'est pas l'arme des preux.

Bussy disparut de nouveau dans un beau mouvement de cape et de plumes, Margot se sentit plus seule que jamais. Elle annonça à son confident qu'elle allait solliciter de la reine-mère la permission d'aller prendre les eaux à Spa. Son état de santé lui en faisait obligation. Crillon se souvint que Spa se situait dans les Ardennes, non loin de Liège, et que c'était dans cette dernière ville que résidait don Juan. Lorsqu'il l'informa de ce détail, elle fit l'innocente :

– Vraiment, capitaine ? Eh bien, vous me l'apprenez.

Il ne lui apprenait rien.

Nantie de l'autorisation de la reine-mère et des passeports nécessaires pour le voyage, Margot quitta Paris une semaine plus tard, par un aigre jour de janvier peu favorable aux grandes randonnées.

Elle prit les eaux avec une louable assiduité, s'en trouva ragaillardie, puis elle poussa jusqu'à Liège et demanda audience au nouveau gouverneur des Pays-Bas. On lui répondit qu'il était parti mater une rébellion dans le Nord et reviendrait on ne savait quand.

Margot commençait à désespérer de le revoir jamais quand, informé de ses démarches par son secrétaire, il lui envoya un message la priant d'assister à une fête qu'il allait donner dans son palais de Namur. Elle bondit de joie en recevant ce signe d'amitié dans le palais du prince-évêque de Liège où elle avait élu domicile et où elle recevait par convois entiers des futailles d'eau de Spa.

Si les festivités de Namur furent chaleureuses, don Juan le fut moins envers Margot. Il la retint une semaine dans son palais, l'entortilla dans ses charmes, jouant à susciter en elle une amorce de passion, l'interrogeant sur son frère François d'Anjou dont l'agitation l'intriguait, puis il lui donna congé en lui baisant la main.

De retour à Liège, seulette, de nouveau malade, mais de déception, elle sollicita d'Henri de Guise, qui avait massé une armée à la frontière, un rendez-vous au Catelet. Retrouvant les élans de leur jeunesse, ils passèrent une nuit ensemble.

À quelques jours de là, lettre du roi : il reprochait à sa mère d'avoir laissé Margot partir pour les Flandres alors que Monsieur s'apprêtait à porter secours aux rebelles contre don Juan. La présence de Margot ne pouvait qu'apporter du trouble dans une situation explosive. Il la rappelait à Paris.

Elle faillit jeter cette lettre au feu. Regagner Paris ? mais par quels moyens ? Elle n'avait plus le moindre écu. Elle confia sa détresse au prince-évêque qui, ayant un faible pour elle, ne lui refusa ni l'équipage ni les fonds nécessaires aux frais du voyage.

Elle avait fait, la mort dans l'âme, une croix sur le beau prince blond dont elle n'avait pu tirer que des amabilités, à croire que le vainqueur des Turcs montrait plus de valeur sur les champs de bataille qu'au déduit. Elle fit de cet amour déçu quelques alexandrins écrits sur un ruban, qui, entortillé sur une colonnette de sa somptueuse litière, l'accompagna jusqu'à Paris.

Une randonnée pleine de risques, dont Margot crut bien ne pas réchapper sans dommages. Elle traversait des pays ravagés par la guerre, n'échappant aux Espagnols que pour tomber aux mains des Français. La panique régnait dans les ville à la moindre approche inhabituelle ; elles lui fermaient leurs portes quand elles ne la menaçaient pas de leurs escopettes.

Pour se retrouver dans des contrées plus calmes sur le chemin de la capitale, elle descendit le cours de l'Oise par Ribemont, jusqu'à La Fère, où son frère François lui avait fixé un rendez-vous avant qu'elle ne retombât entre les mains du roi.

Monsieur macérait dans ses ambitions contrariées. Il lui fallait un trône. La haine qu'il vouait à l'Espagne, soutien de la Ligue, le poussait à appuyer militairement les rebelles des Pays-Bas. Si quelque jour, lasse de se battre pour cette province lointaine et agitée, l'Espagne renonçait à elle, il y aurait une couronne à prendre. Margot n'aimait pas les Espagnols et manifestait du ressentiment à don Juan qui l'avait négligée. Elle était bien disposée à entrer dans le jeu de son frère.

Elle flâna en l'attendant. L'automne était doux, l'air sentait la vendange et la paix. Elle se promena en barque autour des îles ou à cheval à travers la forêt de Coucy d'où montaient des sonneries de trompes et des abois de meutes.

François s'était fait accompagner, outre une escorte armée, d'un favori : Jacques Harlay de Champvallon, un adolescent devenu grand écuyer, qui écrivait des vers comme on fait de la dentelle, en ornant chaque strophe d'une délicatesse de larme, vraie ou fausse. Il était joli – trop joli – et délicat – trop délicat. Bussy était une tornade, Champvallon une brise de printemps.

Déçu dans ses ambitions de voir l'Espagne chassée rapidement des Pays-Bas, Monsieur promenait sa mélancolie entre ses favoris et sa sœur. Il avait retrouvé en Margot la tendresse maternelle dont il était sevré. Elle le prenait dans ses bras, le berçait, le consolait, l'épouillait. Lorsque, se souvenant de leurs étreintes incestueuses, il hasardait des gestes équivoques, elle lui tapait sur les doigts. Il l'écœurait un peu avec sa voix larmoyante, son gros nez partagé par un sillon, ses sueurs aigres, les laisses d'escargot qu'il abandonnait sur ses joues.

Margot demanda à Champvallon de lui lire quelques-uns de ses poèmes. Elle les trouva mièvres, l'incita à leur donner plus de passion. Il rougissait, hochait la tête : encore eût-il fallu qu'elle suscitât en lui un sentiment capable de faire éclater un bel orage sur ses parterres de fleurettes. Qu'à cela ne tienne ! Ce fut l'affaire de quelques rencontres sur le bord de l'Oise. Il ne la comblait pas, mais il était si joli... Elle s'éveillait la nuit pour contempler à la clarté de la chandelle le visage de son Adonis, ses paupières mauves, ses cheveux bouclés. Elle avait l'impression d'avoir capturé un bel oiseau des Isles d'Amérique mais de n'en jouir que par la vue et par l'esprit.

La guerre ravageait les frontières du Nord. Paris vivait dans une atmosphère d'émeute attisée par les Guise. Au Louvre, il n'était question que des excentricités du souverain et de ses favoris. À La Fère, Margot brûlait des feux de l'amour et se prenait à espérer : dans ses étreintes subtiles et savantes, Champvallon s'éveillait enfin à l'ardeur et sa poésie prenait un tour passionné.

Un coup de tonnerre mit un terme à l'idylle : le roi exigeait de sa sœur qu'elle retournât au plus vite dans sa cage dorée. Il lui répugnait de savoir cette folle de Margot dansant entre l'amour et la guerre, au risque, par une imprudence, de mettre le feu aux poudres.

Champvallon lui jura qu'il ferait tout pour retrouver celle qui lui avait révélé les délices de la chair. Margot lui promit fidélité. Elle le regarda s'enfoncer avec l'escorte de Monsieur dans la forêt de Coucy, comme on contemple le soleil couchant, en se disant que peut-être il ne se lèvera plus. Elle lui avait fait don de quelques larmes et lui de quelques poèmes. Il était, de tous les amants qu'elle avait connus à ce jour, celui qui, à défaut d'une passion charnelle, lui avait donné les plaisirs les plus délicats.

Bussy l'attendait au Louvre. Bussy qui ne semblait pouvoir rester éloigné de la Cour et de sa maîtresse plus de quelques semaines.

Il revenait d'une campagne contre les huguenots, couvert de gloire et de coups de griffe, plus arrogant et plus séduisant que jamais. Il se présenta à elle comme on vient recouvrer une créance ; elle lui ferma son lit, puis sa porte. Le brave guerrier rentrait trop tôt : elle avait encore tant de soleil dans le cœur...

Bussy était la créature de Monsieur, son bras armé, une image de ce que lui-même n'était pas, de ce qu'il ne pouvait être. Monsieur sentait que le trône des Pays-Bas lui échappait, que le roi ne ferait rien pour secourir les Gueux contre don Juan et les Guise. Il le harcelait, lui démontrait la nécessité d'une intervention armée. Le roi protestait :

– Mon frère, vous êtes fou! Notre royaume est plongé dans la misère, les impôts ne rentrent plus, nos armées sont décimées et vous voudriez que nous nous lancions dans une guerre contre l'Espagne pour vous obtenir une couronne !

— Ces gens ont reporté leurs espoirs sur nous, sire ! répliquait Monsieur. Ils nous attendent !

— Eh bien, ils nous attendront longtemps ! D'ailleurs, à supposer que l'Espagne se retire de ces provinces, vous seriez, vous, devenu roi, en butte à la même situation, aux mêmes dissensions qu'en France : catholiques contre huguenots.

Monsieur ravalait sa bile, cherchait le moyen d'ébranler son frère. Le talon d'Achille du souverain, c'étaient ses favoris, ces mignons honnis de la Cour, de Paris, du pays tout entier. On ne pouvait pénétrer dans la chambre du roi sans en trouver quelques-uns, vautrés dans les fauteuils, pomponnés comme des catins.

— Bussy, dit-il au matamore, comment nous débarrasser de cette clique, de ces parasites ? Ils conduisent mon frère à sa perte, et le royaume avec eux.

— Par le poison, dit Bussy.

— Plutôt par les armes ! N'êtes-vous pas le meilleur bretteur qui soit au monde ? Organisez donc un beau duel et tuez-en quelques-uns. Vous trouverez bien un prétexte...

Bussy était fertile en astuces. Les prétextes ? Ils ne manquaient pas et, au besoin, il pourrait en susciter. Trait de génie : il fit courir dans le Louvre et dans Paris une anagramme qu'il avait composée à partir du nom d'Henri de Valois : *Vilain Herode*. Les mignons ripostèrent par un quatrain venimeux se moquant des deux nez et du double visage de Monsieur. Le ton montait. Il atteignit son point extrême un matin où, se présentant à la Cour dans une tenue d'une simplicité huguenote, Bussy lança à un groupe de mignons en tenue de bal :

— Les valets s'habillent en gentilshommes ? Soit. Il ne reste aux gentilshommes qu'à s'habiller en valets !

Pour Bussy, l'affaire était à point, mais il manquait encore un détail l'autorisant à lancer le défi d'un duel. Il le fignola avec le concours de Charles de Balzac d'Entragues. Ce dernier, le bel Entraguet, ancien amant de Margot, fit en sorte de franchir une porte en même temps que Jacques de Lévis, comte de Qué-lus, et de le heurter de l'épaule. Il s'ensuivit un échange de pro-pos malsonnants qui ne pouvaient s'achever que par un duel.

Il fut fixé au dimanche 27 avril, au marché aux chevaux de la porte Saint-Antoine. Quélus se battrait pour le roi, entouré de Maugiron et de Livarot. Entraguet défendrait les couleurs de Monsieur en compagnie de Ribérac et de Schomberg. On se battrait à l'épée et à la dague.

Alors qu'ils venaient de se défaire de leur cape et de leur bonnet et de tirer leurs armes, Ribérac tenta une réconciliation qui échoua. Les choses étaient allées trop loin : il fallait en découdre. D'ailleurs le roi avait donné son consentement. De mauvaise grâce, il est vrai.

Ils avaient choisi de se battre à l'italienne, méthode fort en faveur dans les salles d'armes. Calme, froideur, précision. Au tintement des coquilles répondaient les défis. Ils semblaient, bichonnés, fardés, parfumés comme pour un bal, danser un bal-let ou une sorte de *duèllo dell'arte* qui se terminerait par un salut au public.

Illusion trompeuse. La mort veillait en coulisse et orches-trait le spectacle. Schomberg fut le premier touché par Quélus, d'un coup droit au-dessus de la ceinture qui fit ressortir la pointe dans son dos. Il tomba sur les genoux et s'allongea, le visage dans la boue. Quélus, le ventre ouvert, aveuglé par un cinglon de lame, se retira en chancelant. Ribérac était un fameux duelliste mais il était aux prises avec Livarot qui, plus vif que lui, ne laissait pas à son adversaire le moindre répit ; il bas-cula en arrière, la dague de Livarot dans la gorge. Alors qu'il se retournait, celui-ci reçut un terrible assaut d'Entraguet qui le coucha à terre, deux pouces de fer dans la poitrine.

— À nous deux, Maugiron ! s'écria Entraguet. L'un de nous deux doit mourir. Faites votre examen de conscience.

— Et vous, riposta Maugiron, vous allez avoir besoin de l'aide du Seigneur. Votre épée tremble dans votre main.

— C'est d'impatience, monsieur, de vous faire l'amour à sa manière.

138

Un souffle de rage les poussa l'un vers l'autre dans un cliquetis de coquilles et de lames. Maugiron avait déjà reçu une sévère blessure au bras que lui avait infligée Ribérac ; il se défendit mal contre un Entraguet qui, lui, était indemne et paraissait si sûr de sa victoire qu'il se donnait de petites fantaisies d'artiste. Désorienté, épuisé par sa blessure, Maugiron amorça une retraite, s'empêtra dans le cadavre de Schomberg, trébucha. Entraguet attendit qu'il se fût rétabli pour lui donner le coup de grâce. Il se fendit avec élégance et revint sur son adversaire par un coup qui, partant du front, glissa dans l'œil droit où la lame s'enfonça profondément. Il songea qu'il venait d'infliger à ce brave la même blessure que Montgomery au roi Henri II.

Quélus resta un mois entre la vie et la mort. Le roi venait le visiter chaque jour, lui caressait les cheveux, lui glissait des encouragements à l'oreille. Lorsque son champion mourut, il pleura, coupa une mèche des cheveux du défunt, qui rejoignit, dans un médaillon qu'il portait au cou, celle de Maugiron. Il fit à ses mignons des obsèques princières, leur construisit un mausolée. Tout Paris cria au scandale.

Sa Majesté tenait Bussy pour responsable de ce duel ; il le bannit de la Cour, en dépit des protestations de Monsieur qui, sans son homme de main, était au pouvoir du roi. Avant de quitter le Louvre avec l'éclat dont il était coutumier, le bretteur dit à son maître :

— Patientez, monseigneur. Je ne tarderai pas à revenir et à vous faire évader. On me croira loin, je serai tout près.

Monsieur était peu de chose à la Cour ; après le départ de Bussy, il ne fut qu'un valet qu'on brocardait dans les couloirs, que l'on bousculait au passage. Pis : on l'ignorait.

Un soir de bal au Louvre, avant l'entrée du roi, il vit venir à lui un groupe de mignons qui l'entourèrent avec des mines dégoûtées et hautaines.

— Que vient faire ici ce moricaud ? demanda Joyeuse. Il est laid, il est sale et il pue !

— Qu'attend-on pour renvoyer cet oiseau de malheur à sa volière ? renchérit Nogaret.

Monsieur décampa honteusement sous une grêle de *lazzi* pour aller se lamenter chez sa mère. On en voulait à sa vie après avoir piétiné son honneur ! Un jour on le trouverait saigné à blanc dans son lit !

— Je veux quitter Paris ! pleurnichait-il. Mère, laissez-moi partir.

La reine-mère promit d'en parler au roi. Elle le trouva le lendemain à sa toilette, hâve, décomposé par une nuit d'orgie. Il bondit.

— Laisser échapper ce gredin, mère ? Vous n'y pensez pas ? Une fois libre, il remuerait ciel et terre pour me susciter des traverses.

Une heure plus tard, entouré de quelques mignons et d'un groupe de gardes écossais, il pénétra dans la chambre de son frère, le jeta au bas du lit, ordonna une fouille de l'appartement. Il repoussa violemment Monsieur qui, accroché à ses chausses, implorait sa grâce.

— Votre vie m'importe peu ! lui lança le roi. Celui que nous cherchons, c'est Bussy. Je viens d'être informé qu'il est retourné au Louvre en dépit de mes ordres. Nous le retrouverons !

Lorsque ses visiteurs, bredouilles, eurent refermé la porte derrière eux, Monsieur s'effondra sur son lit. Une main lui toucha l'épaule. Il sursauta.

— Rassurez-vous, dit Bussy, ils ne m'auront pas. Le vieux renard que je suis a plus d'un tour dans son sac. Tandis que les gardes fouillaient l'appartement, j'étais à l'aise dans un coffre, sous un amas de vêtements. J'ai mis au point un plan d'évasion. Votre sœur vous l'expliquera.

Mise dans la confidence par son amant qui avait passé une partie de la nuit avec elle, Margot n'avait pas perdu de temps. L'allure romanesque que prenait cette opération la ravissait. Elle se procura des cordes qu'elle dissimula dans sa garde-robe. Bussy n'était pas loin : après la visite du roi à son frère il se tenait sur le qui-vive au couvent Sainte-Geneviève, proche du Louvre ; il en fit le tour, inspecta les murailles, décela une brèche et décida, avec le concours de l'abbé, qui était un catholique modéré, de la mettre à profit pour son plan.

Au jour et à l'heure dits, Monsieur escalada la fenêtre de sa chambre donnant sur un fossé et descendit, accompagné de deux serviteurs. Des chevaux les attendaient. Les fugitifs rejoignirent Bussy en pénétrant dans le jardin de l'abbaye par la brèche et disparurent dans la nuit.

Informé dans les heures qui suivirent de l'évasion de son frère, le roi convoqua Margot.

– Mon frère n'a pu s'enfuir seul, dit-il. Il avait des complices. Qui d'autre que vous aurait pu l'aider ?

Margot joua la surprise et l'ignorance. Qui aurait pu aider leur frère ? Des dizaines de gentilshommes ! Elle détestait François, le roi le savait bien. Elle trouva une alliée en la reine-mère. Monsieur s'était échappé ? Bon vent ! Ses folies le perdraient. Ces considérations sévères n'étaient pas d'une mère mais d'une diplomate qui avait lu Machiavel.

Bussy sur les rives de la Loire en compagnie de Monsieur, Champvallon on ne savait où, Henri de Guise aux frontières des Pays-Bas, Navarre quelque part en Guyenne ou en Béarn : Margot éprouva le poids accru de la solitude. Crillon s'attachait à la consoler mais il radotait et, de temps à autre, se laissait aller à des gestes inconvenants.

Navarre... C'est sa présence qui lui eût été la plus précieuse. Elle apprit qu'il guerroyait en Gascogne, à la tête de sa vieille armée huguenote portant des cuirasses bosselées et des armes grises. Il se donnait à la guerre comme on se donne à l'amour, avec une joie sans mélange, ponctuant ses exploits de rires sonores, de jurons béarnais, de saillies à l'emporte-pièce. Elle eût donné beaucoup pour se trouver auprès de lui, partager ses souffrances et ses joies.

Elle passa un triste été au Louvre. L'automne venu, elle suivit d'un regard mélancolique le vol des migrateurs et se dit qu'elle aurait du mal à supporter un hiver de plus dans cette prison.

141

— Mère, dit-elle, je me languis de mon mari. Cela fait plus de deux ans que je suis privée de sa présence. J'aimerais le rejoindre.

— Vous ne pouvez aller seule. Si Sa Majesté accepte de vous laisser partir, je vous accompagnerai. Mais acceptera-t-elle ?

Le roi fut d'accord.

Elles quittèrent Paris par une chaude matinée d'automne.

8

LA GUERRE DES AMOUREUX

1577-1580

Le véritable chef des rebelles huguenots, c'est Navarre. Un titre qu'Henri de Condé ambitionne sans avoir les qualités suffisantes pour l'assumer – trop intransigeant, trop fanatique qu'il est ; trop malchanceux aussi en campagne. Navarre fait parler de lui : on oublie Condé.

Navarre ne fait la guerre que parce qu'elle lui est imposée et ne se conduit pas comme les reîtres ou les Espagnols : il se refuse à la faire payer au peuple des campagnes ou des villes ; il lui évite les pillages, les exactions, les massacres et fait brancher haut et court ceux qui lui désobéissent. Il souhaite mener une guerre propre, si tant est qu'une guerre puisse l'être. Celle-ci lui répugne mais, quand il se trouve dans le lit de cette garce, il lui fait l'amour sans se ménager et en tire le plus de plaisir possible.

Une guerre, cette interminable campagne en Guyenne et en Gascogne ? Plutôt une succession de coups de main, de surprises plus ou moins heureuses, de guets-apens plus ou moins efficaces. Pour faire une guerre qui mérite ce nom, il faudrait une armée ; il n'en possède pas. Son ennemi non plus, d'ailleurs : cet Honorat de Villars, lieutenant général du roi pour la province, successeur de Montluc, un soldat, dit-on, « vieux et cassé », qui manque d'esprit d'initiative et de nerf. Armand de Gontaut, seigneur de Biron, est sur les rangs pour le remplacer, mais il est lui-même « vieux », tout en étant moins « cassé ».

Navarre mène campagne moins pour des motifs religieux

145

que politiques. Revenu à la religion de sa mère après avoir abjuré le culte des idoles, il se conforme aux exigences de la doctrine tout en préservant sa liberté et ses désirs d'homme. Les uns après les autres, ses ministres l'ont abandonné pour revenir vers Condé, plus apte à défendre les idées de la Réforme et plus intransigeant dans sa foi. Ils auraient souhaité, ces Caton au verbe sec, à la morale étroite, au blâme fulgurant, que Navarre renonçât à ses paillardises et, en l'absence de sa femme, observât une stricte abstinence. Seuls sont restés ceux qui ont compris qu'un soldat ne peut vivre comme un ascète.

Margot lui écrit de temps à autre, mais ses lettres arrivent avec retard, car il est difficile à trouver, toujours le cul en selle. Elles sont brèves, mais il sait lire entre les lignes.

Elle l'a informé à mots couverts de la fuite de Monsieur, du duel des mignons, des folies du roi, de la mort récente de don Juan dans son gouvernement des Pays-Bas. Une autre missive lui a appris au cours de l'été sa prochaine venue, accompagnée de Madame Catherine. Lui apporterait-elle la dot de trois cent mille écus promise depuis longtemps et jamais honorée? Cela lui aurait permis de régler quelques dettes de guerre.

Il connaît trop bien la reine-mère pour comprendre qu'elle ne considère pas cette expédition comme un voyage d'agrément couronné par les retrouvailles entre sa fille et son gendre. Elle a toujours quelque idée derrière la tête, un calcul tapi sous le moindre de ses sentiments. La paix de Bergerac, voulue par le roi pour ne pas laisser la Ligue écraser les huguenots et triompher, signée un an au préalable, n'a pas tenu ses promesses. Les rebelles ont accepté de rendre certaines places puis se sont rétractés, le souverain lui-même taillant du canif dans le contrat. Un traité pour rien. Une duperie de plus.

Il lui semble déjà entendre la reine-mère lui dire avec son air le plus jovial:

— Mon fils, il faut retourner au Louvre. Le roi souhaite votre présence. La paix est à ce prix.

Revenir au Louvre, voir les portes se refermer derrière soi, vivre dans la compagnie des batraciens et des reptiles de ce marécage pestilentiel ? Il aurait été fou d'y consentir. Le calcul de la reine-mère et de son fils va plus loin : ils comptent sur le crédit moral qu'il représente comme chef des huguenots et ami des Politiques (il compte des catholiques modérés dans sa troupe) pour balancer l'influence des gens de Lorraine qui menacent le trône des derniers Valois.

Margot et sa mère arrivèrent à Cognac à la fin du mois d'août. À la mi-septembre, elles entraient dans Bordeaux. Navarre, sollicité de les y rejoindre, refusa. Trop de mauvais souvenirs s'attachaient pour lui à cette ville qui l'avait rejeté et il ne voulait pas renouveler l'imprudence commise à Eauze.

Venez, mon ami, lui écrivait Margot. *Nous ferons la fête et nous boirons du bon vin...* Cette *fête* ne le tentait pas et le *vin* lui aurait paru amer. La seule personne qui eût pu l'inciter à accepter cette invitation était Michel de Montaigne qui partageait sa philosophie, sinon sa religion, mais cette visite eût été trop risquée ; Biron était maire de la ville et avait succédé à Villars comme lieutenant général de la province.

Il envoya Turenne porter à Margot une lettre leur fixant un rendez-vous plus sûr pour les premiers jours d'octobre, à Castéras, entre La Réole et Cadillac, une place dont il était sûr.

Pour paraître à son avantage, il équipa convenablement une petite troupe qui surprit la reine-mère : on lui avait tant répété que le roi de Navarre n'était entouré que de traîne-rapière et de claquedents...

Il cacha un sourire derrière sa main lorsqu'il entendit Madame Catherine lui demander au nom du roi de réintégrer le Louvre.

— C'est un grand honneur que me témoigne Sa Majesté, dit-il, en m'invitant à la rejoindre dans l'intention de m'embrasser, mais je me méfie des congratulations trop pressantes et qui vous étouffent.

La vieille reine rit de bon cœur à cette amabilité à double tranchant dont elle fit mine de n'éprouver que le fil le moins affûté.

La reine-mère et le couple royal passèrent deux semaines dans le bel automne de Guyenne, à deviser en cours de promenades au milieu des vignes qui commençaient à prendre leur robe d'automne, à se jouer d'aimables comédies qui, à plusieurs reprises, faillirent tourner à l'aigre et provoquer une rupture.

Biron ne faisait rien pour arranger les choses. Les rares occasions où Navarre put le rencontrer ne firent pas remonter dans son estime cet ancien page de sa grand-mère Marguerite. Il le trouvait prétentieux, arrogant, irascible, dur avec lui-même comme avec les autres. On racontait qu'un cheval l'ayant bousculé il avait tiré son épée et tranché jusqu'aux dents les naseaux de l'animal. Il était de plus dévoré d'ambition, jaloux du roi de Navarre, de ses conquêtes amoureuses comme de ses succès guerriers, surtout de sa jeunesse et de sa bonne santé. Parlant de lui, il disait avec une fausse indulgence qu'il était « bien jeune ».

En dépit de la misère du royaume, on vivait une époque joyeuse.

Les escarmouches faisaient peu de victimes et, les consignes de Navarre ayant porté leurs fruits, les campagnes se reprenaient à vivre. On s'abstenait, du moins du côté des rebelles, de piller les fermes, de couper les arbres fruitiers et les vignes, sauf en de rares occasions où la nécessité faisait loi. On ne violait plus les femmes et les filles. Quant aux conflits religieux, ils avaient émigré vers les villes.

L'affaire du bal d'Agen fit passer une ombre sur ce tableau.

Navarre aimait cette ville turbulente, et ses habitants le lui rendaient bien. Il s'y installait volontiers, vivait grassement, et s'y offrait tous les plaisirs possibles.

Un soir où l'on donnait à danser dans le palais du gouverneur, il se retira tôt pour regagner sa chambre. Quelques heures plus tard, il était tiré de son sommeil par un tumulte venant de la grande salle de bal : des cris de femmes se mêlaient aux rires en cascade des hommes. Il ne put jamais savoir qui avait eu l'idée folle, sur le coup de minuit, de faire souffler les chandelles et de prendre d'assaut dames et demoiselles, sans souci de leur rang ou de leur âge.

Il laissa éclater sa colère, réclama les coupables que personne ne put lui amener, les menaça d'une pendaison sur la place publique. La conjuration du silence interdit ce châtiment, mais la menace avait été entendue.

Lui-même ne se privait pas de paillarder, mais sans contraindre ses partenaires. Il n'était guère difficile dans ses choix. Arnaudine, la « garce d'un nommé Goliath », lui avait donné du plaisir et des poux, cette « vermineuse » ! La Capchicote, fille d'un charbonnier, était jolie, soumise et vierge ; il l'avait sans effort mise au montoir et avait laissé quelques écus sur le coin de la table.

Ces amours rustiques lui plaisaient. Il n'avait pas à s'embarrasser de superfluités galantes, à envoyer de placets en vers. Les alcôves dans lesquelles il s'épanchait n'étaient le plus souvent que des fenils, des nids de fougère ou la paille des étables ; il avait le firmament pour ciel-de-lit, les arbres pour courtines et l'odeur du purin pour flatter ses narines ; les filles dont il faisait son ordinaire sentaient le fromage plus que l'eau de Chypre.

Il ne dédaignait pas pour autant les amours raffinées qu'il savourait dans les belles demeures où il faisait halte.

Au château de Pau, il avait retrouvé Jeanne Monceau de Tignonville, fille de l'ancien maître d'hôtel de sa mère et d'une dame d'honneur de sa sœur Catherine. Il l'avait eue pucelle à quinze ans et, malgré la surveillance dont sa mère, une austère huguenote, les entourait, il parvenait souvent à la retrouver. Pour cela il devait déployer des ruses qui mettaient du piment dans des rapports un peu ternes.

Il aima un temps Catherine de Luc, fille d'un médecin d'Agen qui naguère l'avait hébergé. Il lui fit un enfant et les abandonna. Accablée par le déshonneur, elle se donna la mort.

C'est dans cette même ville qu'il rencontra Mme de Montaigu. Lourde de poitrine mais de taille menue, cette dame avait la réputation d'être fort dépravée, ce dont il se méfiait car sa nature risquait de l'entraîner par des chemins de perdition vers un attachement morbide.

Il céda au sourire évanescent d'Anne de Cambefort, fière femme, nature de virago sous une apparence candide. Possessive en diable, elle jouait les favorites et prétendait le régenter. Lorsque le roi lui signifia son congé, elle se défenestra sans trop de dommages dans un parterre de résédas.

Il était las de ces passades lorsqu'il trouva sur son chemin Françoise de Montmorency, qu'on appelait la « Fosseuse ». Cette donzelle immature dissimulait ses appas derrière les dames de haute volée, timide oiselet dans une volière de perruches.

Ayant appris qu'elle raffolait des friandises, Navarre la combla de dragées musquées à l'anis et s'amusa de la voir les sucer avec une expression de gourmandise. Il l'aurait fait sauter volontiers sur ses genoux, mais les conséquences de ce geste eussent été incontrôlables, et Margot les avait à l'œil.

Il avait rencontré cette adolescente au cours de l'entrevue de Castéras, où la reine-mère avait déployé des trésors de diplomatie pour le ramener dans ses filets. Persuadée que son gendre était bien accroché, elle encouragea la petite Fosseuse à s'engager résolument dans la voie de la séduction, sans s'épargner.

Navarre flaira le piège et leva l'ancre. Cette gamine, il la reverrait plus tard, quand le fruit aurait mûri. Peut-être...

On avait fixé un nouveau rendez-vous à Auch, pour la fin d'octobre.

Le temps de faire le coup de feu contre quelques bandes de papistes qui rôdaillaient à travers les landes de Gascogne, Navarre retrouva sa femme et sa belle-mère dans l'hôtel de Mme de La Barthe ; elles semblaient très gaillardes, ayant passé la journée à tirer la palombe sous la tente.

— Il me semble, lui dit Margot, qu'il est temps de renoncer à cette partie que nous jouons et à mettre cartes sur table.

— J'y suis disposé, répondit Navarre, à condition que ces cartes ne soient pas biseautées.

— Vous êtes trop fine mouche pour tomber dans un tel panneau. Ma mère sait qu'elle ne vous ramènera pas au Louvre. Elle a rabattu de ses ambitions et souhaite simplement que vous fassiez la paix avec le maréchal.

— Vous savez d'où vient la discorde, mais je veux être beau joueur. Que Biron me tende la main, je ne lui cracherai pas dessus, mais je n'aime pas cette manie qu'il a de caresser la crosse de son pistolet en me regardant.

Un soir, alors que la reine-mère entamait une gaillarde avec M. de Turenne, Agrippa d'Aubigné, qui arrivait en courant, dit au roi :

— Sire... La Réole !

— Eh bien, quoi ?

— Le château vient de tomber aux mains des papistes. Et devinez qui leur a ouvert ses portes ? M. d'Ussac en personne !

— Ah ça ! Il est devenu fou ?

— Oui, sire : fou d'amour.

Le capitaine d'Ussac s'était pris de passion pour une des filles de la reine-mère, Mlle d'Atrie, une Italienne qu'il avait vue danser nue dans un ballet, à Nérac. Autant elle était séduisante, autant il était repoussant avec son visage labouré par la guerre, son allure cassée, son élocution embarrassée. Mlle d'Atrie, par jeu, avait fait la coquette, donnant au vieux soldat huguenot l'illusion que l'automne de sa vie se couvrait de fleurs. Turenne et quelques jeunes facétieux de la cour de Navarre avaient convaincu le barbon que la demoiselle était sensible à la virilité et au courage plus qu'à l'apparence physique et que l'amour qu'il lui vouait était partagé. Le vieux capitaine mit sa fortune à ses pieds et la demanda en mariage. La réponse : un éclat de rire. Apprenant qu'on s'était joué de sa crédulité, il remit aux catholiques les clés de la citadelle.

Navarre fit appeler M. de Turenne et le sermonna. Passe encore que ce bel esprit fût l'amant de sa cousine Margot, mais il devait cesser de jeter le trouble dans le pays par ses farces dangereuses et ses provocations. Turenne parut surpris : rien ne laissait présager l'issue de cette innocente plaisanterie.

151

— Innocente, vraiment ? s'écria Navarre. Votre inconscience nous coûte une des plus fortes citadelles de la province !

— Sire, je me fais fort de la reprendre avec cent hommes et deux canons.

— Il faudrait une armée ! Nous riposterons en prenant Fleurance aux catholiques.

Ce qui fut fait le plus facilement du monde dans les jours qui suivirent.

La mauvaise humeur de Navarre se retourna contre sa belle-mère qui persistait dans son intention de le réconcilier avec le vieux maréchal. Biron, après avoir occupé Agen à la suite du bal qui avait soulevé la population contre les gens de Navarre, s'était fait une joie d'entrer dans La Réole.

— Votre maréchal, s'écria-t-il, nous fait une guerre à outrance et vous voudriez que je lui tende la main ?

— Au lieu de vous en prendre à moi, s'indigna la reine-mère, châtiez donc vos soudards ! Tout ce qui arrive est de leur faute. Vous vous êtes vengé de La Réole sur Fleurance. Nous avons fait comme on dit chou pour chou, mais le mien est mieux pommé !

Elle ajouta avec une mine de poule en colère :

— Tenez mieux vos hommes, mon gendre, cessez de courir la gueuse et songez à une véritable conférence.

Il n'y était pas opposé. Où ? Quand ? À Nérac, au début de février.

Sur la fin de décembre, côte à côte, Navarre, Margot et l'infante Catherine firent leur entrée solennelle à Nérac par un soleil d'hiver qui faisait sur la Baïse une fête de lumière. Le poète du Bartas avait composé pour la circonstance un compliment en langue du pays, que déclama une demoiselle.

Madame Catherine rejoignit quelques jours plus tard le cortège royal. Elle ne resterait pas longtemps à Nérac. Elle souhaitait fêter Noël hors de ce repaire de parpaillots qui lui brisaient le tympan avec leurs prêches et leurs psaumes. Elle avait choisi de se retirer à l'abbaye de Paravis, près du Port-Sainte-Marie d'Agen, et proposa à sa fille de l'accompagner. Margot refusa : cette décision eût été considérée comme un acte d'hostilité à l'encontre de son époux.

Leurs rapports conjugaux s'étaient renoués sans trop de nuages.

Ils prenaient des habitudes de vieux ménage, partageaient le même lit en évitant que tout sentiment de jalousie vînt contrarier ces relations. Elle avait renvoyé Turenne, personnage brillant mais superficiel; il avait renoncé à servir Charlotte de Sauves, malgré les œillades énamourées qu'elle lui décochait. Nérac, au cœur de l'hiver, créait autour d'eux une ambiance favorable à l'oubli de leurs passions respectives. Ils effectuaient de longues promenades en barque sur la Baïse, à cheval dans la garenne, flânaient dans l'orangerie qui dominait la rivière, allaient chasser le loup...

Un matin, Dayelle, revenue en grâce depuis peu, entra dans le cabinet où Navarre était occupé avec Agrippa à son courrier. Sa maîtresse prenait médecine et ne pourrait le suivre à Barbaste, où ils avaient prévu de dîner chez le meunier.

– Approche! dit-il.

Comme elle restait immobile, les mains dans le dos, le regard bas, il réitéra son ordre. Elle fit quelques pas vers lui, posa sa main délicate dans la main rugueuse du soldat.

– Agrippa, dit Navarre, nous reprendrons cette lettre plus tard.

Il attira Dayelle contre lui, la fit asseoir sur son genou.

– Aurais-tu peur de moi?

– Non, sire. C'est de moi que j'ai peur.

– Voilà qui est étrange. Aurais-tu oublié que tu es la première fille que j'ai tenue dans mes bras?

– Je n'ai rien oublié, sire. C'était à Fontainebleau. Il neigeait. Nous avons été très sages.

– Nous étions si jeunes... Toi pucelle, moi béjaune. Nous

153

avons fait beaucoup de chemin depuis cette nuit-là. La dernière fois que nous avons passé la nuit ensemble, c'était...

— Il y a trois ans, sire. Vous étiez retenu au Louvre.

Il lui demanda d'une voix courte de fermer le loquet, l'aida à défaire son corsage, regarda s'épanouir les deux colombes qu'il emprisonnait, y enfouit son visage.

Dayelle fit le reste.

La reine-mère était revenue d'Agen avec de bonnes nouvelles : le maréchal avait consenti à une entrevue avec Navarre. Elle tenait à cette réconciliation entre le gouverneur et le lieutenant général et ne quitterait pas la province sans avoir la certitude qu'ils ne reprendraient pas les armes dès qu'elle aurait tourné les talons.

La conférence qui se tint à Nérac en février n'apporta aucun changement notable à la situation. Navarre et Biron avaient échangé des poignées de main glacées et des regards torves, promettant du bout des lèvres de faire la paix. En fait, on escarmouchait allégrement un peu partout : à Langon, à Figeac, à Brive...

Navarre et Margot raccompagnèrent Madame Catherine jusqu'à Fanjeaux, dans un déluge de pluies glacées. La vieille reine tenait, comme elle l'avait fait dans le passé avec son fils Charles, à visiter ses provinces du Midi. Elle s'achemina vers Montpellier pour s'assurer de la soumission de Montmorency-Damville, poussa jusqu'en terre dauphinoise où les rebelles huguenots en prenaient à leur aise.

— Ma mère, dit Margot, n'a pas fini de me surprendre. Quel génie ou quel démon la pousse à vouloir tout régenter ? Vieille, malade, presque infirme, elle s'engage dans une randonnée qui pourrait lui être fatale.

— Il est temps qu'elle remonte vers Paris, dit Navarre. Votre frère le roi est un incapable et François un agitateur.

Monsieur, de nouveau, venait de faire un pas de clerc, une attitude qui lui était coutumière : de retour au Louvre, il avait juré fidélité à son frère, puis avait pris la direction de l'Angle-

terre pour faire sa cour à la vieille reine qui n'avait pas formelle-
ment rejeté ce prétendant. Le trône des Pays-Bas lui était
refusé ? Peut-être celui d'Angleterre lui était-il promis ?

Au cours d'une randonnée à Eauze, Navarre tomba malade,
terrassé par une violente fièvre accompagnée de migraines qui le
tint alité une quinzaine. Son médecin, M. Caillard, et sa femme le
veillèrent jour et nuit en se relayant à son chevet. En émergeant
de sa torpeur, il n'était que l'ombre de lui-même.

— Il faut vous reposer, lui dit Margot. Pour quelque temps
cessez de vous agiter, renoncez à la guerre et à l'amour. Nous
allons prendre du bon temps. Amenez-moi à Pau, que j'aimerais enfin connaître, et à Coarraze, dont vous me parlez si
souvent.

Ils s'acheminèrent vers Pau à petites journées dans un mois
de juillet qui avait les couleurs de l'automne. Les céréales poussaient mal dans un sol boueux et les vignes ne portaient que des
pampres. Cela promettait pour les paysans un hiver de misère
et de famine.

On leur fit à Pau une réception fastueuse. Margot avait
imaginé une sinistre forteresse survolée par les corneilles et les
oiseaux de proie : elle se trouvait devant un château aux vastes
dimensions, puissant et austère mais orné de fioritures dans le
style italien, avec de larges fenêtres et des salles décorées de
tapisseries et d'un mobilier luxueux. Il restait peu de chose de la
sombre bâtisse où avait vécu Gaston Phébus.

Elle s'y ennuya pourtant. Le quotidien était marqué par
une rigueur huguenote et rythmé par les offices. On croisait
partout des ministres, ces « méchants oiseaux », disait la reine-
mère en les comparant à des corbeaux.

Le premier jour de son installation, lorsqu'elle manifesta le
désir d'ouïr la messe dans la chapelle du château, la garde inter-
vint pour chasser les gens de la ville qui étaient venus la
rejoindre. Ils protestèrent, furent molestés et certains jetés en
prison. Mal conseillé par son secrétaire, le sinistre Dupin, le roi
ne consentit à les libérer que sur les instances de sa femme qui
menaçait de se retirer.

Le souvenir de Jeanne, la « Reine noire », qui l'avait tant impressionnée avant la Saint-Barthélemy, était présent partout. Margot se dit que son fantôme devait errer la nuit dans les couloirs.

— Partons, dit-elle à Navarre. Vous m'avez promis de me conduire à Coarraze...

Lorsque Navarre vit le donjon de son enfance se profiler sur la butte dominant le gave, il sentit son cœur se serrer. Sa gouvernante, Mme de Miossens, était morte depuis des années. De Melchior, avec lequel il avait partagé des jeux brutaux, pas de nouvelles. Il retrouva avec émotion, dans la salle d'armes du donjon, pendu à la muraille comme un trophée, l'estramaçon rouillé du « Capitan ». Assis sur un talus, au bord du gave, il regarda longtemps les gosses en train de jouer à la guerre, abrités des projectiles par des paniers de vendangeurs. Il ne restait plus trace sur les Pyrénées des neiges de l'hiver.

Ils se retrouvèrent à Nérac sur la fin de juillet, alors que le soleil, revenu en même temps qu'eux, crépitait sur les verdures mouillées et dégageait de la brume d'amples mouvements de collines violettes.

À peine avait-elle mis pied à terre, Margot s'occupa d'aménager la demeure à sa manière. Elle avait rapporté de Pau des tapisseries, des meubles, des glaces de Venise, des objets d'art et des tableaux prélevés dans des salles hautes où personne n'habitait plus. Henri la laissait faire; il se plaisait de la voir aller et venir, gourmander les domestiques indolents, organiser sa maison comme un oiseau fait son nid.

— Au Louvre, disait-elle, je me sens comme une étrangère. Peu de choses correspondent à mes goûts. En revanche, ce château est mon domaine. Si mon frère m'y autorisait, j'y resterais volontiers jusqu'à la fin de mes jours.

En fait, c'était l'ambiance du Louvre qu'elle s'attachait à recréer pour son compte. Elle s'entourait de courtisans dont elle exigeait une toilette recherchée, donnait des fêtes et des spec-

156

tacles, des tournois et des courses de bague. Elle convia des poètes, créa une académie, sollicita la présence d'artistes et de musiciens. Un manège chatoyant tournait autour d'elle. Maîtresse d'un monde qu'elle avait créé, elle donnait le ton et chacun suivait sa volonté et ses caprices. Lui « faire la mine », comme elle disait, était l'insulter ; elle bannit la tristesse, fit de la morosité un péché, de l'abstinence une faute.

Il arrivait souvent à Navarre de « faire la mine » lorsqu'il constatait que son coffre sonnait le creux.

— Ne vous tracassez pas, répondait-elle. Mes banquiers veillent sur nos finances.

Le premier de ces banquiers était M. de Pibrac, son chancelier. Il était tombé amoureux d'elle, la suivait partout comme un chien, s'irritait de voir Turenne ou quelque autre courtisan tourner autour de ses jupes, enrageait de les surprendre le matin sortant de sa chambre en catimini.

— Pibrac, disait-elle, il me faut quelques écus pour la fête. Où en est notre trésor ?

— Il n'y a pas de trésor, majesté.

— Allons, mon bon Pibrac, vous avez des réserves...

Elle l'embrassait sur sa moustache grise. Il payait.

On vivait à Nérac dans une joyeuse insouciance. Chacun était libre d'exercer la religion de son choix, à la chapelle ou au temple. Les offices terminés, on faisait la fête ensemble, on partageait le même coche pour une promenade. Fêtes et spectacles étaient exempts de scandales. Seuls Pibrac et parfois Navarre « faisaient la mine ».

Margot avait vu, au cours des semaines et des mois qui avaient précédé son arrivée, revenir vers elle d'anciens amants comme des papillons aux ailes mouillées attirés par une chandelle. Champvallon fut des premiers, puis vinrent le comte de Clermont, Saint-Luc, que le roi avait récemment marié et qui s'étiolait dans le *conjungo*. Turenne aussi ; il ne la quittait que pour des campagnes en Guyenne ou en Gascogne, auxquelles il ne s'attardait guère.

Mme de Sauves repartie pour Paris, Navarre se consola avec Françoise de Montmorency, fille du président du Parlement et demoiselle d'honneur de Margot. Leur idylle fut intense mais dura ce que durent les passions charnelles. Cette fille était la vivacité même ; elle tournait comme un toton autour de la reine, la saoulait de ses propos aigres contre les uns et les autres sans discernement et cachait mal son ambition qui était de séduire Navarre. Il se méfiait d'elle mais pas assez de lui. Durant une quinzaine, ils vécurent un semblant de passion qu'elle entretenait à feu doux, mêlant les fausses confidences aux vrais élans car elle était d'un naturel fougueux.

Lorsque Navarre renifla le vinaigre sous le miel et la bête sous l'ange, il lui interdit sa chambre, en pâtit quelques jours et l'oublia avec d'autant plus d'aisance que Margot elle-même était lasse de cette fille devenue encombrante.

En quelques mois, la Petite Fosseuse, comme on disait, avait pris des airs de femme et des rondeurs de fruit. Elle rappelait à Navarre cette Dayelle qui lui avait apporté jadis les prémices de l'amour. Margot disait qu'elle était « toute enfant et toute bonne » et Navarre qu'elle avait des allures de *princette*. Comme elle aimait toujours autant les friandises, il veilla à ce qu'elle n'en manquât jamais. En la regardant s'en délecter, il se demandait comment il pourrait investir cette image de l'innocence et l'amener jusqu'à son lit.

Elle ne résista pas au premier assaut et il fut sur le point d'en perdre la raison. En sa présence, il entendait chanter les anges du paradis. Son lit qui avait été le temple de la Volupté devint celui de l'Amour. Il la déflora avec la délicatesse d'un précepteur enseignant à son élève les premières lettres de l'alphabet. L'adolescente était une élève douée ; elle apprenait vite et ne mit que quelques jours à passer de l'alpha à l'oméga et à aborder les déclinaisons. Navarre appelait parfois Margot sa « sœur » ; il disait sa « fille » en parlant de Françoise, et elle aurait pu l'être, son amant étant son aîné de quatorze ans.

Navarre était au septième ciel lorsqu'il vit arriver Monsieur. Retour d'Angleterre où il avait baissé pavillon devant la reine qu'il avait trouvée ridée, maigre, puant la huguenoterie, il venait en mission de la part de son frère pour s'assurer des bons rapports entre Navarre et Biron. Fier comme un coq de la confiance du roi, il se donnait des allures de maire du palais. Il semblait tant se complaire à Nérac que Navarre et Margot redoutèrent un moment qu'il ne décidât de s'y installer. Il n'en avait pas l'intention. À la réflexion, cette Cour en miniature ne lui permettant pas de se mettre en valeur, le Moricaud prit le large.

Un matin, au saut du lit, la Fosseuse se plaignit à Navarre d'avoir des nausées.

– Vous aimez trop les sucreries, dit-il. Si vos maux persistent, je vous conduirai aux Eaux-Chaudes, dans les Pyrénées, à un jour ou deux de Nérac.

Tandis que Margot se rendait non loin de là, à Bagnères, pour vaincre sa stérilité, la Fosseuse et son royal amant s'installaient aux Eaux-Chaudes pour guérir la petite d'un mal qui ressemblait fort à ceux qui accompagnent une grossesse.

Elle lui avoua un soir, alors qu'il revenait d'une chasse à l'ours, qu'elle portait un enfant de lui. Il se laissa tomber dans un fauteuil, en proie à des sentiments divers. Être père une fois de plus ne le contrariait pas, mais il se demandait comment annoncer la nouvelle à son épouse.

Il finit par le lui avouer en redoutant un réaction violente. Margot prit l'affaire avec philosophie. Elle fit appeler la coupable, lui dit :

– Vous ne pouvez garder cet enfant. Une femme que je connais vous en débarrassera.

– Jamais! s'écria Françoise. Cet enfant est celui de l'amour. Un enfant royal. Je veux le garder!

À quelques mois de là, au cœur d'une nuit d'hiver, Navarre frappa à la porte de son épouse. Françoise était sur le point d'accoucher et réclamait sa présence. Margot enfila une

159

houppelande, alla prévenir Caillard, alerta deux vieilles servantes et se rendit dans la chambre où la Fosseuse attendait la fin de ses épreuves.

Lorsque la parturiente poussa le cri de la délivrance, Margot se libéra d'un soupir et d'une double inquiétude : c'était une fille et elle était morte.

La paix n'était qu'un leurre. Biron ne manquait aucune occasion de souffler sur les braises en veillant à ne pas laisser le feu dégénérer en incendie qui eût attiré l'attention du roi.

Une clause du traité de Nérac stipulait que cette ville serait jugée neutre dans la mesure où le roi de Navarre n'y séjournerait pas. Biron mûrissait le projet de le prendre en flagrant délit pour le faire prisonnier. Il avait lâché dans les parages quelques espions et se tenait lui-même à moins d'une journée de cheval, prêt à se jeter avec son artillerie sous les murs de la ville lorsque l'oiseau serait au nid. Informé de ces intentions, l'oiseau n'y faisait que des haltes brèves.

Un matin qu'il se trouvait à Nérac, son valet, Armagnac, le prévint qu'une troupe royale s'avançait le long de la Baïse. « Encore une bironnade ! » se dit-il.

Quelques heures plus tard, des officiers portant les armes de Valois vinrent proposer des combats singuliers, préludes à la bataille, « pour l'amour des dames ». On les couvrit d'insultes. Biron fit avancer son artillerie jusqu'au pont, envoya faire les sommations, mais en vain. Il fit allumer les mèches.

Indignée, Margot lança :

— Le maréchal n'osera pas faire feu sur le sœur du roi, reine de Navarre ! C'est un homme d'honneur !

Biron mit son honneur dans sa poche et fit tirer du canon. Un boulet éclata dans la cour du château. Margot, qui se trouvait à proximité, projetée à terre par le souffle, s'écria :

— Il aurait pu me tuer ! Il répondra devant le roi de cette infamie !

Alors que le maréchal faisait retirer ses canons, un de ses trompettes demandait à rencontrer Margot pour lui présenter

160

ses excuses en justifiant cette agression par le fait que Navarre
était présent.

– Il l'était hier, s'écria Margot. Il ne l'est pas aujourd'hui.
Dites à votre maître que je ne lui pardonnerai jamais cette insolence !

Elle songea à repartir. Navarre l'en dissuada : Margot était
sa femme ; il voulait la garder près de lui.

Les plaisirs de Nérac, le bel été de fêtes qu'elle y avait vécu
n'avaient pas effacé les doutes qui l'obsédaient depuis qu'en
compagnie de sa mère elle avait quitté Paris. Comment aurait-
elle pu oublier qu'elle, bonne catholique, était mariée à un
apostat ? Elle se trouvait engagée à son corps défendant au
cœur d'une aventure où volonté et courage sont des vertus inutiles, où honneur et sentiment s'affrontent en lutte stérile.

– J'accepte de rester, dit-elle en réprimant sa colère, mais
ne soyez pas surpris si, un jour prochain, je vous fausse
compagnie.

Navarre rêvait de paix mais préparait la guerre.

La situation dans son gouvernement devenait absurde : il était à la fois chasseur et chassé ; il s'épuisait en conquêtes qu'il devait abandonner aux papistes, remportait des succès dérisoires et subissait des défaites humiliantes. Biron jouait à la guerre avec un acharnement sénile et un plaisir juvénile. Navarre, quant à lui, avait cessé de jouir de ce jeu absurde et cruel. Le seul moyen, se dit-il, d'échapper à ce cycle infernal était de prendre le mors aux dents et d'en chercher l'issue dans une véritable bataille.

Les accords de Nérac ? Il n'y avait pas cru. Ils avaient abouti à une simple trêve, vite rompue. Biron n'avait pas mis bas les armes et les huguenots ne respectaient pas l'engagement qu'ils avaient pris de rendre leurs places de sûreté.

Navarre était d'accord avec Margot et leur entourage : il fallait en finir.

Peu après l'agression des catholiques contre Nérac et la prise de Montignac, en Périgord, par les huguenots de Turenne et de Vivans, il avait appris que l'ennemi s'était livré à une nouvelle provocation, et d'une telle gravité qu'elle ne pouvait le laisser indifférent.

Le roi avait donné en dot à sa sœur la ville de Cahors, en Quercy. Les officiers chargés du gouvernement de cette ville, M. de Vézins notamment, s'étaient empressés d'encourager les catholiques à l'occuper.

Accompagné de son épouse, Navarre se porta sur Cahors, à la tête d'une armée de deux cents gentilshommes suivis d'un millier d'arquebusiers. Peu de chose comparé aux forces massées en ville. Il comptait sur l'héroïsme et l'allant de ses troupes pour leur faire conquérir cette place.

La petite armée arriva un soir torride de mai en vue des remparts et du Lot qui embrassait la ville dans un ample méandre d'eau sombre et calme, entre de hautes collines de pierraille et de genévriers.

Il installa son camp à un quart de lieue des premières défenses, dans un vallon planté de noyers, autour d'une source d'où l'eau coulait en abondance. Un orage était en train de mûrir sur les collines du sud.

— S'il éclate, dit Antoine de Roquelaure, l'un des officiers de Navarre, catholique modéré, cela fera notre affaire. Quand nous attaquerons, les habitants croiront que c'est le ciel qui leur tombe sur la tête.

Navarre laissa Margot à ses ablutions et remonta à cheval pour inspecter les défenses en longeant la rive du fleuve qui servait de fossé aux remparts dont la majesté romaine l'impressionnait. Il constata que le Lot séparait la ville du vaste faubourg de la Barre du côté du nord et que trois ponts enjambaient ce fossé naturel. Le mieux défendu était celui du sud, le Pont-Neuf, porte principale de la cité : le franchir, c'était s'enfoncer droit au cœur. L'entrée extérieure était protégée par un châtelet doté d'une simple poterne, le tablier par deux bastions ou ravelins, l'entrée intérieure par un second châtelet, en apparence mieux défendu que le premier.

— Salignac, lança Navarre à l'un de ses lieutenants, par quel côté attaqueriez-vous ?

— Ma foi, répondit le soldat, par le pont de l'orient, qui est le plus mal défendu.

— Et vous, Saint-Martin ?

— Je prendrais pied dans le faubourg de La Barre par le Pont-Neuf et je tenterais de faire le siège de la ville.

— Un siège ? dit Navarre. Nous n'en avons pas le temps. Nous attaquerons par le Pont-Neuf.

Les deux lieutenants échangèrent un regard consterné.

— Mais, sire, dit Saint-Martin, c'est le point le plus difficile à enlever !

— Justement, mes amis ! Les gens de Cahors vont raisonner comme vous et laisser peu de monde à cet endroit. Ils vont masser leurs forces là et là...

Il posa la pointe de sa houssine sur le pont Valentré et le Pont-Vieux. Salignac jugea l'opération hardie et dangereuse, mais Navarre tenait à son plan. On attaquerait dans la soirée. Il convoqua deux ingénieurs spécialisés dans l'artillerie, Robert et Gendarme.

— Mettez la poudre au sec en prévision de l'orage, leur dit-il. Vous voyez cette poterne, sous le châtelet du pont ? Vous la ferez sauter à la nuit tombée. Montrez-moi comment vous allez vous y prendre.

Ils sortirent d'un chariot un engin en forme de mortier, bas sur affût, qui ressemblait à un énorme crapaud de fonte. On y tasserait la poudre et la mitraille et on allumerait sa mèche après l'avoir traîné à la base de la tour.

— Je suppose que cela fera beaucoup de bruit, dit Navarre.

— Un bruit de tonnerre, sire, dit Gendarme, mais plus puissant.

Accroché comme par le fil des éclairs aux clochers et aux tours, l'orage tournait sur la ville lorsque Navarre réunit ses officiers autour d'une table dressée près de sa tente, afin de leur révéler les détails de son plan. Margot, attentive à la démonstration, se tenait près de lui, une main sur son épaule. Lorsqu'il eut terminé, elle lui glissa à l'oreille :

— Mon ami, vous êtes un génie et je vous admire.

Peu avant minuit, alors que la ville était endormie, les artificiers traînèrent leur pétard jusqu'à la poterne, suivis à trente pas de Navarre et de quelques-uns de ses gentilshommes, dont Terride et Gourdon, le gros de la troupe restant massé sous les noyers, près de la source.

Massive, bardée de ferrures, la porte de chêne ne céda

qu'à sa base, laissant un pertuis insuffisant pour livrer passage. Il fallut l'attaquer à la hache. Rien n'avait bougé dans le châtelet, le tonnerre ayant couvert le bruit de l'explosion. Salignac, accompagné de quelques arquebusiers, passa devant. Ils coururent au premier bastion du tablier, qu'ils emportèrent, puis du second, qui n'opposa guère de résistance. Les pétardiers placèrent leur mortier face à la porte donnant directement sur la ville ; le battant s'abattit d'un coup.

Salignac pénétra dans la cité avec son détachement, alors que les habitants et les défenseurs commençaient à se dire que cet orage avait une drôle de voix. Ils venaient d'entrer dans la rue du Pont-Neuf quand ils se heurtèrent à un premier groupe de défenseurs, la plupart en chemise et mal réveillés. M. de Vézins lui-même, qui n'avait pas eu le temps de coiffer sa salade et d'enfiler sa cuirasse, arrivait les jambes nues comme les hoplites grecs.

On commença à s'étriper dans le grondement du tonnerre, les éclats de phosphore, le roulement des escopetteries et la rumeur des cloches qui se répandait au-dessus de la ville.

Pour Salignac et ses hommes, les arquebusiers de Vézins ne constituaient pas le seul danger dans leur progression : de toutes les fenêtres des projectiles de diverse nature pleuvaient sur eux, mêlés à des brandons qui faisaient crépiter des étincelles en rebondissant sur le pavé.

Salignac jugea prudent d'ordonner la retraite, quand Roquelaure arriva à la rescousse, criant de pousser encore, que tout n'était pas perdu. Saint-Martin venait d'être écrasé par un bahut, mais une arquebusade tirée à bout portant avait coupé en deux le pauvre Vézins.

Ils ne purent avancer davantage : surgissant de la rue du Collège-Pellegry, une cinquantaine de cavaliers leur barraient la route. Salignac, abandonnant le corps de Roquelaure qui venait de tomber, le ventre ouvert, lança l'ordre de repli vers le pont.

Le lendemain, Navarre reçut un renfort sur lequel il ne comptait pas.

Apprenant que le roi se portait sur Cahors pour en faire le

siège, un gentilhomme de la vicomté de Turenne, M. de Chouppes, qui bataillait dans les parages de Montauban, décida de s'y rendre. Il avait rassemblé une cinquantaine de gentilshommes flanqués de trois cents arquebusiers à cheval et piqué des deux, couvrant les quinze lieues en deux étapes.

— Monsieur de Chouppes, dit Navarre, c'est le ciel qui vous envoie.

— Le ciel, peut-être, dit Chouppes, mais sûrement le désir de vous être utile.

Chouppes arrivait alors que Salignac se repliait sur le pont.

— *Macarel !* jura-t-il, vous avez vraiment besoin de renfort !

Il rassembla ses Viscontins, les réconforta d'une petite harangue dans leur patois, leur promettant pour plus tard repos et bonne chère. Puis il se lança avec ses hommes sous la mitraille, déborda l'obstacle, se retrouva devant la maison de ville dont il chassa les occupants qui n'avaient pas eu le temps d'organiser la défense. Leur élan paraissait irrésistible : ils se ruèrent vers le collège Pellegry, énorme bâtisse située en arrière du port, mais durent interrompre leur progression car il eût fallu de l'artillerie.

On tenait seulement une partie de la ville, et pas la plus coriace. Ailleurs, dans les maisons particulières, les bâtiments publics, les lieux de culte, la résistance s'organisait. Il ne faisait pas bon aller traîner ses grègues dans la rue Droite, autour de la Daurade ou place du Mercat : il y avait des armes à feu à chaque fenêtre.

Alors que le jour se levait, Navarre rejoignit Margot qui l'attendait sous un noyer en buvant un bol de lait de chèvre. Elle poussa un cri en le voyant chanceler quand il descendit de cheval, le visage en sang, et confia la bride à Agrippa.

— Rassurez-vous ! dit-il. C'est le sang d'un ennemi qui m'est tombé dans les bras.

Il fit toilette, mangea une frotte à l'ail, but un verre de vin pur et convoqua ce qui restait d'officiers.

— J'ai décidé, dit-il, d'épargner à cette ville, qui appartient à ma femme, des massacres et des pillages. Faites passer le mot et branchez ceux qui désobéiront. Nous ne sommes pas des Allemands...

Quelques exemples suffirent pour que tout rentrât dans l'ordre. Chacun, avant de reprendre la lutte, put se reposer. La fin de la journée et celle du lendemain furent occupées à gagner quelques demeures autour du collège, bastion principal de la résistance. On campa la nuit suivante sur ces positions chèrement acquises.

Le matin, après une lourde pluie nocturne qui accompagnait l'orage, on réveilla Navarre alors que le soleil venait juste de se lever. Des vigiles postés au sommet du Pech d'Angély, dominant l'ermitage de Roquefort, venaient d'apercevoir dans les premiers feux de l'aube mouillée un parti de royaux : environ trois cents cavaliers qui se dirigeaient vers le pont Valentré et la porte de La Barre.

— Il fallait s'y attendre ! bougonna Navarre. Les assiégés sont allés battre le rappel. Chouppes, vous qui avez si bien réussi dans votre attaque, voulez-vous tenter de leur barrer la route ?

Le Viscontin sauta à cheval sans plus se faire prier, donna quelques coups de gueule pour réveiller ses hommes, en regroupa une vingtaine avec une centaine d'arquebusiers. Il arriva en vue de la troupe de secours alors qu'elle s'apprêtait à entrer dans la ville. On l'interpella en le voyant surgir.

— Qui vive ?

Il eut la présence d'esprit de répondre qu'il s'agissait d'hommes de Vézins. On mit bas les armes pour le laisser approcher. Il sortit les siennes et fit un massacre.

— Et maintenant, dit-il à ses hommes, allons faire bombance chez les Chartreux ! Nous l'avons bien mérité.

Il était temps d'enlever à l'ennemi ce maudit collège transformé en forteresse, avant que les défenseurs ne reçoivent d'autres renforts.

On attaqua en force le lendemain, qui était le 1er juin. On

mit le feu aux portes, on jeta à l'intérieur des brassées d'herbe et de verdure de manière à faire une fumée qui forcerait les défenseurs à ouvrir les fenêtres. En plaquant une échelle contre la façade, le capitaine Nesde parvint à s'introduire dans la bâtisse avec deux compagnons; il ouvrit une porte aux assaillants qui chassèrent ou massacrèrent les défenseurs.

On croyait en avoir fini avec la résistance des Cadurciens, mais ces entêtés tenaient bon. Tandis que l'on se battait devant le collège, ils avaient dressé des barricades pour interdire l'entrée des quartiers principaux.

Chouppes se porta volontaire pour donner l'assaut. À peine en selle, un coffre tombant d'une fenêtre l'assomma et lui fit vider les arçons.

— C'est donc moi qui mènerai l'attaque, dit Navarre.

Ses officiers et Margot tentèrent en vain de l'en dissuader. Il refusa même la cuirasse que lui tendait Agrippa, le morion que lui présentait le jeune Rosny. Deux bons pistolets lui suffiraient.

Il inspecta les barricades et choisit de se porter sur la plus redoutable : celle qui, place des Petits-Mazels, interdisait l'entrée de la rue de l'Abescat menant au palais épiscopal qui cachait un nid de résistance. Prenant les devants d'un peloton de cavaliers, il emporta la barricade d'un seul élan et se retrouva de l'autre côté, sans son chapeau qu'une balle lui avait arraché, son cheval blessé mais toujours fringant.

À la fin du jour, toutes les voies étaient libres, mais le plus ardu restait à faire : nettoyer la ville maison par maison. On y employa une partie de la nuit et toute la journée du lendemain. Navarre fit pendre un énergumène qui avait violé une fillette et sa mère, fracassa le crâne d'un arquebusier qui détroussait un vieillard, faillit injurier Rosny qui sortait d'une riche demeure un coffret sous le bras.

— Monsieur de Béthune, lui cria-t-il, j'ai interdit le pillage. Je devrais vous faire pendre !

Rosny s'approcha en souriant, ouvrit le coffret, fit ruisseler une cascatelle d'écus « au soleil ».

— *Capdediou !* jura Navarre. Il y a là de quoi payer un an de solde à ma troupe. Nous considérons cela comme une prise de guerre.

Au soir du cinquième jour de combat, il ne restait dans la ville que quelques poches de résistance dont on devait vite venir à bout. Les hommes de Navarre restèrent pourtant toute la nuit sur le qui-vive, sans se dévêtir ni se débotter, alors que la plupart étaient demeurés quatre jours sans faire prendre l'air à leurs pieds qui étaient en sang.

Lorsque Navarre se réveilla dans un ramage de merles, il sursauta. Assis en face de lui, sur une escabelle, un vagabond était en train de couper avec son couteau un large chanteau de pain frotté d'ail, avec difficulté car il avait un bras en écharpe. Il se frotta les yeux pour se persuader qu'il ne rêvait pas : c'était bien Melchior.

— Sire, dit Melchior, je ne saurais vous dire la joie que j'ai de vous revoir vivant après un siège qui, m'a-t-on dit, n'a pas été facile.

Navarre se leva, l'interrompit sèchement. D'où sortait-il ? Que faisait-il à Cahors ? S'était-il de nouveau vendu aux papistes ?

L'écuyer laissa passer le flot des questions et se rassit. Il se trouvait à Cahors par un concours de circonstances qui ne touchait nullement à la guerre. Les Palcoscenici, cette troupe de comédiens qu'il avait suivie, donnait leur spectacle sur la place du Mercat depuis quelques jours lorsque, le soir de l'orage, le tocsin avait retenti. Le patron de la troupe jugea qu'il était prudent de déguerpir, mais les portes étaient sévèrement gardées et ils durent se claquemurer dans l'auberge de la place du Salin qui les hébergeait. Lors des combats de rue de la veille, auxquels il avait assisté de sa fenêtre, Melchior avait été surpris par des soldats de Navarre qui les avaient menacés de leurs armes, lui et sa compagne, Elissa. Il avait sauté du premier étage, s'était rompu l'épaule et avait perdu connaissance.

— Il n'a pas été facile de convaincre vos hommes que

j'avais été votre écuyer, dit Melchior. Il a fallu que madame votre épouse intervienne.

Navarre éclata de rire.

— Toi, Melchior, un comédien!... Le diable m'emporte si j'avais pu imaginer que tu jouerais les histrions sur les places!

— En fait je suivais la troupe à titre de garde du corps. Je remplaçais parfois les acteurs, homme ou femme, quand ils étaient indisponibles.

— Tu gardais surtout un cotillon, si je ne me trompe. Qu'est devenue cette fille?

— Je l'ignore. La dernière image que je garde d'elle est celle d'une furie qui se battait avec une épée de bois contre un groupe de vos hommes. Sans doute l'ont-ils tuée...

— Tu ne sembles guère chagriné.

— A vrai dire, elle commençait à me lasser par ses infidélités. Je supporte d'être négligé, pas humilié. Je ne chercherai pas à la retrouver. Et puis ces comédiens sont des gens insupportables. Ils finissent par se prendre pour les personnages qu'ils jouent.

— Que comptes-tu faire?

— Je n'en sais fichtre rien, mais si vous avez besoin d'un palefrenier...

— J'ai surtout besoin de gens qui me soient fidèles et me suivent comme leur ombre. Je consens à oublier que tu as déserté mon service si tu me promets de m'être fidèle.

— Sire, dit Melchior avec des larmes dans la voix, je suis à vous...

Les eaux couleur de plomb charrient les dernières feuilles mortes de novembre. En direction de Gardonne, le soleil de l'après-midi joue à susciter une fantaisie de nuages printaniers d'où jaillissent des faisceaux de rayons en forme d'apothéose. Le temps est doux pour la saison sur ces terres d'Aquitaine rendues à la paix.

Navarre a arrêté sa monture à proximité d'une petite anse de graves où achève de pourrir une barquasse, le cul dans la vase, le nez en perchoir pour une bergeronnette. Une gabare chargée de merrain descend à vive allure vers Sainte-Foy, le pilote agrippé à la barre pour maîtriser la force du courant qui, dans les méandres de la Dordogne, pousse l'embarcation vers les rives.

– Ne vous éloignez pas trop du château, lui a dit Margot. Vous savez que l'endroit n'est pas sûr.

Il sait, lui, qu'il ne risque rien, ou pas grand-chose. La paix est signée. Les armes se sont tues. Grâce à Monsieur.

Ce n'est pas par détestation de la guerre que le Moricaud a convaincu le roi de provoquer une conférence – encore une ! – au Fleix, le château du marquis de Trans qui domine des pentes parsemées de pins parasols et la bastide du temps des Anglais.

– Encore une manœuvre de mon frère François, lui a dit Margot. S'il a souhaité vous réconcilier avec Biron, c'est qu'il a

171

une idée derrière la tête. Ma mère, à qui rien n'échappe, m'a mis la puce à l'oreille.

— Qui n'est pas au courant des machinations de votre pauvre frère ? Il veut la couronne des Pays-Bas et souhaite que Sa Majesté l'aide à la conquérir en chassant les Espagnols. Pour cela, la paix intérieure était nécessaire, de même qu'une réconciliation avec les huguenots, pour complaire à leurs coreligionnaires des Flandres. Monsieur a presque réussi. La cession par le roi des places de sûreté pour six ans, ce n'est pas rien... Quant à décider le roi à intervenir pour affronter l'Espagne, je crains que Monsieur ne se fasse des illusions.

L'approche de Navarre fait s'envoler la bergeronnette. L'image de cette barque engravée le fascine : un symbole de mort qui, dans son esprit, rejoint celui de la paix. Cette paix, son cousin Condé ne l'a pas acceptée. Il en a appris la nouvelle à la fin d'un périple qui l'a conduit d'Allemagne en Angleterre, puis en Languedoc. Réfugié à Nîmes, il s'apprêtait à soulever la province contre les forces royales lorsque M. de Turenne est venu lui proposer d'assister à cette conférence à laquelle le roi et son frère seraient présents.

Colère de Condé : on ne traite pas avec un ennemi dont la mauvaise foi n'est plus à démontrer ! On lui fait la guerre à outrance !

Henri de Condé déteste son cousin Navarre plus que jamais pour ses compromissions. Il a lancé à Turenne :

— Allez dire à votre maître que je continuerai à me battre tant que nos coreligionnaires seront brimés, tant que la liberté du culte ne sera pas reconnue dans tout le royaume. Cette conférence du Fleix n'est qu'une nouvelle mystification. Je refuse d'y participer. On ne me prendra pas au piège, moi !

Il a ajouté :

— Dites aussi à mon cousin que je le considérerai comme un adversaire tant qu'il gardera dans sa troupe des catholiques, si « modérés » fussent-ils...

172

Navarre a bondi de joie lorsqu'il a appris de la bouche du roi que son adversaire, le vieux maréchal de Biron, était relevé de ses fonctions et serait remplacé par le maréchal de Matignon, avec lequel il avait des rapports courtois. C'était une faveur supplémentaire consentie aux réformés.

— Vos relations seront meilleures avec lui qu'avec Biron, lui avait dit le roi. Ce Normand a une réputation d'austérité mais pas d'intransigeance. Veillez à ce qu'il se comporte avec indulgence dans cette province où les esprits s'échauffent facilement et où les mœurs sont gaillardes.

Navarre s'était dit que l'intervention de Margot avait été efficace : elle ne pardonnait pas au vieux maréchal le bombardement de Nérac.

Navarre s'approche encore un peu de la rive, au risque de crotter ses bottes, pèse sur la barque sans parvenir à la dégager des graves.

Assis sur le bordage, il observe les alevins qui, par nuées, batifolent sur le fond pailleté. Et si Condé avait raison ? se dit-il. Et si cette paix ne visait qu'à brider, à museler l'opposition au pouvoir royal, à l'engraver comme cette barquasse pourrie ?

Le coup de tonnerre de Cahors a réveillé brutalement le roi. Il lui a laissé entendre qu'il faut compter avec le Béarnais, ce redoutable meneur d'hommes, et faire la part du feu.

Depuis que la paix a été signée, le château du marquis de Trans est devenu le théâtre de fêtes païennes débridées.

Le roi a amené avec lui quelques-uns de ses mignons les plus dépravés : les frères Nogaret, Gramont, Joyeuse... Pour tromper l'ennui que distille cet exil provisoire, dans ce lointain Périgord, ils ne savent qu'inventer, au risque d'offusquer les huguenots et quelques dames de haute vertu.

Ministres et vieux capitaines de la Réforme ont mis Navarre en garde : qu'il se tienne en dehors de ces divertissements dignes de Suburre ! Il a répondu de mauvaise grâce à leurs exigences, renoncé à céder aux œillades que lui dispensent

les filles de la reine-mère et celles de Margot. À chaque embar-
dée un ministre est derrière lui pour redresser la barre.

Margot n'est pas soumise à ce genre de contraintes. Elle
a retrouvé Champvallon, ses fines moustaches, ses yeux de
chevreuil – Champvallon qui sème derrière lui des poèmes
d'amour comme on jette du grain aux oiseaux. Elle s'est jetée
dans ses bras pour se délivrer des horreurs de la guerre qu'elle
venait de subir, oublier Nérac, Cahors, dresser un paravent
entre elle et son mari, ce guerrier qui sent la sueur et la poudre,
qui joue au Béarnais avec sa troupe et lui parle en langue bar-
bare.

Dans le village du Fleix comme dans les campagnes alentour, on commence à trouver que ces gens qui se sont installés
dans le château du marquis en prennent trop à leur aise.
Chaque matin des fourriers partent en campagne. Ils ne se
contentent pas d'exiger des vivres et du vin : ils raflent les filles
qu'ils jugent dignes, par leur beauté, de figurer dans le harem
des courtisans, les relâchent quelques jours plus tard ayant
gagné un écu mais perdu leur virginité.

Entre catholiques et huguenots les rapports prennent parfois un tour dramatique. On se bat en duel sur le pré ou, par
provocation, dans la cour même du château, sous les yeux des
dames friandes de ce genre de réjouissances. Navarre s'en est
pris à Rosny qui venait de se battre et s'en était tiré avec une
légère estafilade, en lui rappelant qu'il avait interdit les duels à
ses proches. L'écuyer l'avait pris de haut : il n'était ni le sujet ni
le vassal du roi de Navarre ; il était un homme libre, il pourrait
le quitter quand cela lui plairait. Navarre lui avait ouvert la
porte. Grâce à l'intervention de Margot qui aime bien ce courageux petit bonhomme d'écuyer, impertinent, au verbe haut, on
s'est rabiboché autour d'une bouteille de bergerac.

Navarre s'est réjoui de cette issue. Il tient à ce brave
compagnon âgé de deux ans de moins que lui, qui, depuis la
Saint-Barthélemy, le sert sans réclamer sa solde, sa famille sub-
venant à ses besoins. Il lui a dit :

– Oublions cette algarade, mon garçon! Tu as commis

174

une faute et moi, je me suis laissé emporter par la colère. Faisons la paix.

Ils vidèrent une bouteille, puis une autre. À la troisième, Rosny annonça à son maître qu'il souhaitait prendre le large vers d'autres aventures que cette guerre d'escarmouches où il y avait peu d'honneur à gagner.

Il partira bientôt pour les Flandres. Avec Monsieur.

9

LA ROUTE DES FLANDRES

1581-1582

L'hiver en Périgord n'étant pas très rigoureux, Navarre et Margot décidèrent de prolonger leur séjour jusqu'au printemps malgré leur position inconfortable : une paix équivoque soufflait des relents de rancœur de part et d'autre, sans pour autant remettre en question la suspension d'armes décidée au Fleix.

Peu à peu, le tissu humain de la conférence s'effrangeait. Les mignons se retirèrent les premiers dans le sillage de la reine-mère et de son cortège de putains royales. Les gentilshommes des deux camps s'égaillèrent en direction de leur domaine afin d'y reconstituer une fortune obérée par de longues et coûteuses campagnes.

Le maréchal de Biron avait quitté Bordeaux, ulcéré de son éviction, qu'il dénonçait comme une injustice et une basse vengeance pour le « salut de courtoisie » qu'il avait dédié à la reine de Navarre lors de l'attaque de Nérac. Il alla soigner ses maux et oublier sa déception dans son domaine du Périgord. La soixantaine venue, il se disait qu'il avait fait son temps, mais une petite voix lui soufflait qu'il pouvait encore se rendre utile à son roi et se venger de ses ennemis.

D'autres soucis vinrent accabler Navarre au cours de ce même hiver.

Il se dit qu'il n'était que temps de marier sa sœur, qui venait d'avoir vingt-deux ans. Elle ne brillait guère par sa beauté mais elle avait l'autorité et l'intelligence nécessaires à gérer son petit royaume en l'absence de son frère.

Navarre avait passé en revue les candidats potentiels à la main de l'infante. Philippe II souhaitait convoler pour la troisième fois et Catherine lui convenait, mais il était exclu de faire entrer un étranger dans la famille. Le prince de Condé souhaitait oublier Marie de Clèves dans les bras de sa petite cousine? Lui et Navarre se détestaient et cette mésentente aurait déteint sur le ménage. Alors peut-être M. de Turenne, cet héritier de la grande famille de La Tour d'Auvergne? Catherine l'avait repoussé : c'était un bel esprit, un excellent capitaine mais un séducteur.

L'infante de Navarre rêvait du comte Charles de Soissons. Frère cadet du prince de Condé, il était son cousin germain. Au tour de Navarre de faire grise mine. C'était pourtant lui que voulait sa sœur, et aucune de ces marionnettes que l'on agitait devant elle. Elle connaissait Charles pour l'avoir rencontré à Pau, à Nérac, à Paris, et il lui avait plu d'emblée.

Navarre différa sa réponse, fit lanterner Catherine en lui disant que rien ne pressait. Il pensait le contraire.

La rumeur d'une intervention de la France dont la guerre des Flandres, où l'Espagne de Philippe s'enlisait, avait incité le solitaire de l'Escurial à proposer à Navarre, contre cent mille écus, de rompre la paix du Fleix et de reprendre les hostilités contre le roi de France. Navarre l'avait pris de haut :

— Si Philippe croit pouvoir m'acheter pour cent mille écus, il se trompe!

— Pourtant, dit Margot, cela arrangerait bien nos affaires. Nos finances sont en régime de basses eaux...

— ... mais son honneur a gardé son étiage le plus haut. Non seulement je refuse cette offre mais je vais informer vos deux frères de cette démarche.

— Cela ne les surprendra pas de la part d'un personnage aussi retors que Philippe. Cette nouvelle laissera le roi indifférent mais elle fournira à Monsieur un prétexte pour aller au secours des rebelles.

Monsieur n'avait pas attendu le billet de son beau-frère pour préparer sa campagne, déjà prévue lors de la conférence du Fleix. Il affirmait que les Gueux des Flandres lui tendaient les bras, que leurs chefs l'attendaient pour lui proposer de nouveau la couronne ! Secrètement le roi et la reine-mère l'encourageaient dans son projet ; devant les ambassadeurs ils le désavouaient : un de ces jeux machiavéliques dans lesquels se complaisait la « marchande florentine ». Monsieur était libre de ses actes et avait sa propre armée ; rien ni personne ne pouvait lui interdire d'en faire usage à sa guise.

Monsieur avait besoin d'un bon chef d'armée : il alla chercher le maréchal de Biron qui, trop heureux de remettre le cul en selle, accepta de le suivre.

Avec autant d'inconscience que Philippe, Monsieur sollicita le concours de Navarre qui l'envoya paître.

– Vous avez eu raison de repousser cette offre, lui dit Margot. Philippe aurait trouvé dans votre intervention contre lui une occasion d'envahir la Navarre.

Rosny était revenu de Paris tout fringant. Il n'avait pu rencontrer le roi qui s'abîmait dans ses plaisirs et ses dévotions délirantes à Vincennes. C'est à la reine-mère qu'il avait remis la copie de la lettre de Philippe demandant à Navarre de rallumer la guerre. Avant son départ, son maître l'avait incité à rester quelque temps à la Cour pour voir comment tournaient les choses. Il avait accepté d'autant plus volontiers que ses deux cadets étaient de la maison du roi et qu'il comptait faire moisson d'aventures amoureuses.

De retour auprès de Navarre, Rosny lui présenta son rapport : l'ambiance à la Cour vivait dans l'inquiétude de voir une guerre se déclencher entre la France et l'Espagne, malgré les protestations du roi qui avait, disait-il, déconseillé à Monsieur de se lancer dans cette aventure. Monsieur, quant à lui, se souciait peu de ces menaces : il avait son armée, il avait ses capitaines. Il ne resterait pas longtemps l'arme au pied.

Monsieur avait renouvelé à Rosny sa demande de l'accompagner, avec la promesse de lui verser douze mille écus.

– Fichtre! dit Navarre. Douze mille écus, ce n'est pas rien, mais dites-vous, mon garçon, que vous n'en verrez pas la couleur! Si vous tenez toujours à partir, je ne puis vous retenir. Vous reviendrez de cette expédition papiste et sans un sou vaillant...

Rosny songea que le moment était venu de s'équiper. Il acheta des chevaux, vendit des coupes de bois, parvint à rassembler une compagnie de près d'une centaine d'hommes qu'il équipa et arma convenablement. Il s'offrit pour se faire honneur un cheval sarde couleur cap de More qui avait l'habitude de la guerre, supportait sans broncher les arquebusades et coûtait la bagatelle de six cents écus.

Le premier courrier que Navarre reçut de son écuyer venait de Cambrai.

Le petit Rosny avait fait du chemin de La Fère, d'où l'armée de Monsieur s'était ébranlée, jusqu'aux frontières des Flandres. Il espérait quelques belles empoignades devant Cambrai qu'assiégeait Alexandre Farnèse, duc de Parme, mais il dut déchanter, les Espagnols, épuisés par un siège interminable, ayant levé le pied.

Le prince d'Orange, chef des rebelles, avait prié Monsieur de se porter à son secours sans retard. On était en août; attendre davantage serait risquer de voir l'expédition s'enliser dans les boues automnales.

C'est ainsi, écrivait Rosny, *que nous nous sommes portés d'un même élan sur L'Écluse, Arleux, Le Cateau-Cambrésis, pour ainsi dire sans rencontrer de résistance. L'armée espagnole aurait-elle fondu comme neige au soleil devant cette armée?*

Les lettres de Rosny devaient vite changer de ton. L'automne venu, l'armée pataugeait dans une terre transformée en marécage. On campait dans la boue, le ventre vide, l'artillerie s'enlisait dans les fondrières, on ne parvenait pas à faire la jonction avec les rebelles, les désertions se multipliaient...

À ces images de désespoir, s'ajouta, à la mi-novembre, une nouvelle désastreuse : Monsieur avait abandonné son armée pour passer en Angleterre.

En prenant congé de nous, écrivait Rosny, Monsieur nous confia qu'il passerait le reste de l'hiver à Londres, auprès de la reine qui avait décidé de reparler mariage. Sous sa mine faussement joviale il était aisé de deviner qu'il lui en coûtait de laisser sa belle armée dans un tel état, au Catelet où nous avons pris nos quartiers d'hiver...

Monsieur trouva la reine Élisabeth toute guillerette dans sa résidence de Greenwich. Elle l'embrassa fougueusement sur la bouche et lui passa un anneau au doigt en proclamant, à la stupéfaction de ses ministres, qu'il serait son époux. Le lendemain, changement de ton : elle se demanda comment la population prendrait son union avec un prince catholique. Monsieur lui rappela le mariage mixte entre sa sœur et Navarre, qui n'avait pas suscité de troubles.

Rassurée ou faisant mine de l'être, Élisabeth prit son fiancé à bras-le-corps et le couvrit de baisers avec une telle fougue qu'il faillit rendre l'âme. Il redoutait que cette vieille carne le conviât à partager sa couche. Elle se contenta de le prendre sur ses genoux, de le baisoter, de le mignoter, d'insérer une main frétillante dans sa braguette pour éprouver sa virilité en lui glissant des mots tendres à l'oreille, l'appelant sa *petite grenouille*. Elle le traitait comme un enfant, lui apportait son déjeuner au lit, le contemplait en maillot rose, insistait pour assister à sa toilette.

La perspective d'une union avec cette virago longue et sèche, à croupe de jument, aux dents gâtées, à l'haleine aigre lui était devenue insupportable. Il comprit qu'il venait de faire un nouveau pas de clerc et se dit qu'il lui fallait au plus tôt rejoindre cette armée qu'il avait abandonnée dans la boue des Flandres.

Les choses en étaient là quand une dépêche vint à point nommé rappeler Monsieur à ses devoirs de chef d'armée. Dans les Pays-Bas, les Espagnols venaient de reprendre l'offensive.

Voilà qui dissipait toute équivoque et remettait les choses à leur vraie place. Élisabeth commençait à se lasser de ce personnage encombrant, ce *magot*, ce *nabot*, comme disait son frère, ce petit singe toussotant et baveux. Il ne pouvait plus supporter cette papesse huguenote délurée et vicieuse dont la cinquantaine proche sentait le rance.

Il n'y eut pas de rupture brutale ni de larmes. Monsieur quitta Greenwich dans les premiers jours de février, accompagné jusqu'à Canterbury par sa fiancée. Elle lui fit promettre, lorsqu'il lui écrirait – et elle exigeait une lettre par jour – qu'il mentionnât : *À la reine d'Angleterre, mon épouse.* Il promit tout ce qu'elle voulut.

Élisabeth avait mis à sa disposition quelques-unes des plus belles unités de sa flotte, avec une centaine de gentilshommes à bord, et un pécule de trente mille écus pour l'aider dans son expédition.

L'un et l'autre feignaient, au moment de la séparation, de croire qu'ils seraient bientôt les maîtres du monde.

Lettre de Rosny, datée de la mi-février, à Anvers :
Monsieur a débarqué dans cette ville il y a trois jours, venant d'Angleterre, la mine réjouie. Il vient d'apprendre que les États généraux des Pays-Bas lui ont décerné le titre de duc de Brabant, en attendant sans doute la couronne. La ville est en fête. On danse sur les places au son de la musette. On veut voir Monsieur, toucher ses mains, ses vêtements. Les plus belles femmes, grasses et blondes à souhait, sont à ses genoux. Il est déjà presque le roi...

Ce qui restait du corps expéditionnaire était dans un état pitoyable. Le premier souci de Monsieur fut de le reconstituer au plus vite pour reprendre l'offensive. On lui amena de France quatre mille fantassins et d'Allemagne deux mille reîtres. Il attaqua Farnèse qui assiégeait Audenarde mais recula au moment de l'affronter en rase campagne et fit retraite sur Gand où il s'enferma. Farnèse vint l'y surprendre, commença le siège mais renonça à le poursuivre car son armée, comme précédemment celle de Monsieur, fondait à vue d'œil.

En dépit des précautions prises pour les rendre discrètes, les levées de troupes opérées en France pour soutenir Monsieur ne pouvaient échapper à l'ambassadeur d'Espagne. Il ne pouvait ignorer que Sa Majesté, malgré l'aversion qu'elle témoignait à son frère, le soutenait en secret.

Le maréchal de Biron, qui piétinait d'impatience depuis des mois, en Île-de-France, à la tête de l'armée de secours, reçut l'ordre de marcher sur les Flandres. On avait ajouté à ses troupes un fort contingent de Suisses. Il était flanqué de ses deux fils : Charles et Alexandre. Il les présenta en s'écriant :

– Voici mes fils ! Ils marcheront à la tête de vos bataillons, l'armure sur le dos et la pique à la main. Ôtez-leur l'âme du corps si vous les surprenez à faire un pas d'écrevisse. Si l'un d'eux vient à mourir, l'autre le vengera, quitte à y laisser sa vie. Quant à moi, vous ne me verrez pas combattre à pied : mes blessures s'y opposent...

Lettre de Rosny, datée de la mi-janvier, à Anvers :

Nous sommes depuis des semaines dans l'inaction à l'abbaye Saint-Michel. Monsieur tourne en rond comme un ours en cage dans l'attente de son intronisation qui tarde un peu. Il ne se passe pas de jour qu'il ne suscite quelque querelle aux autorités ou à la population, au point qu'il est devenu fort impopulaire. Il prétend s'attaquer aux libertés et aux franchises de la ville...

L'arrivée des troupes conduites par Biron avait ranimé son ardeur guerrière. Elle se manifesta en premier lieu, paradoxalement, contre le maréchal lui-même, auquel il contestait son autorité sur les villes conquises. Biron regimba et ordonna à ses capitaines de résister à l'usurpateur.

Monsieur avait assez à faire à Anvers où la situation tournait au tragique. La conduite de la troupe envers la population amena des émeutes qui dégénérèrent en révolution. Dans cette suite de batailles de rue, trois cents gentilshommes, plus de mille soldats laissèrent leur vie, et plusieurs centaines de prisonniers tombèrent aux mains de la plèbe.

Nous avons dû fuir cette ville maudite, écrivait Rosny. *Les habi-*

185

tants viennent d'ouvrir les écluses, ce qui nous laisse le choix de périr noyés ou de tomber aux mains des paysans qui nous attendent pour nous égorger... M. le Maréchal a perdu dans cette aventure l'aîné de ses fils, Alexandre, qui se portait à notre secours. À travers la neige et par des vents glacés nous avons réussi à gagner Malines. Monsieur reporte la responsabilité de cette tragédie sur les humiliations qu'il a subies et dont il a voulu se venger, mais il n'a pas eu l'autorité nécessaire pour maîtriser ses hommes. Nous sommes dans une grande misère...

Le prince d'Orange fit preuve d'indulgence envers Monsieur : il avait trop besoin du secours de la France pour continuer sa lutte et s'affranchir de la tutelle de l'Espagne. Les ambassadeurs qu'il lui envoya trouvèrent la misérable armée sur le point de reprendre la route de la France. La population de Gand et de sa région s'opposant à leur passage, il fallut, suprême humiliation, négocier avec le duc de Parme un passage par le Hainaut.

Dernière lettre de Rosny : datée de Dunkerque, elle n'était qu'un brouillon de mots sans suite. Il était affecté d'une forte fièvre qui avait mis sa vie en danger.

Quant à Monsieur, disait cette lettre, il souffrait d'un mal de poitrine et commençait à cracher du sang.

« Mais qu'ont-ils tous ? se demande Navarre. On dirait que la terre brûle sous leurs pieds, que la guerre leur a inoculé le goût des longues errances, des fuites en avant. Ils veulent me quitter ? Eh bien, qu'ils partent, chacun vers sa chimère ! »

Les désertions ont débuté avec Henri de La Tour d'Auvergne, comte de Turenne ; il est allé proposer ses services à Damville, gouverneur du Languedoc, qui est retombé dans les bonnes grâces de la reine-mère. D'autres désertions de personnages de moindre importance ont suivi. Navarre les a vus se présenter à lui, la mine basse, l'élocution brouillée, arguant des inconvénients d'une paix qui les autorisait soit à revenir dans leur province, soit à aller se vendre ailleurs et à se battre.

Rosny reviendra-t-il ? Peu probable. Il vit désormais dans l'orbite de Monsieur et partage ses folies s'il ne les approuve pas. Aucune des promesses qui lui avaient été faites n'a été tenue ; Monsieur se moque de ce petit nobliau plus riche que lui. Revenu en France, Maximilien partage son temps entre le Louvre et son domaine de Sully, que gère son épouse dont la fortune l'aide à faire bonne figure avec ses deux frères.

Revenu en apparence de ses humeurs vagabondes, Melchior est repris par ses démons. Le dernier porte un nom bien connu : Philippe Strozzi. Navarre a sursauté quand son écuyer est venu lui annoncer sa décision.

– Strozzi, dis-tu ? Aurais-tu oublié l'affaire des Ponts-de-Cé, la mort de ton épouse ?

L'oreille basse, Melchior, tout en convenant qu'il ne pouvait oublier cet événement, avoua que Strozzi exerçait sur lui une sorte de fascination qui confinait à l'envoûtement. La reine-mère, pour faire pièce à Philippe II, avait annoncé une expédition contre les Açores ; elle en confierait le commandement à son fidèle ami Strozzi. Lequel avait proposé à Melchior de l'accompagner.

Navarre éclata de rire.

– Aux îles Açores ! Chez les nègres ! Mon pauvre ami, ils vont te manger tout cru...

Le projet de cette expédition remontait à la dernière visite que la reine-mère avait faite à son gendre, à Nérac. C'était Strozzi qui lui avait le premier parlé de ces îles perdues dans l'immensité de l'Atlantique. Elles avaient appartenu au Portugal, mais, comme Philippe avait envahi ce petit royaume sur lequel la reine-mère prétendait avoir des droits, elle avait trouvé là une occasion de se venger de son ancien gendre. Sur sa lancée, Strozzi mettrait la main sur les îles du Cap-Vert et sur Madère.

L'avantage de cette conquête, aux dires du condottiere, était de capturer les galions chargés de l'or des Amériques de retour vers l'Espagne. Il comptait exercer sur ces îles une sorte de vice-royauté. Il avait fait miroiter aux yeux de Melchior d'autres conquêtes : le Brésil par exemple, où, avec une poignée d'hommes, on pouvait s'emparer de territoires immenses et d'une richesse fabuleuse en bois précieux, en chocolat, en tabac et en perroquets. Il faudrait massacrer quelques tribus d'Indiens, mais ce n'était qu'un jeu...

– Notre flotte, avait ajouté Strozzi, partira à la mi-juin de Belle-Isle. Tu rejoindras mon ami Brantôme à Bordeaux. Il sera lui aussi de l'aventure.

Le condottiere avait eu du mal à convaincre Brantôme qui, toujours attaché à celui qu'il appelait « l'ami parfait », tenait pour fumées ses ambitions. Il n'accepta qu'à contrecœur.

188

Aux édens exotiques que le capitaine lui proposait il préférait les jardins des Tuileries ou de Saint-Germain et aux sauvagesses les filles de la reine-mère, ou cette Jacquette de Montbrun qui, en Périgord, lui faisait tourner la tête.

Il était si peu disposé à s'embarquer qu'il fit en sorte d'arriver à Bordeaux, en compagnie de Melchior, alors que la flotte avait levé l'ancre depuis deux jours.

Ils n'eurent pas à regretter ce contretemps volontaire. Quelques mois plus tard, ils apprenaient que l'expédition s'était achevée tragiquement. Capturé par les Espagnols, le capitaine Strozzi était mort percé de coups de drague, ses gentilshommes et ses soldats décapités ou pendus, sa flotte capturée. Le désastre n'avait laissé qu'un seul survivant, échappé par miracle au carnage : M. de Brissac, qui avait organisé cette expédition. Ce fut lui qui raconta les péripéties de cette malheureuse aventure.

Navarre, qui s'était installé au château de Pau, vit revenir son écuyer tête basse. Loin de l'accabler de sarcasmes, il fit comme s'il revenait d'une mission dans les parages.

Il avait d'autres préoccupations en tête : il venait de retrouver une vieille connaissance : Diane d'Andouins, comtesse de Guiche, mieux connue sous le nom de « Corisande ».

Margot avait refusé de suivre son mari à Pau. Retrouver dans cette énorme bâtisse se belle-sœur Catherine qui ne lui manifestait que mépris, ces ministres qui la toisaient de leur arrogance, non merci !

– Allez où il vous plaira, avait-elle dit à son mari. Moi, je préfère rester à Nérac. J'y suis à mon aise.

Il prétendit garder avec lui la Fosseuse ; Margot sortit ses griffes. Elle se méfiait de cette garcette qui n'aurait qu'un souci : se faire de nouveau engrosser par la royale semence.

Navarre renonça à la Fosseuse que la reine-mère appelait une « fille publique » depuis qu'elle avait appris cette faute impardonnable : l'enflure du ventre. Il partit pour la Navarre accompagné seulement d'une poignée de fidèles. Il restait perplexe devant l'attitude de Margot et les sentiments qui unissaient ces deux créatures : elles se jalousaient, se haïssaient mais ne supportaient pas d'être séparées. Quelle complicité les unissait ? Il l'ignorait.

À Nérac, enfin libre d'organiser sa vie à sa façon, selon ses fantaisies et ses caprices !

Elle avait découvert dans un grenier de Pau une collection de luths qu'elle avait fait réparer et accorder avec soin en se souvenant qu'ils avaient dû appartenir à la Marguerite des Marguerites, l'aïeule de son mari. Elle constitua une chorale de

190

jeunes filles de la ville et donna des concerts nocturnes dans la Garenne ou sur les barques qui sillonnaient la Baïse. On jouait et chantait des œuvres de Claudin, de Guillaume Costeley, de Roland de Lassus... Elle fit venir le meilleur violoniste de son temps, Baltazini, qui s'était fait applaudir dans toutes les cours d'Europe et qui égrenait des étoiles sous son archet par les tièdes nuits d'été.

La Garenne était son domaine de prédilection. Elle y fit capter des sources, construire des fontaines, aménager des grottes en lieux de plaisir, dresser des statues de nymphes et de satyres. Elle fit restaurer les bains du Roi où elle alla batifoler avec ses filles les jours de grande chaleur. Elle fit tracer des sentiers au milieu des pelouses et des parterres de fleurs rares, planter des cyprès qui lui parlaient de la Toscane et des lauriers-roses qui lui rappelaient Champvallon, de retour de l'équipée des Flandres et qui ne tarderait pas à la rejoindre.

Elle compléta ce petit paradis par un jeu de paume, un parcours de pallemail, un kiosque pour la danse et une ménagerie. Elle fit venir de Bordeaux quelques négrillons des Isles qu'elle vêtit de soie incarnadine, des nains qu'elle habilla de tenues bariolées.

— Tout cela, madame, est fort plaisant, lui disait la Fosseuse. Serait-ce que vous souhaitiez finir votre existence à Nérac ?

Elle répondait d'un ton sec qu'elle y resterait le temps qu'il lui plairait. Pour la première fois elle pouvait disposer de lieux dont elle se sentait propriétaire. Elle pouvait leur imposer sa marque, les plier à sa fantaisie. Au Louvre, elle n'avait le choix qu'entre se soumettre ou se révolter.

Elle se refusait à croire à la nouvelle qu'on lui avait annoncée : le mariage de Champvallon avec une demoiselle de La Marck, fille du prince souverain de Sedan, une des plus riches héritières du royaume, sans doute une de ces donzelles abandonnées dans le gynécée, inaptes à trouver un parti convenable et que l'on finissait par consacrer à quelque bellâtre impécunieux.

Lorsqu'elle eut la certitude que son poète avait bel et bien convolé, elle sentit la terre se dérober sous ses pas. Dans sa fureur, se croyant trahie, elle écrivit à son frère François pour le supplier de la venger de l'imposteur. François, qui se trouvait alors à Dunkerque, après le désastre des Flandres, tenta de faire assassiner le poète volage mais échoua.

L'automne venu, redoutant un hiver de solitude à Nérac, elle céda aux injonctions de sa mère qui la rappelait au Louvre. Navarre la suivrait-il? Elle lui écrivit à Pau. Il consentit à lui faire un brin de conduite jusqu'en Poitou.

Margot n'était pas au Louvre depuis une semaine qu'elle eut la surprise de voir revenir Champvallon, une larme de repentir au coin de l'œil, de la tristesse jusque dans la moustache. Il se jeta aux pieds de sa maîtresse, implora son pardon, chanta sa passion en stances pathétiques. Il n'avait épousé Mlle de La Marck que contraint et forcé, pour faire une fin, éponger ses dettes de jeu et celles qu'il avait contractées pour la guerre des Flandres.

Le soir même elle écartait pour lui ses draps de soie noire.

Margot avait ramené de son séjour à Nérac un goût pour l'indépendance qui s'exerça durant son existence au Louvre.

La reine-mère lui proposa de l'accueillir dans sa demeure de la rue des Deux-Écus, trop vaste pour elle. Margot refusa, pour se faire aménager, rue Sainte-Catherine, dans le voisinage du Marais, un adorable petit hôtel où elle s'organisa à sa convenance. Elle y attira Champvallon.

Deux de ses dames, Mme de Duras et Mme de Béthune, réputées pour des excentricités que Margot appelait leurs « petites folies », collectaient dans le vivier de la Cour la crème de l'élégance et de l'esprit, des courtisans des deux sexes libres de tout lien conjugal. Sans négliger son poète, elle donnait à sa liberté le goût de la licence. Des tempêtes agitaient sa chambre chaque nuit, et c'étaient rarement les mêmes qui la soufflaient.

Le roi finit par prendre ombrage de l'engouement de ses proches pour cette cour en miniature qui lui enlevait ses favoris.

Un duel l'avait privé de trois de ses mignons ; d'autres étaient partis pour les Flandres rejoindre Monsieur ; ceux qui restaient hésitaient à le suivre dans ses débordements mystiques, ses excentricités et ses caprices. Seul demeurait un dernier carré de fidèles : Joyeuse, Épernon et quelques gentillâtres, du menu fretin de province.

Jalouse de sa sœur, le roi lui présenta des observations sévères ; elle riposta vertement.

Un soir de bal au Louvre, alors que l'animation et la chaleur montaient à la tête, le roi lui dit d'un air courroucé :

— Ma sœur, vous vous habillez comme une catin ! On vous voit la gorge.

— Et vous, mon frère, répliqua Margot, vous vous costumez de telle façon que l'on ne sait de quel sexe vous êtes.

Le roi blêmit, reprocha à sa sœur de tenir bordel dans sa nouvelle demeure, lui jeta au visage les noms de ses amants, sans oublier Champvallon.

— Je sais d'où vient votre acrimonie, ajouta-t-elle. Du fait que je n'ai pu ramener mon mari dans sa prison. Sachez que je l'approuve.

Au comble de la fureur, il lui décocha la flèche du Parthe :

— Mon peuple regrette que je n'aie pas d'enfant. Du moins ai-je un neveu.

Elle chancela, suivit Mme de Sauves qui l'entraîna sous la galerie et lui fit respirer des sels.

— Ainsi, soupira Margot, il a appris... L'affaire est pourtant restée secrète.

— Lorsque l'on est fille de roi et reine de Navarre, dit Mme de Sauves, on ne peut garder le moindre secret. Et celui-ci est de taille.

Margot avait accouché à Nérac, quelques mois avant, d'un fils. De qui ? Elle l'ignorait. Navarre avait été informé par Rosny, à qui rien n'échappait.

À quelques jours de l'algarade, le décret tombait comme un couperet : Margot était bannie de la Cour et de Paris.

10

FEMMES DE GUERRE

1583-1584

Lorsqu'il la vit franchir le pont-levis dans la douceur glauque du printemps, il se demanda s'il ne rêvait pas. Elle précédait avec une superbe aisance un cortège de négrillons porteurs de perroquets, des nains et des naines, un fou bariolé qui se livrait à des grimaces et à des cabrioles. Deux enfants l'entouraient : un garçon et une fille, qui devaient être les siens.

En apercevant le roi au milieu de la cour, elle l'apostropha joyeusement :

— Eh bien, sire, vous ne me reconnaissez pas ? Ai-je tant changé en quelques mois ? Il est vrai que vous séjournez peu souvent au château. Mon nom vous dira sans doute quelque chose : Diane d'Andouins, comtesse de Guiche...

Elle esquissa une génuflexion, parut contrariée qu'il ne la reconnût pas. Il est vrai que l'ombrelle qui l'abritait diluait ses traits dans une lumière diaphane.

— On m'appelle aussi Corisande, ajouta-t-elle.

— Pardonnez-moi, bredouilla-t-il. Je m'attendais si peu à vous voir ici, et cette ombrelle...

— Toujours aussi galant, dit-elle d'un air pincé. Il est vrai que j'ai changé depuis notre dernière rencontre. Mon veuvage, la gestion de mes domaines, la guerre...

— Venez, dit-il, nous allons faire une petite promenade dans les jardins. Ma sœur s'occupera de votre suite.

Elle lui prit familièrement le bras. Comme elle était plus petite que lui, il sentait l'ombrelle glisser sur ses cheveux.

– Catherine est pour moi une grande amie, dit-elle. Nous nous rencontrions fréquemment, naguère, mais je suis catholique et je croise souvent, ici, des personnages qui me méprisent.

Il murmura en se grattant la barbe :

– Diane... Corisande...

Ce nom avait rallumé dans sa mémoire une petite lumière. Comment aurait-il pu oublier que Mme d'Andouins, la mère de Diane, l'avait tenu sur les fonts baptismaux ? Plus tard, la fillette suivait parfois sa mère à Coarraze, et lui, mal fagoté qu'il était, les genoux écorchés, pieds nus, il béait d'admiration devant cette apparition qui semblait venue tout droit du Louvre. Il se souvenait aussi de cette enfant sage qui accompagnait les souverains de Navarre au prêche, avant que sa famille ne lui interdise la porte du temple.

Ils s'engagèrent dans l'allée principale où commençaient à s'épanouir les verdures de mai, sous un ciel de porcelaine traversé de vols de martinets. L'odeur de l'orangerie se mariait à celle des violettes.

Corisande replia son ombrelle comme ils pénétraient sous un dôme de hêtres géants qui filtraient une lumière de paradis. Il l'invita à s'asseoir sur un banc de pierre, au pied d'une Pomone aux bras croulants de fruits.

– Je vous ai rencontré souvent, dit-elle, dans des fêtes, des réunions, des conférences, sans oser vous accoster malgré l'envie que j'en avais. Moi, petite nobliaute, vous, roi de Navarre et chef des réformés...

– Pourquoi ne pas l'avoir fait ? Je suis un homme simple, vous savez. Mais votre présence aurait dû m'éblouir.

– Vos proches me faisaient de l'ombre. Cette forêt vous cachait le petit arbre que j'étais. Allons, n'ayons pas de regrets !

Ils allèrent jeter du pain aux carpes du grand bassin alimenté par les sources des landes du Pont-Long, regardèrent évoluer derrière les grilles les animaux sauvages de la ménagerie au bout de l'allée de la Reine qui était la promenade favorite de

Marguerite et de Jeanne, s'attardèrent à contempler la chaîne des Pyrénées, éblouissante de neige contre l'azur profond, et les collines de Jurançon, loin derrière les saules et les peupliers.

— Cette année, dit-elle, je crois que la vigne sera belle.

Ils prirent une collation de chocolat dans le salon de Catherine, feuilletèrent des livres que l'infante avait fait venir de Paris et de Toulouse. Comme Corisande se levait pour prendre congé, il lui demanda de rester. Elle cacha un rire derrière sa main tant cette idée lui paraissait insolite et lui dit qu'elle n'avait pas prévu cette invitation et qu'elle devait rentrer avant la nuit.

— Au moins, dit-il, nous reverrons-nous ?

— Cela ne dépend pas de moi, sire.

— Alors ne tardez pas trop à revenir. Nous avons encore tant à nous dire...

Veuve de Philibert de Gramont, comte de Guiche, qu'elle avait épousé à quinze ans, Corisande vivait avec ses deux enfants dans les divers domaines qu'elle possédait dans la province : Hagetmau, Bidache, Gramont... Elle venait souvent retrouver à Pau son amie Catherine qu'elle connaissait depuis sa plus tendre enfance.

Le lendemain, lorsque Navarre annonça qu'une affaire urgente allait le retenir à l'extérieur trois ou quatre jours, Catherine ne fut pas dupe.

Accompagné d'une petite escorte commandée par Melchior, il quitta Pau à une telle allure qu'on avait du mal à le suivre. Il ignorait dans quelle résidence pouvait se trouver Corisande. En s'informant dans les auberges et les fermes, il apprit qu'elle séjournait à Gramont, à deux lieues au sud de Peyrehorade.

Laissant ses gens dans le village, il monta vers le château, en fit le tour, chercha à découvrir la propriétaire, mais en vain. Comme la nuit était proche et qu'il commençait à pleuvoir, il décida qu'il coucherait avec son escorte dans une grange abandonnée, au pied du château, en se faisant passer auprès des paysans pour un gentilhomme de Bigorre se rendant à Paris.

— Sire, lui dit Melchior, si vous comptez donner l'assaut à cette place, je crains que nous soyons trop peu nombreux.

— Tu n'as rien à redouter, répondit le roi en riant. Pour le siège que je compte entreprendre ma seule présence suffira.

Il se présenta le lendemain matin devant le châtelet, parvint non sans mal à se faire donner le passage et demanda que l'on prévînt Mme la Comtesse de sa présence. La herse levée, il pénétra dans une cour de vastes dimensions où se promenaient en toute liberté un cerf et quelques biches. Un personnage en habit sombre, à collet raide, à l'allure de cerbère, lui demanda sans aménité qui il était et ce qu'il voulait.

Apprenant qu'il avait affaire au roi de Navarre, le bonhomme s'inclina et alla prévenir sa maîtresse. Elle était au jardin. En le voyant planté au milieu de la cour, elle faillit laisser choir la gerbe de roses qu'elle venait de couper.

— Vous, sire! s'écria-t-elle. À cette heure! Où avez-vous passé la nuit?

Il lui parla de la grange, du sommeil dans la paillade, de l'envie qui le harcelait de la revoir dans son milieu habituel. Elle s'excusa de l'accueillir dans une toilette aussi peu digne de sa présence; il éclata de rire : lui-même n'était guère présentable.

— Venez! dit-elle. Nous allons déjeuner ensemble. Mon intendant, Martial, s'occupera de vos gens. Nous avons de quoi les héberger.

Il lui posa la question qui lui brûlait les lèvres depuis son départ :

— Je crains de vous déranger. Peut-être n'êtes-vous pas... seule.

Elle répondit avec un sourire malicieux :

— Je comprends à quel genre de solitude vous faites allusion. Eh bien, oui, sire, je suis seule.

Elle désigna quelques brèches dans le mur d'enceinte, des impacts de projectiles contre les murs.

— Il m'est pourtant arrivé d'avoir des visites non souhaitées

200

de militaires qui portaient vos couleurs. J'ai dû faire le coup de feu à plusieurs reprises avec mes gens. Dieu merci, il n'est pas facile de franchir ces murs sans y être invité. En revanche, mon château de Guiche a été pillé et ses fermes incendiées.

Devant la mine contrite du roi elle s'empressa d'ajouter :

– Je ne vous tiens pas pour responsable de ces violences. D'ailleurs les nôtres font de même...

Après qu'ils eurent déjeuné d'un chocolat, Corisande lui fit visiter ses appartements, qui étaient meublés avec un goût singulier : des tapisseries mauresques aux motifs géométriques ornaient les murs avec, dans les intervalles, des panoplies d'armes orientales. La pièce était encombrée de fauteuils larges et profonds qu'elle appelait *divans*, de guéridons sur lesquels reposaient des brûle-parfum découpés en dentelle de cuivre. Les pieds foulaient des tapis épais. Juché sur son perchoir, son perroquet favori, ramené du Brésil par un marchand bordelais, jetait des cris aigus, près d'une cage où un petit singe jouait les équilibristes. Un étrange parfum de sanctuaire religieux baignait le grand salon attenant où l'on retrouvait le même bric-à-brac.

– Cela semble vous surprendre, dit-elle. J'aime ces meubles, ces tapisseries, ces bibelots qui viennent du bout du monde. Ils me donnent l'impression de vivre deux existences parallèles et me permettent de mieux supporter ma solitude.

Elle prit le rouleau de tabac que son négrillon venait de lui préparer, l'alluma à une chandelle, rejeta une âcre bouffée de fumée, le convia à l'imiter. Il refusa. Il ne prenait aucun plaisir à pétuner, comme on le faisait au Louvre dans l'entourage de la reine-mère qui, elle, prisait l'herbe à Nicot en poudre et par le nez.

Le roi avait annoncé qu'il resterait absent trois ou quatre jours. Il était depuis une semaine à Gramont et ne parlait pas de retourner à Pau.

– Sire, lui disait Melchior, la première séance des États ne va plus tarder.

— Bah! répondait Navarre, ma sœur la présidera. On a l'habitude de mon absence.

Il passait son temps, en compagnie de Corisande, à chevaucher à la paresseuse dans les environs. Elle lui montra ses châteaux et ses domaines : Bidache où tout était à reconstruire, Hagetmau qui avait souffert des assauts du capitaine huguenot Aros. Ils longèrent deux petites rivières, la Bidouze et le Lihoury, dans le printemps de Chalosse où flottaient des pollens lumineux.

Il voulut savoir pourquoi on l'appelait Corisande.

Elle avait tant aimé dans sa jeunesse le roman de Garcia Rodriguez de Montalvo, *Amadis de Gaule*, qu'elle avait choisi de porter le nom de Corisande, qui était celui d'une des héroïnes de ce roman de chevalerie.

Elle avait rencontré le philosophe Michel de Montaigne qui lui avait fait lire quelques pages de ses *Essais* dont il souhaitait lui dédier un volume, et les *Sonnets* de La Boétie qui était amoureux d'elle et n'osait se déclarer.

Quel homme n'eût pas été amoureux de Corisande? Non qu'elle fût jolie : elle ne pouvait, avec sa petite taille, son visage rond, ses lèvres serrées, son nez bref, son front trop haut, ternir l'éclat des filles de la reine-mère, mais elle avait l'élégance, la grâce, l'esprit.

Navarre, qui, dans la perspective d'une conquête, n'y allait pas par quatre chemins, tournait en rond autour d'elle sans oser l'aborder de front. Il retardait de jour en jour le moment de se déclarer, ignorant d'ailleurs quelle sorte de sentiment il allait lui témoigner.

Il osa enfin lui avouer, la veille de son retour à Pau, qui ne souffrait plus de retard :

— Jamais mon cœur n'a battu si fort en présence d'une femme. Je vais vivre des jours et des jours baigné dans votre souvenir et chacun de mes actes en sera marqué. Je vous aime tant que je donnerais mon royaume pour vous garder près de moi.

Il constata avec un peu de honte qu'il s'exprimait comme Champvallon.

Il craignit qu'elle lui objectât son épouse et ses maîtresses. Elle s'en abstint et il lui en sut gré. Cette délicatesse le confortait dans la certitude que Corisande était une femme d'exception, qu'elle méritait d'être aimée autrement qu'il avait aimé à ce jour.

Pour la première fois, il entrait dans l'orbe d'une véritable passion et en était bouleversé.

Pour rien au monde Rosny n'aurait cédé sa place.

Dans l'entourage du roi et de la reine-mère, chaque jour apportait son lot d'événements imprévus. Il voyait se succéder des fêtes et des bals où il suffisait de laisser tomber son mouchoir pour qu'une femme se baisse et le ramasse, des processions qu'il fallait suivre affublé d'une cagoule, un cierge à la main, des parties de chasse, des amours de rencontre qui lui faisaient oublier la torpeur conjugale...

Le roi était-il en train, comme son frère Charles, de sombrer dans la folie ? Dans tous les actes de sa vie il manifestait un comportement singulier, ostentatoire, imprévisible.

Lorsque le souverain avait décidé de se rendre à pied jusqu'à Chartres avec la reine Louise pour invoquer la Vierge noire et la prier de leur donner un fils, la Cour l'accompagna, mais la plupart des participants renoncèrent en cours de route à cette promenade, alors que le roi avançait comme animé d'une force surnaturelle, avec un regard halluciné.

Cette démarche mystique n'avait pas été suivie d'effet, pas plus que les séjours de la reine aux eaux de Bourbon-Lancy ou les médecines que praticiens et sorcières lui faisaient ingurgiter. Le couple royal demeurait stérile. La reine s'enfermait dans sa solitude, le roi dans ses folies.

Margot dit un jour à Rosny :

— Si mon époux, au titre de premier prince du sang,

204

accède un jour au trône de France, je sais à qui il le devra : à cette grande putain de Venise qui a pourri le sang de mon frère.

Elle souffrait de voir s'installer chez lui une insidieuse mais inexorable décrépitude. Il ne restait sur sa personne que de vagues reflets de l'éphèbe qu'il avait été, du « petit aigle » qui faisait se pâmer les femmes. Elle avait partagé avec lui les jeux équivoques de l'inceste ; il lui avait appris que l'amour ne connaît pas de frontière. Depuis son retour de Pologne, où la Diète venait de prononcer sa déchéance, son visage s'était tavelé de dartres et de fistules ; ses dents se déchaussaient et gâtaient son haleine ; sa démarche accusait une sénilité précoce. Les habits précieux, les fards, les onguents, les senteurs orientales pouvaient faire allusion mais, sous ces masques, la maladie accomplissait son œuvre.

Si le roi, en certaines circonstances, paraissait avoir l'esprit dérangé, il pouvait faire preuve, quand il en sentait la nécessité, de volonté, d'énergie et de raison.

Dans un courrier à son maître, Rosny raconta la dernière folie de Sa Majesté.

Un matin, ses serviteurs avaient été réveillés par des hurlements venant de la chambre du roi. Ils l'avaient trouvé livide, les yeux fous, hurlant qu'il fallait le délivrer de « ces monstres ». À la reine-mère qui était arrivée en chemise de nuit il avait raconté avec des larmes dans la voix le cauchemar qui l'avait éveillé : il était tombé dans une cage occupée par des fauves qui s'étaient jetés sur lui et avaient commencé à le dévorer.

– Vous prenez trop d'intérêt à votre ménagerie, lui dit la vieille reine. Cela finit par vous obséder.

– Je vais en finir, dit le roi. Aujourd'hui même.

Il ordonna d'en faire un massacre. Un peloton d'arquebusiers s'en chargea, tuant non seulement les lions, les panthères, les jaguars et les ours, mais aussi les dromadaires, les antilopes, jusqu'aux singes qui l'amusaient tant, et aux taureaux, qu'il jouait à livrer vivants à ses molosses.

En revanche, sa passion pour les bichons avait redoublé. Rosny le vit à plusieurs reprises déambuler à travers le Louvre, portant attaché par un ruban à son épaule une corbeille dans laquelle s'agitaient des chiots. Il entretenait au château et aux Tuileries une centaine de chiens de compagnie, en gardait quelques-uns en permanence dans ses appartements qui, malgré le nettoyage quotidien, sentaient l'urine et la crotte.

La reine-mère et Margot avaient renoncé à lui faire des remontrances. Il s'écriait que ces petites bêtes valaient cent fois les hommes et que son plus cher désir était de se retirer dans une île avec ses chiens pour seuls compagnons.

On se moquait de lui dans les libelles? Cela le laissait indifférent. D'ailleurs il n'en avait guère connaissance, car des domestiques escamotaient ceux que l'on glissait sous sa porte.

Dans une autre lettre, Rosny contait à Navarre la dernière extravagance de Sa Majesté, durant les fêtes de la Mi-Carême.

Il rassembla ses mignons : Arques, d'O, Épernon, les Nogaret, et demanda à Rosny de se joindre à eux. Dans quel but? Mystère. Il leur montra un monceau de défroques d'origines diverses et leur ordonna de s'en vêtir. Éberlués mais joyeux, ils obtempérèrent. Rosny se trouva déguisé en marchand, avec un oreiller sur le ventre pour figurer un embonpoint avantageux. Tous se posèrent sur le visage un masque grotesque.

Ils passèrent l'après-midi et la soirée à courir les foires et les rues populeuses. Armés de baguettes, ils jetaient la panique parmi les boutiquiers et leur clientèle, fouillant sous les cotillons, rossant les marauds qui s'interposaient, bousculant les éventaires. Ils achevèrent leur périple au bal organisé par un notaire pour le mariage de sa fille. Le roi ayant donné le signal du désordre, ils renversèrent les pupitres des musiciens, piétinèrent les instruments, arrachèrent les dames à leurs cavaliers. Ils burent du champagne au goulot, violèrent quelques donzelles glapissantes et firent mille autres tours pendables.

Ce coup de folie ne surprit pas Navarre : naguère le roi Charles l'avait entraîné dans ce genre d'équipées.

À quelques jours de cet événement, Madame Louise avait demandé audience à son époux. Elle venait d'entendre, au cours d'une messe à Saint-Germain-l'Auxerrois, le prêtre stigmatiser en chaire les agissements scandaleux des gens de la Cour. Le roi convoqua l'impertinent, lui reprocha sa sévérité et lui fit don de quatre cents écus pour ses œuvres.

— Monsieur l'abbé, lui dit-il en le congédiant, Sa Sainteté tolère ce genre de divertissements de Carnaval dans sa bonne ville de Rome, et ils sont d'une autre violence.

L'argent que le roi empruntait coulait entre ses mains comme l'eau d'une source. Il avait fait du mariage de Joyeuse une cérémonie grandiose. Sa véritable famille, c'étaient ses mignons ; il n'avait rien à leur refuser ; il leur distribuait des domaines qui ne lui coûtaient rien, des subsides qu'il empruntait aux banquiers, aux ministres ou à ses serviteurs.

Sa Majesté, écrivait Rosny, *s'est entichée d'un nouveau jeu : une boule de bois percée qu'il faut ficher sur une pique en forme de dague. Le roi passe des heures à cet exercice qui rappelle le jeu d'amour. On appelle cela jouer au « bilboquet ».*

L'éviction de Margot de la Cour et de Paris avait provoqué un mouvement de stupéfaction.

La reine-mère n'avait pu s'opposer à cette décision, son fils lui ayant témoigné par des arguments irréfutables que sa sœur s'était mal conduite, qu'elle avait cherché à l'humilier et à l'isoler en nouant des cabales. Et le bruit courait qu'elle avait un bâtard de Champvallon !

Margot avait passé, en quittant la capitale, quelques semaines dans une résidence proche de Paris, en compagnie de ses deux favorites : Mmes Duras et Béthune, attendant que, dans un moment d'indulgence, le roi leur permît de revenir. De guerre lasse, ne sachant où se rendre, elle se dirigea vers Orléans. Des archers arrêtèrent son escorte à Palaiseau, lui arrachèrent son masque et pillèrent son bagage. Peu avant Orléans, nouveau contrôle : on lui enleva ses deux complices pour les ramener à Paris et les interroger sur ce mystérieux bâtard dont on ne savait ce qu'il était devenu.

Seule, désorientée, Margot poursuivit sa route vers le Midi. Peu après Orléans, alors qu'elle séjournait dans une famille amie, elle apprit que son frère, Monsieur, était gravement malade : il vomissait du sang. Aux dires des médecins, ses jours étaient comptés. Elle lui adressa une lettre et attendit en vain la réponse.

En revanche, un courrier de son époux l'attendait à Jarnac. Averti par Rosny du châtiment qui lui était infligé, il lui demandait instamment de ne pas quitter cette cité. Quelques jours plus tard, une lettre du roi son frère lui intimait l'ordre de se rendre à Coutras. Pourquoi Jarnac ? Pourquoi Coutras ? Elle eut l'impression que l'un et l'autre voulaient se débarrasser d'elle.

À Coutras elle attendit deux semaines sans recevoir d'autre injonction.

Lasse de faire le pied de grue, la bourse vide, incertaine du lendemain, elle se dirigea à petites journées vers Agen. Cette ville faisait partie de son apanage ; elle y trouverait du secours. Elle demanda à son frère l'autorisation de pousser jusqu'à Nérac ; il accepta à condition que Navarre fût d'accord. Elle se résolut à ne pas attendre plus longtemps et prit la route du pays d'Albret. En chemin, elle se demandait à quoi rimaient ces décisions, quel vent la poussait comme une épave sur cet océan d'incertitudes. Ces décrets qui tombaient du haut d'un tribunal dont les juges étaient son frère et son mari étaient sans appel.

Nérac était désert et semblait abandonné. Elle erra longuement dans les grandes salles glacées que l'on avait délestées d'une grande partie du mobilier et des tapisseries.

Décembre passa, puis janvier, sans que le roi lui écrivît et que Navarre daignât se montrer. En avril, elle alla faire ses Pâques à l'abbaye de Saint-Paravis où sa mère s'était retirée jadis dans les mêmes circonstances. Elle y reçut quelques lettres de son époux, dont le ton s'était radouci. Il lui faisait grief de la naissance de son bâtard mais estimait que le roi avait abusé de son autorité en la bannissant de la Cour.

En le voyant paraître à Port-Sainte-Marie, dans les parages d'Agen, Margot lui sauta au cou et versa un tel flot de larmes qu'il en fut ému. Ils passèrent à Nérac quelques semaines qui, pour Margot, semblaient présager favorablement de leurs rapports à venir.

Et puis, un matin, Navarre partit sans un mot.

La prise de Cahors avait laissé à Navarre un goût de cendres et de sang. Tant de bons compagnons étaient restés sur le carreau, tant de misère accablait la population après les combats, tant de demeures avaient été détruites ou pillées qu'il en gardait comme une nausée.

Il fallait pourtant bien qu'il réagisse avec vigueur contre Matignon qui traînait les pieds quand il s'agissait de remettre aux huguenots les places de sécurité qui leur avaient été accordées par la paix du Fleix. C'était le cas de Mont-de-Marsan.

Il annonça son départ à Corisande qu'il venait de retrouver à Hagetmau. Il lui en coûtait de jouer avec le feu mais il devait mettre en demeure le maréchal de restituer cette place.

— J'aimerais vous suivre, dit-elle. Votre épouse vous a bien accompagné à Cahors...

— Ce n'est pas la place d'une femme. S'il vous arrivait malheur, je ne me le pardonnerais pas. Et puis... et puis vous n'êtes pas mon épouse.

Elle avait depuis peu, après l'avoir fait lanterner, cédé à ses instances : ils partageaient le même lit. L'attirance, puis l'amitié qu'ils avaient éprouvées l'un pour l'autre avaient cédé le pas à une passion sans orage. « Vous êtes libre, lui avait-il dit. Je le suis de même. Pourquoi ne pas nous donner l'un à l'autre ? » Une nuit, alors qu'ils se reposaient après l'amour, il lui murmura à l'oreille qu'il souhaitait en faire sa femme.

210

Il accepta qu'elle le suivît à Mont-de-Marsan. Elle promit de ne pas s'exposer au cas où l'on devrait se battre.

Précaution superflue. Les seuls obstacles que la troupe de Navarre rencontra furent la Douce qu'il fallut traverser à la nage sous les remparts à travers une pluie violente, et les buissons de ronces dont il fallut se dépêtrer pour atteindre une porte que l'on abattit à la hache. La surprise fut telle, lorsque les assaillants se retrouvèrent sur la grand-place, que pas une arquebusade ne fut tirée.

— Navrée de vous décevoir, ma mie, dit Navarre. Vous ne verrez pas votre Amadis à l'œuvre.

Elle le regrettait presque. Écartant son manteau, elle montra les deux pistolets engagés dans sa ceinture. Navarre prit Agrippa à témoin de sa surprise :

— Entends-tu, Agrippa ? Je suis passé à côté d'un événement d'importance. J'ai failli, pour la première fois dans ma carrière, voir une femme combattre à côté de moi !

Agrippa tourna les talons en marmonnant dans sa barbe. En bon huguenot qu'il était, porté sur la sévérité quant aux mœurs, il détestait celle qu'il appelait une « garce en quartier », autrement dit une putain. Elle avait détourné le roi de son ménage et, ce qui était pire, elle devait être en train de le papaliser !

Margot se disait que le revirement du souverain à son égard pouvait avoir plusieurs motifs : l'intervention de Navarre, la santé déclinante de leur frère et la situation à Paris, qui tournait à l'émeute permanente.

Une bataille sournoise se livrait dans le corps délabré de Monsieur, déjà à demi corrompu, entre la maladie et la soif de vivre et d'agir. Après ses quintes de toux il déclarait à ses proches qu'il n'en avait pas fini avec la campagne des Flandres, que le maréchal de Biron l'attendait à la frontière, qu'il devait reprendre le combat qui lui livrerait la couronne.

Il restait en lui tant de vigueur mentale, un tel élan d'espérance, qu'à la veille de sa mort, alors qu'il était immobilisé à

Château-Thierry, il parlait de remettre le cul en selle et l'épée au côté pour rejoindre son armée.

Ses domestiques le retrouvèrent mort au bas de son lit, enroulé dans son drap comme dans une écharpe mouchetée de sang. C'était dans la deuxième semaine de juin.

À l'issue des obsèques, le roi dit à sa mère :

— Nous sommes au bout du rouleau. De la race des Valois il ne reste que moi et cette garce de Margot. Ni elle ni moi n'aurons une descendance. C'est la fin...

Conscientes que la dynastie touchait à son terme, de bonnes âmes avaient discrètement fait proposer à la reine Louise de consentir à un adultère destiné à assurer la sauvegarde du trône. Elle avait repoussé avec indignation cette offre odieuse.

La logique successorale voulait que la couronne revînt au premier prince du sang, donc au roi de Navarre, mais il était huguenot et rien ne permettait d'espérer qu'il accepterait un nouveau parjure pour se donner à la religion catholique. Il aurait contre lui la foule des huguenots intransigeants dont Condé était le chef, le peuple de Paris qui n'aurait pas pris cette conversion opportune au sérieux et le redoutable clan des Guise qui gardait en coulisses un descendant de Charlemagne, le vieux cardinal de Bourbon, comme candidat à la succession.

Le roi lui-même n'avait pas la partie belle, pris qu'il était entre Guise, Navarre et la tourbe incertaine des Politiques.

Cette position inconfortable, il ne faisait rien pour l'améliorer. Entre deux périodes de lucidité où il retrouvait rigueur et autorité, il se replongeait dans l'ambiance délétère que ses favoris entretenaient autour de lui. Un mouvement incoercible de sa nature l'attirait vers une sorte de néant où il risquait de se dissoudre.

Le Balafré, en revanche, voyait son étoile briller chaque jour d'un éclat plus vif. Sous son œil froid, la Sainte Union de la Ligue, née quelques années avant, à Péronne, au cœur du gouvernement de Condé, redressait la tête et s'organisait au grand jour. Ce qui avait été un mouvement brimé, puis interdit, devenait un parti riche et puissant.

Le duc de Guise avait les moyens de ses ambitions. Fer de lance d'une famille richissime, il avait accepté sans vergogne les subsides du roi d'Espagne qui voyait en lui le champion de la catholicité, le vainqueur de l'hérésie, le futur pourvoyeur de l'Inquisition. Il était devenu l'agent de l'Espagne, son espion patenté, sa créature. Que Philippe lui coupât les vivres, il retombait comme une marionnette désarticulée pour redevenir un obscur duc de Lorraine.

Un double objectif se présentait à lui : s'opposer au pouvoir royal, anéantir les forces du roi de Navarre et du prince de Condé, mais rien ne pressait ; le roi sombrait inexorablement dans ses turpitudes et les huguenots étaient divisés.

Le temps travaillait pour lui.

Navarre se trouvait à Pau lorsqu'il apprit la mort de Monsieur.

Cette nouvelle n'avait rien pour le surprendre. Monsieur, dont on disait qu'il était « un esprit malsain dans un corps gâté », avait trop abusé de sa personne pour vivre bien longtemps. Navarre lui vouait des sentiments divers, souvent contradictoires : il appréciait son esprit, sa fantaisie, moins morbide et outrancière que celle de son frère, mais il supportait mal ses ambitions, ses projets chimériques, son ingratitude, ses revirements déconcertants. Comment aurait-il pu faire fonds sur ce fantoche ?

— Eh bien, mon frère, lui dit Catherine, la voie royale vous est ouverte. Il faut vous y engager avec vigueur et conviction.

Belles paroles ! Certes, la voie était droite mais semée de tant de chausse-trapes qu'il doutait d'en voir le bout. Les nouvelles que Rosny envoyait de Paris ne laissaient pas de l'inquiéter : l'hydre de la Ligue redressait la tête et le roi ne faisait rien pour la maîtriser ; il n'allait jamais au bout de ses décisions, s'égarait dans ses incertitudes. Un velléitaire.

Corisande, radieuse, attendait Navarre à Hagetmau.

— L'avenir vous sourit, mon « petiot », lui dit-elle en lui sautant au cou. Si Dieu est avec vous, la couronne de France sera bientôt sur votre tête.

214

Elle l'appelait souvent son « petiot », depuis que leurs rapports avaient évolué en direction du lit. Elle ajouta :

— Il faudra vous résoudre à abjurer une nouvelle fois. C'est la condition essentielle pour désarmer les Guise et vous réconcilier avec le roi.

— Une abjuration de plus..., soupira-t-il. Qui me prendrait au sérieux ?

— Certes, mais j'ai moi-même dû abjurer pour épouser M. de Gramont, et je ne m'en suis pas plus mal portée. De nos jours, on change de religion comme d'habit.

Ils se promenaient main dans la main par les allées du parc. Il ne se lassait pas de contempler son visage diaphane sous l'ombrelle qui protégeait son teint, d'entendre sa voix qui donnait du velours aux mots et de la conviction aux idées qu'elle exprimait. Il évitait dans leurs débats de la heurter de front, de « faire le Gascon », comme elle disait, par ses mots à l'emporte-pièce et ses boutades de soldat. Il faisait mine d'approuver tout ce qu'elle disait, quitte ensuite à ne retenir que ce qui entrait dans ses vues.

— S'il faut vous battre, lui disait-elle, je vous y aiderai. J'ai de l'argent et des hommes prêts à me suivre. Je resterai toujours à votre côté.

Elle lui trouvait parfois l'air soucieux, lorsqu'ils parlaient de Catherine et de son mariage. Cette entêtée voulait le comte de Soissons et personne d'autre. Ils s'écrivaient, rêvaient de vivre ensemble, en écartant tout obstacle religieux : lui catholique mais adversaire de la Ligue, elle huguenote.

— Le diable est déchaîné dans ma maison, dit-il. Je suis bien à plaindre. C'est miracle si je ne succombe pas sous le fardeau. C'est un mal douloureux que les affaires domestiques.

Il n'était pas au bout de ses peines.

Pas plus que de la mort de Monsieur, Navarre ne fut surpris de l'arrivée à Nérac de Jean-Louis de Nogaret de La Valette, duc d'Épernon, l'« archi-mignon », le « demi-roi », disait-on. Sa Majesté lui envoyait en ambassade ce Gascon qui

215

se prétendait descendant d'une illustre famille mais était fils de notaire enrichi, dans le but de s'en faire un allié contre la Ligue. Navarre, qui l'avait côtoyé au siège de La Rochelle, l'avait jugé hautain, cassant et ambitieux. Il était le seul des mignons à tenir tête au roi, comportement que ce dernier redoutait et appréciait à la fois : ce personnage dont il avait favorisé la fortune lui était loyal.

Le roi lui avait dit à son départ :

— Vous êtes le plus apte à nous concilier Navarre. Vous avez des points communs : votre origine méridionale et votre haine de la Ligue. Navarre est un prince bien né. Son naturel est bon. J'ai toujours eu de l'amitié pour lui et je sais qu'il m'en témoigne en retour, malgré ce qui nous sépare. S'il se montre surpris de votre visite, dites-lui que vous allez prendre les eaux dans les Pyrénées et que vous ne pouviez manquer de lui présenter vos civilités au passage.

Navarre était occupé à jouer aux tarots à la chandelle quand deux mains s'appliquèrent sur ses yeux. Il sursauta, s'écriant :

— Qui êtes-vous? Pourquoi cette familiarité? Êtes-vous fou?

Quand il reconnut le favori du roi, il éclata de rire, lui serra la main, le garda à souper, lui donna des conseils pour la cure où il se rendait. Il ne fut guère surpris quand, le lendemain, Épernon lui demanda un entretien pour lui donner des nouvelles du roi. Moins encore d'entendre son visiteur lui dire :

— Sire, mon maître est disposé à vous reconnaître comme son seul héritier.

— À condition que j'abjure, naturellement.

— Naturellement, sire.

Navarre parut ébranlé. Lorsque Épernon le vit quitter son fauteuil, arpenter le cabinet, s'arrêter devant la fenêtre pour regarder les enfants de Corisande jouer dans le parc, il se dit qu'il était sur le point de gagner la partie. Il fut déçu lorsque Navarre lui dit simplement qu'il demandait à réfléchir et qu'il donnerait sa réponse directement au roi.

Épernon resta quelques jours à Pau, irrité de voir le roi de Navarre faire l'amoureux avec sa catin, jouer avec les enfants à la balle ou au cerceau, tenir des conciliabules orageux avec l'infante, s'enfermer avec les pasteurs. Il commençait à perdre patience quand Navarre le fit appeler dans son cabinet et lui dit :

— Tout bien pesé, monsieur, je dois renoncer aux propositions du roi. Dites-lui...

Épernon bondit, le feu aux joues, et s'écria :

— Ce que je lui dirai, sire, c'est que vous vous êtes moqué de moi et de lui ! Me laisser croquer le marmot une semaine pour me donner cette réponse... Est-ce ainsi que vous répondez à l'amitié sincère que vous porte Sa Majesté ?

— Amitié intéressée ! rugit Navarre. *Dioubiban*, me prenez-vous pour un niais ? Dites à votre maître que nous avons chacun notre pré carré à protéger et nos vaches à garder. Cette lettre lui expliquera ma position.

Épernon lui arracha le pli des mains, le glissa dans sa ceinture et s'éclipsa sans un mot.

— M. d'Épernon paraissait fâché en vous quittant, dit Corisande. Il est monté en selle sans me saluer.

— Fâché, dit Navarre en éclatant de rire, on le serait à moins. Je viens de lui signifier que je ne suis pas à vendre. Je plains ce pauvre roi. Il n'est pas au bout de ses peines. C'est comme s'il ne lui restait que le choix entre la corde et les galères...

À ceux qui le croyaient disposé à toutes les compromissions pour garder son trône le roi donna par ses actes un démenti cinglant. Il combattrait la Ligue ! On le vit retrouver sa majesté, son énergie, faire front par les armes aux ligueurs qui venaient d'occuper des villes royales. Parmi eux, trois frères de la famille de Lorraine : Mercœur, Aumale, Elbeuf...

Ébranlé dans ses positions intransigeantes par Corisande et par quelques-uns de ses capitaines, persuadés qu'il fallait garder l'arme au pied et répondre à l'appel du roi pour « casser la tête » des ligueurs, Navarre macérait dans ses doutes.

Rosny s'étant retiré dans ses terres de Sully-sur-Loire pour s'occuper de sa famille et de ses affaires, Navarre demanda à Melchior de le suppléer, d'aller « respirer l'air du temps » à la Cour. Il y était installé depuis une semaine quand Navarre le vit revenir avec une nouvelle capitale.

Le sursaut du roi face à la Ligue n'avait été qu'un feu de paille. Il avait rappelé ses troupes, abandonné aux ligueurs les villes conquises, laissé tout le monde ébahi.

– J'ai tenu à vous informer de vive voix des événements, dit Melchior. Le pape Sixte vient d'approuver la Sainte Ligue et de fulminer une double excommunication : la vôtre et celle du prince de Condé. Sa Majesté vient de conclure à Nemours un traité avec les Guise : il a accepté de se soumettre aux décrets de la Ligue...

Navarre s'en prit à Corisande :

– Voyez quelle chiffe molle est *votre* roi ! Il nous mène tout droit à une nouvelle guerre civile. *Vos* catholiques veulent faire de moi un hors-la-loi !

Il lui avoua qu'aux nouvelles que lui avait rapportées son écuyer ses moustaches avaient blanchi en une nuit. Lui et Condé étaient mis au ban de la chrétienté ; ils devenaient des parias !

Corisande confessa ses erreurs, supplia son amant de réagir sans attendre. Réagir ? Il était trop tard ou trop tôt. Tout ce qu'il put faire, ce fut de rédiger avec le concours de son conseiller Duplessis-Mornay une riposte, en forme d'apologie de la religion réformée, aux calomnies de la Ligue. Il envisagea de lancer un défi à Guise, de l'affronter en duel. Si cela pouvait éviter une guerre civile, il s'y risquerait volontiers.

Cette gasconnade n'eut pas de suite, et Corisande fut la première à s'en réjouir, Guise ayant la réputation d'un redoutable bretteur. Informé de cette provocation, le Balafré la prit au sérieux mais y renonça : on ne se bat pas en duel contre un prince du sang.

Corisande souffrait de l'humiliation que le Saint-Père et la Ligue venaient d'infliger à son « petiot » : elle lui suggéra de réagir, d'écrire au pape, au roi, pour clamer son indignation.

— *Capdediou!* s'écria-t-il joyeusement, vous réagissez comme l'aurait fait ma mère, en bonne huguenote. Seriez-vous en train de virer au vent comme une girouette?

— Faites ce que je vous conseille. Dites au roi qu'il ne se laisse pas impressionner par les décrets de ce vieillard qui occupe le trône de saint Pierre. Dites à Sa Sainteté que nous ne sommes plus au temps où le pape Zacharie pouvait se permettre de détrôner le roi Chilpéric!

— Ma bonne âme, vous avez raison! Voilà un argument qui portera!

Navarre n'écrivit pas au pape mais confia à Melchior une lettre à remettre à Sa Majesté, en mains propres.

Cette réaction eut l'issue qu'il en espérait: le roi interdit la publication des bulles papales. Navarre fit mieux: il demanda à quelques amis qu'il avait à Rome de faire publier ses protestations; on trouva des placards affichés jusqu'aux portes de Saint-Pierre et du palais. La colère du pape éclata violemment mais tourna court: il ne lui déplaisait pas que le roitelet de Navarre se drapât dans son honneur. Il déclara même qu'il éprouvait une certaine sympathie pour lui, de même que pour la reine d'Angleterre, ce qui laissa les catholiques éberlués. Il apporta un point d'orgue à cette singulière prise de position en renonçant à envoyer au duc de Guise les millions qu'il lui avait promis pour lutter contre l'hérésie.

— Voilà qui est bel et bon! dit Navarre, mais ce n'est pas le revirement du Saint-Père qui va changer le cours des événements. J'ai défendu mon honneur par la plume. Il est temps de le défendre par les armes...

11

BONJOUR, MONSIEUR DE MONTAIGNE!

1584

Situation complexe que celle où se trouvait Margot : entre un frère qu'elle haïssait et un mari qui la rejetait, comme entre le gibet et le billot, la peste et le choléra, elle faisait en sorte de se fortifier de ses déboires et de ses griefs. Insensiblement, au cours de ses errances, elle avait senti se former et se durcir en elle un noyau de rancœur. On la chassait, on la méprisait ? Eh bien, elle se vengerait ! Son frère le roi de France, son mari le roi de Navarre étaient affrontés à la Ligue ? Elle se ferait ligueuse...

Le traité de Nemours qui avait vu le roi et la reine-mère s'agenouiller devant la Sainte Ligue, les bulles de Sixte qui avaient déclaré Navarre hérétique et inapte à monter sur le trône lui avaient donné un regain d'énergie, mais la double vengeance qu'elle méditait lui venait d'une autre source.

Navarre la trouva à Nérac alors qu'il la croyait aux cinq cents diables. Il arrivait accompagné de Corisande et de ses enfants, suivi d'un cortège de nains et de négrillons porteurs de perroquets. Elle s'enferma dans sa chambre. Navarre vint l'y retrouver.

Elle lui cria à travers la porte :

— Que voulez-vous ?

— Vous embrasser et vous parler.

— Je ne suis pas en état de vous recevoir. Revenez demain.

Il revint, la trouva changée : elle avait épaissi en quelques mois et son teint avait perdu de son éclat. Sous une apparence de jovialité, elle avait du mal à dissimuler une colère qui ne tarda pas à exploser. Elle lança dans un rire grinçant :

— Décidément, ce que l'on m'a dit est exact. Vous ne pouvez vous déplacer sans votre catin !

Il lui ordonna d'un ton sec de cesser ses insolences.

— Mme d'Andouins ne mérite pas cette insulte. Ce n'est d'ailleurs pas à vous de me donner des leçons de bonnes mœurs !

— Que me voulez-vous ?

— Vous prier de déguerpir. Votre bonne ville d'Agen se fera un plaisir de vous héberger.

Elle répondit avec aigreur :

— Je suis ici chez mon mari, donc chez moi. Je ne vais pas laisser ma place à une putain !

Il dut convenir en son for intérieur que sa femme était chez elle à Nérac et qu'il était mal fondé à lui interdire cette demeure qu'elle avait elle-même meublée et façonnée à son image. Pourtant il avait du mal à reconnaître dans cette mégère la radieuse maîtresse de maison qu'il avait connue quelques mois plus tôt. La brume de nostalgie qui l'embuait se dissipa lorsqu'il l'entendit proférer :

— Vous lui avez promis le mariage, n'est-il pas vrai ? Eh bien, je refuse de divorcer. Putain elle est, putain elle restera. Et vous, mon mari, vous serez toujours un petit reyot de merde !

Il se maîtrisa pour ne pas la gifler.

— Je sais que vous haïssez cette femme, dit-il, et vous avez quelque raison pour cela, mais de là à vouloir la faire empoisonner.

Elle chancela, s'accrocha au dossier d'un fauteuil.

— Nierez-vous, ajouta Navarre, que votre secrétaire, Ferrand, ait reçu cette mission ? Une servante de Mme d'Andouins est morte pour avoir goûté d'un plat destiné à sa maîtresse. Nous avons pris Ferrand. Il avait encore du poison dans sa poche.

Elle hurla :

– Mensonge! Calomnie! Jamais je n'ai donné une telle mission à Ferrand!

Elle ajouta en brandissant son poing sous le nez de son mari :

– Vous ne serez jamais roi de France! J'ai quelque prétention à la couronne, moi aussi. Brantôme prétend que l'on peut passer outre à la loi salique, choisir une reine pour gouverner, comme en Angleterre. Vous, le reyot, succéder aux Valois! Quelle dérision! Vous sentez le rustre, le fromage, le fumier! Vous...

Elle chancela sous la gifle, se raccrocha au fauteuil.

– Cette violence, dit-elle, montre que vous avez peur, que vous doutez. Sortez de cet appartement et n'y revenez pas!

Navarre était à sa toilette lorsque Agrippa vint le prévenir du départ de son épouse : elle était partie sans saluer personne, sans dire où elle se rendait.

– Ne soyez pas trop fâché contre elle, dit Corisande. Elle a le sentiment d'avoir été victime de plusieurs injustices.

– Je sais où elle s'est rendue : à Agen. Je vais aller l'y retrouver. Je crains qu'elle ne monte la population et les notables contre moi. Elle a bien choisi son moment...

Margot avait obtenu sans réserve les clés de la ville et s'y était installée. Elle avait convoqué les notables et les officiers de la garnison, leur avait exposé sa situation : elle entendait gouverner cette ville, surveiller les agissements des hérétiques et des catholiques modérés, renforcer les défenses pour pallier une surprise...

Là ne se bornaient pas ses exigences : elle étendrait son autorité à d'autres villes – Tonneins et Villeneuve notamment. Elle envoya la garnison occuper ces villes en son nom, sans résultat : Matignon et Navarre avaient prévu cette réaction; on attendait ses forces de pied ferme.

Il lui fallait des hommes, des équipements, des armes, de

l'artillerie, mais ses coffres étaient vides. Les cinquante mille écus promis par Philippe ne lui avaient pas été versés et il était à craindre qu'ils ne le seraient jamais. Comment payer la solde de la garnison, les ouvriers qui travaillaient aux fortifications?

Elle exposa la situation à ses deux conseillers privés : Choisnin, son ancien précepteur, et Duras, le mari de sa favorite. Choisnin était d'avis de lever une contribution de guerre sur la population. Duras suggéra que l'on spoliât les hérétiques et les Politiques, qui étaient nombreux dans la ville. Elle repoussa la première suggestion – la ville avait trop souffert de la guerre pour qu'on lui imposât de nouvelles charges. En revanche, elle adhéra à la proposition de Duras. L'or des huguenots la tirerait d'affaire.

– On me croyait exilée, abattue! s'écria-t-elle. Eh bien, on va trouver à qui parler!

Et le pillage commença. Duras présidait aux extorsions de fonds et Choisnin comptabilisait et redistribuait. On put payer les soldats et les ouvriers, acheter quelques canons, former quelques compagnies supplémentaires.

Un matin on vint signaler à Margot des mouvements de troupes insolites dans les parages de Port-Sainte-Marie. Que ce fussent les forces de Matignon ou celles de Navarre, il y avait de quoi s'inquiéter. Elle ordonna à Duras de faire hâter le renforcement des défenses.

– Où trouver les matériaux? questionna-t-il. Il est trop risqué de puiser dans les carrières.

– Faites démolir quelques maisons, dit Margot. Celles des huguenots de préférence. Ils ont quelques beaux hôtels...

Les premiers coups de pioche soulevèrent un mouvement d'inquiétude dans la population, puis sa réprobation et enfin sa colère quand Duras s'attaqua à l'une des plus riches maisons neuves du centre. Décidément, cette femme qui jouait indifféremment les satrapes et les soldats en prenait trop à son aise. Elle avait accablé les Agenais d'impôts, leur avait imposé d'héberger la garnison et voilà que, pour se protéger de ses ennemis, elle faisait de la ville une ruine!

226

Des délégués vinrent lui présenter des doléances ; elle les fit chasser sans même les entendre. Des conciliabules se tenaient sur les places ? Elle les fit disperser. Un huguenot qu'elle avait spolié se plaignit et menaça d'en appeler au roi de Navarre : elle le fit pendre au Gravier.

Une petite troupe envoyée par le maréchal de Matignon vint faire le tour de la ville, flairer les remparts et se retira sans oser attaquer. Une semaine plus tard, Duras prit en chasse un peloton de cavalerie qui portait les armes de Navarre et parvint à capturer un cavalier dont le cheval avait un caillou dans le sabot. Margot se contenta de lui rire au nez et de lui dire :

— Tu peux annoncer à ton maître que je l'attends de pied ferme.

Revigorée par cet exploit, elle prit la tête d'un groupe d'arquebusiers et s'en fut attaquer quelques villages qui avaient éconduit ses fourrageurs. Elle embarqua tous les vivres qu'elle trouva et les distribua à la garnison qui en était réduite à la portion congrue.

Un matin de septembre, alors que, dans les campagnes, on s'apprêtait pour les vendanges, un de ses aides de camp, Lignerac, vint la prévenir qu'une délégation de notables conduits par le maire souhaitait la rencontrer.

— Madame, fit le premier magistrat, je vous somme, au nom de mes concitoyens, de vous retirer de cette ville dès que possible.

Margot explosa. Elle avait ramené la religion dans cette ville gâtée par l'hérésie, elle l'avait mise en état de défense, et l'on voulait la chasser ?

— Allez au diable ! s'écria-t-elle. Cette ville m'appartient et je la gouverne à ma façon. Oubliez-vous que nous sommes en guerre ?

— Votre guerre ne nous concerne pas, répliqua le maire. Si vous ne quittez pas Agen de votre plein gré, nous vous en chasserons.

— Et de quelle façon, je vous prie ? J'ai une centaine de soldats sous mes ordres et...

— Nous venons de les désarmer, madame. Ils sont là, sur la place.

Elle regarda par la fenêtre. Toute la population était présente, entourant quelques pauvres bougres entravés. Elle renvoya les délégués, leur promit de réfléchir.

À peine eut-il pris congé, le maire n'eut rien de plus pressé que de faire prévenir Navarre pour qu'il ramenât sa femme à la raison. Il donna l'ordre à des compagnies de fantassins qui séjournaient à Astaffort de prendre position en ville pour protéger le départ de la reine.

L'hôtel dans lequel Margot s'était mise en état de défense avec une poignée de fidèles, parmi lesquels Lignerac et le capitaine Aubiac, répondit à leurs sommations par des coups de feu. Après avoir longuement hésité, ils firent sauter la porte principale avec des pétards quand ils eurent investi les jardins et, malgré les décharges d'arquebuse qui partaient de toutes les fenêtres, attaquèrent l'édifice.

Deux jours de siège leur furent nécessaires pour prendre pied au rez-de-chaussée et une journée entière pour conquérir l'hôtel pièce à pièce.

Avant de s'évader de cet enfer, Aubiac plaça sous un escalier une charge de poudre et alluma la mèche. L'explosion creusa au cœur de l'immeuble un cratère où s'engouffrèrent des dizaines de huguenots déchiquetés et de bourgeois venus leur prêter main-forte.

Tous les défenseurs avaient pris la fuite lorsque, du fond du jardin, Margot et Aubiac assistèrent à l'explosion et à la panique qu'elle avait créée. Il ne restait qu'un cheval et ils étaient deux. Aubiac proposa à Margot de la prendre en croupe. Il connaissait une venelle qui les mènerait directement à la Garonne.

Margot songea à se rendre à Bordeaux où elle pouvait compter sur l'hospitalité de Michel de Montaigne, mais la ville souffrait de la peste et un conflit menaçait entre la municipalité et les ligueurs. Elle se décida pour l'Auvergne, persuadée qu'elle trouverait dans cette province relativement paisible son arche de salut. Ils retrouvèrent à Pont-du-Casse, à une lieue d'Agen, Lignerac qui leur avait donné rendez-vous à cet endroit et qui les attendait avec un petit détachement.

— Mon frère, M. de Marzé, dit Lignerac, tient pour le roi la citadelle de Carlat, non loin d'Aurillac. Il acceptera de vous héberger en attendant mieux.

— Soit..., soupira Margot. Au point où j'en suis, je serais capable de demander asile aux Indiens du Brésil...

Ses colères claquaient autour de lui comme des coups de fouet, ponctuées de *dioubiban* et de *capdediou*. Un cinglon à l'intention de Rosny, d'autres pour Agrippa, pour ses serviteurs. D'autres encore destinés à Corisande...

— Je n'ai que faire de vos conseils! lançait-il à sa maîtresse. Que Dieu me délivre de ces femmes qui ne consentent pas à rester aux fourneaux!

Corisande filait doux : elle ne faisait que se soucier de la personne de son amant, de ses projets, des dangers qui le visaient. Comme s'il n'était pas capable de prendre lui-même ses décisions!

Les événements ne tournaient pas en faveur des rebelles. Le roi avait de nouveau pris ses distances avec la politique. En résidence à Vincennes, moins bruyant que Paris, il jouait avec ses chiens et ses nains, s'amusait à découper au ciseau des images peintes et s'abandonnait à ses délires mystiques auxquels son confesseur, le père jésuite Auger, l'encourageait.

La reine-mère avait eu du mal à secouer son inertie, à lui faire donner l'ordre de lancer en Poitou quatre corps de troupes sous les ordres de quelques mignons. Condé avait affronté Henri de Bouchage qui l'avait contraint à la retraite, puis était tombé sur Épernon qui avait fini de tailler son armée en pièces. Condé n'avait pu s'enfuir que sous un déguisement de paysan et s'était réfugié en Angleterre.

Colère de Navarre :

– Mon cousin a fui comme un lâche! Je suis seul désormais et j'ai quatre armées sur le dos...

Fine mouche, Corisande avait décelé dans cette nuit de tempête une lueur d'espoir.

– Vous vous retrouvez seul, certes, dit-elle, mais n'est-ce pas mieux que d'avoir pour alliés un poltron et un incapable?

Il haussa les épaules et répliqua :

– Je vais avoir à combattre plus de dix mille hommes et vous voyez du mieux dans ma situation!

– Le roi refusera qu'on vous fasse mettre bas les armes. Il a besoin de vous pour se défendre contre les ambitions de Guise et de la Ligue. Si vous étiez battu, c'est lui qui se retrouverait seul et impuissant. On dit que Mme de Montpensier, l'âme damnée de la Ligue, porte sur elle les ciseaux dont elle usera pour tonsurer Sa Majesté lorsqu'on l'enverra au couvent! Vous pouvez compter sur moi pour vous aider.

Elle entra en campagne, courut les châteaux, rameuta le ban et l'arrière-ban de la noblesse de sa province et ramena à Navarre des compagnies bien équipées.

Était-ce suffisant pour espérer tenir en échec les dix mille hommes du roi? Non. Devait-il se résoudre à l'inaction, mettre bas les armes? Moins encore. Il refusait de se laisser prendre comme dans un piège entre Damville qui tenait le Languedoc pour le roi, les troupes de Philippe qui veillaient en permanence sur les Pyrénées et les armées qui occupaient le Poitou.

Ce fut Matignon qui ouvrit le feu contre Navarre, mais cette campagne au cœur de l'hiver, contre un adversaire qui n'était pas un ennemi, ne lui inspirait que répulsion.

En décembre, Navarre se tenait à Nérac avec deux mille hommes de pied et trois cents cavaliers. Le maréchal décida de tenter un coup de main pour l'y surprendre. On se battit sans conviction à travers les vignes, sous une pluie glacée. Navarre écopa d'un coup d'arquebuse qui arracha le sous-pied de son étrier et la semelle de sa botte, sans le blesser.

Sévèrement étrillé, ayant échoué dans la capture de Navarre, ce qui lui eût causé de l'embarras, Matignon se replia sur Castets dont il entreprit le siège, qu'il dut rompre sous une charge furieuse des cavaliers huguenots.

— Il ferait beau voir, s'écria Navarre, que M. le Maréchal m'empêchât de me promener à mon aise dans mon gouvernement !

Matignon revint à la charge avec le secours du duc de Mayenne, un des frères de Guise. Ce colosse lourdaud faisait mentir les apparences : il ne manquait ni de courage ni de subtilité. Navarre les trouva un matin de mars sous les murs de Nérac, alors qu'il revenait, accablé de fatigue, d'une longue randonnée. Il eut un moment de découragement.

— Madame, dit-il à Corisande, nous n'avons le choix qu'entre combattre et ouvrir nos portes.

— Il reste un autre parti, dit-elle : fuir.

— Comme Condé ?

— Comme Condé, mais pas sous un déguisement et pas pour trouver refuge à l'étranger. La chose est difficile mais pas impossible. Nous pourrions passer avec les chevaux par le côté escarpé des remparts, du côté du château où Matignon n'a laissé que quelques hommes.

— Les chevaux..., soupira-t-il. Leur donnerez-vous des ailes, comme à Pégase ?

— Il faudra les faire passer à bras par l'escalier de la tour.

Cette idée n'était pas pour déplaire à Navarre. Il la jugea follement audacieuse mais préférable à une reddition. Il fit effectuer une bravade par ses arquebusiers, arma les habitants qu'il plaça le long des remparts, fit donner canons et couleuvrines à travers la nuit, puis, mettant à profit la panique occasionnée dans le camp adverse, il fila à travers champs, accompagné d'une poignée de soldats de sa garde et d'une vingtaine de gentilshommes.

Au début du printemps, accompagné de Corisande qui avait revêtu la tenue militaire, il se retrouvait à Bergerac, dans un Périgord traversé par les orages de la guerre.

Bonjour, monsieur de Montaigne!

Il fallait compter une demi-journée de cheval pour aller de Bergerac au château qu'habitait Michel de Montaigne, non loin de Castillon.

Montaigne était en train de déambuler sous les poutres ornées de devises latines de sa librairie, un livre à la main, lorsque Navarre se présenta, précédé d'une personne fort acariâtre d'apparence et de comportement : l'épouse du maître des lieux, Françoise. Le philosophe tendit les bras à son visiteur en s'écriant :

— Voilà *notre Henri*! J'étais inquiet à votre sujet, sire. Il semble que l'on vous cherche des poux dans la tête.

— En fait c'est ma tête elle-même que l'on veut, semble-t-il. Matignon ne me lâche pas. Nous avions pourtant des rapports courtois.

— Matignon est aux ordres du roi, et il obéit. Il est écrasé de soucis. Cette campagne contre vous, qu'il n'a entreprise qu'à contrecœur, l'hostilité qu'il rencontre à Bordeaux contre les ligueurs, la peste qui a éclaté en ville et qui gagne le pays...

Montaigne referma son livre, le plaça sur une console.

— La peste..., poursuivit-il. On me reproche de ne pas revenir à Bordeaux pour lutter contre ses ravages. Outre que ma présence serait inutile, j'avoue que je ne suis pas un héros et que je puis me comporter avec lâcheté devant ce genre d'événements. Je ne crois pas qu'il soit de mon devoir de m'imposer des épreuves. Mes propres maux me suffisent.

— Je vous comprends, dit Navarre, d'autant que vous avez votre œuvre à accomplir.

Il montrait une table de travail couverte de monceaux de feuillets et de livres.

— C'est vrai, dit Montaigne. Si je veux poursuivre la rédaction de mes *Essais*, et je le veux absolument, je dois me montrer égoïste. Je peine à avancer ce travail et l'on me presse de me rendre à Bordeaux, de me mêler de cette guerre civile qui me dépasse. Vous connaissez ma réputation de sagesse? Eh bien, j'ai mécontenté les catholiques sans me rendre sympathique aux réformés! Tant pis! Vous rappelez-vous ce que

233

j'écrivais à ce sujet : que je suis guelfe pour les gibelins et gibelin pour les guelfes?...

– On dit aussi qu'il vous arrive souvent de frotter votre lard, comme dit le populaire, à celui de Madame Catherine...

– Je n'en disconviens pas. D'ailleurs elle m'a chargé d'une mission auprès de vous, que je m'apprêtais à accomplir avant de quitter cette demeure, moi et ma famille. Vous devinez laquelle, sire ?

S'il devinait ? C'était la sempiternelle injonction : abjurez et vous serez l'héritier du roi.

Montaigne avouait une certaine fascination pour le personnage d'Henri de Guise, qui avait une stature royale, mais il se méfiait de la Ligue et des extrémistes qui la dominaient. Madame Catherine pensait de même. À tout prendre, ils préféraient cet hérétique de Béarnais. Restait à le convaincre de sauter le pas.

Ils en parlèrent durant une heure, tandis que, dans la cour, autour d'une *chariotte* attelée de deux gros chevaux, la femme de Montaigne et leur fille Leonor achevaient les préparatifs de l'exode. Navarre avait senti dans les propos de son ami une sourde acrimonie contre son entêtement. Il avait toujours professé contre la religion réformée, lui, le catholique modéré, le ressentiment qu'il vouait à toutes les *nouvelletés* qui bouleversent l'ordre du monde. C'était à elles que l'on devait tous ces malheurs. Comment l'oublier ?

Le philosophe, accompagné par sa chatte qui se frottait contre sa jambe, se porta sur la fenêtre opposée. Un rayon de soleil faisait glisser sur les vignes, après l'averse, des coulées de lumière pétillante. Autour du donjon de Montravel qui se dessinait sur un ciel couleur d'ardoise, des flocons de brume glissaient vers le sud.

– Je vais quitter mon domaine, dit-il, avec le sentiment d'avoir le cul entre deux selles. Vous ne sauriez combien cela me coûte de laisser ici tous ces ouvrages qui sont ma seule vraie compagnie. Mais il faut que je parte pour ne pas risquer de me trouver pris dans la tourmente, sommé, le couteau sur la gorge, de prendre parti. Pourtant je ne suis guère en état de voyager. Mon âge d'abord : j'ai cinquante-trois ans, et ensuite les maux qui m'accablent : la goutte, la gravelle...

Montaigne entreprit de lui parler de Diane d'Andouins, qu'il appelait la « Grande Corisande ». Il la tenait pour une femme exceptionnelle.

— Je me réjouis de vos rapports avec elle, dit-il, et du cas que vous faites de ses conseils : ils viennent d'un esprit lucide et d'une âme généreuse. J'étais amoureux d'elle, jadis, mais c'est Françoise de La Chassaigne que j'ai épousée.

Il ajouta en observant ce soldat qui lui arrivait avec la tenue et les odeurs de la guerre :

— Quelque chose me dit, sire, que vous aurez bientôt à affronter des épreuves difficiles. Peut-être une bataille décisive. Vous aurez Sa Majesté contre vous, mais dites-vous qu'elle ne souhaite pas vous écraser, ce qui ouvrirait aux Guise la voie du trône. Tenez bon la barre et gardez l'œil sur votre étoile.

En le raccompagnant, sa chatte dans les bras, il lui dit :

— Pardonnez-moi de ne pas vous héberger, vous et vos gentilshommes, mais mon cellier et ma cave sont vides. Voyez-vous, sire, vos picoreurs sont passés par là...

La guerre... On en parlait beaucoup mais pour l'heure ce n'était qu'un brouillon de guerre.

Pas de grandes armées homogènes, pas d'engagements dont on pût attendre quelque résultat favorable à la paix. Quelle paix, d'ailleurs ? On savait ce que valent les traités, dans quelles impasses ils laissent pourrir les situations. On se battait un peu partout mais la victoire n'était nulle part. Qui la cherchait ? Les ligueurs, peut-être. Estimant que le temps travaillait pour eux, ils ne pressaient pas le mouvement.

Revenu d'Angleterre où il n'avait fait qu'un bref séjour, le prince de Condé grignotait son pain noir de soldat en rêvant aux brioches du Louvre. Il avait repris le mors aux dents, toujours en quête du fait d'armes qui ferait de lui le champion de la Réforme, mais ne trouvait en face de lui qu'un menu fretin qui lui glissait entre les mains.

Lorsque Navarre, qui se trouvait à La Rochelle après sa visite à Montaigne, le vit surgir, il se dit que son cousin avait bien changé : il avait hérité de son père des défauts qui s'étaient accentués en quelques années : il semblait plus petit, plus brun de peau, avec une légère gibbosité plus apparente et une surdité qui se confirmait. Le « petit homme tant joli » qu'avait été son père trouvait en lui une réplique sans éclat.

Ils n'étaient d'accord que sur un point : battre Guise et la Ligue, amener le roi à composer avec eux. Condé reprocha à

236

Navarre sa liaison avec Corisande et avec cette dame de La Rochelle, Esther Imbert, ses mœurs dissolues, ses rapports avec Michel de Montaigne dont on savait bien qu'il entretenait des liens politiques avec Guise et le roi...

Navarre réagit avec vigueur : ce qui les séparait, c'était que Condé aimait la guerre pour la guerre et que la jalousie et l'ambition seules dictaient son comportement, alors qu'en unissant leurs efforts ils auraient pu mettre leurs adversaires à genoux.

Ils repartirent chacun de leur côté, bataillèrent durant des mois, ensemble ou séparément. Leurs troupes vivaient à la huguenote, le plus souvent sur l'habitant, mais les troupes royales n'étaient guère mieux loties : plus importantes que celles de l'ennemi au moment de partir en campagne, elles se défaisaient très vite, privées de solde, de subsistances et de chefs dignes de ce nom.

Un brouillon de guerre...

Alors qu'il guerroyait dans les parages de Marans, sur la côte atlantique, les pieds dans l'eau ou la boue, Navarre reçut une ambassade de la reine-mère : elle voulait en finir et proposait une rencontre. Il accepta. Condé de même, mais non sans réticences.

La rencontre fut fixée à la mi-décembre au château de Saint-Brice, entre Cognac et Jarnac.

Redoutant un coup de main des huguenots, la reine-mère avait demandé aux deux protagonistes de venir avec un petit groupe de gentilshommes. Navarre obtempéra ; Condé posta deux cents cavaliers sur une butte, en vue du château.

La salle où devaient se dérouler les pourparlers était de vastes dimensions, éclairée par de hautes fenêtres à meneaux donnant sur des espaces de vignobles, sous un ciel balayé par les vents de l'Atlantique.

À peine Navarre avait-il franchi le seuil, Madame Catherine se précipita vers lui en boitillant, par suite d'une crise de goutte.

— Mon fils! s'écria-t-elle. Je suis bien aise de vous revoir. Vous avez bien changé en quelques mois...

— Vous de même, madame, répondit Navarre. Sauf votre respect, il semble que vous ayez forci...

— ... et vous maigri! Je suis sûre qu'on doit vous voir les côtes sous la peau.

Elle se mit en devoir de le tâter sous toutes les coutures et de haut en bas, avec une telle insistance qu'il protesta:

— Hé là, madame! Je ne cache pas d'armes sous mon habit.

Il dégrafa son pourpoint, montrant une poitrine couverte d'une toison roussâtre. Elle éclata de rire: il se méprenait; elle était trop certaine de l'affection de son gendre pour lui supposer des intentions malveillantes.

Madame Catherine avait bien changé. Son embonpoint s'était accentué, lui donnant l'aspect d'une grosse courge; son visage présentait des bouffissures malsaines, mais l'œil était encore vif, la bouche belle et gourmande. Le triangle de l'attifet, terminé par une grosse perle, cachait mal les rides du front.

Ils parlèrent de Margot. Elle n'avait pas de nouvelles, lui non plus; il avait simplement appris qu'elle avait fait des siennes à Agen et s'était enfuie en direction de l'Auvergne — pensait-on...

Le premier entretien débuta par un dialogue de sourds:

— Eh bien, dit la reine en tapotant sur la table, allons-nous tirer quelque résultat de cette rencontre?

— C'est ce que je souhaite, madame, dit Navarre.

— Et que souhaitez-vous?

— Ce que vous souhaitez vous-même.

Elle soupira, balaya la table d'un revers de main.

— Trêve de cérémonies! Dites ce que vous attendez de moi. J'aimerais de votre part à tous deux quelque ouverture.

Condé se leva pour se retirer. Il n'avait pas fait ce voyage pour entendre cet échange d'amabilités.

— Rasseyez-vous! lui cria la reine-mère. Que cherchez-vous tous les deux? La ruine de ce royaume? Vous êtes sur la bonne voie!

— Madame, protesta Navarre, le roi a donné le signal en levant des armées contre nous.

— Si mon fils le roi avait prémédité votre perte, vous seriez morts depuis longtemps! répliqua la reine-mère.

On était dans le vif du sujet; les couteaux étaient tirés. Debout autour de la table, M. de Turenne se curait les dents devant un petit miroir, M. de La Trémoille regardait voler les mouches. Tous paraissaient figés, comme dans l'attente de l'orage. Il n'y eut que des bruits de pétards mouillés, des échanges à fleuret moucheté, les princes reprochant à la reine-mère et à son fils de faire le jeu de Guise, elle les accusant de se déclarer rebelle à l'autorité royale. On tournait en rond.

— Mon fils le roi, dit Madame Catherine, m'a chargée de vous assurer de son amitié et de son respect. Il est impatient de vous embrasser...

— ... pour mieux nous étouffer, sans doute! s'écria Condé.

— J'aimerais, dit Navarre, être persuadé des bonnes intentions du roi à notre égard. Il nous est comme un père, soit, mais, au lieu de nous traiter comme ses enfants, il nous traite comme un loup, et vous, madame, comme une lionne! Depuis quelques années votre comportement envers nous a bien changé.

Madame Catherine frappa la table du plat de sa main, l'air indigné.

— Comment osez-vous dire cela, mon fils? Vous m'avez forcée à baguenauder de château en château pour vous témoigner mon attachement. Croyez-vous que je n'aie pas envie de coucher certains soirs dans un bon lit?

— Voilà deux ans, répliqua Navarre, que vous m'empêchez de coucher dans le mien!

La reine-mère se prit la tête à deux mains.

— À mon âge, je devrais n'aspirer qu'au repos et je suis constamment dans la peine, gémit-elle.

Navarre ne put cacher son rire.

– Madame, répondit-il, cette peine est votre nourriture préférée. Restez en repos et vous ne vivrez pas longtemps !

– Revenons à nos moutons ! s'écria Condé. Que nous proposez-vous, madame ?

– Une trêve, dit-elle doucement.

On en resta là. Les pourparlers reprirent le lendemain, aussi âpres que ceux de la veille, et sans plus de résultat. Une trêve ? On ne pouvait la décider sans en avoir discuté avec les instances militaires et politiques. On se sépara, on se retrouva pour, de nouveau, sortir les poignards.

La reine-mère proposa une trêve d'un an, à condition que l'on fît cesser l'exercice du culte réformé dans tout le royaume. Navarre et Condé poussèrent de hauts cris, refusèrent cette proposition. Navarre suggéra la réunion d'un concile pour traiter des questions religieuses ; Madame Catherine proposa de réunir les États.

Au soir de cette dernière confrontation stérile, la reine-mère pria Navarre de la rejoindre dans sa chambre, seul.

– Si vous acceptiez d'abjurer, dit-elle, nous ferions en sorte de vous débarrasser de Margot.

– Elle refusera le divorce, vous le savez bien.

– Qui vous parle de divorce ? Ma fille est entrée en rébellion contre le pouvoir royal. Vous savez le sort réservé aux rebelles... De nouveau libre, vous pourriez vous remarier. J'ai pensé à un bon parti pour vous : ma petite-fille, Christine, la fille de Claude. Elle est jeune encore mais jolie, aimable, pieuse. Elle ferait pour vous une reine fort convenable...

– ... et moi un bon papiste ! Madame, il faudra trouver une autre solution pour me ramener à vous.

Elle soupira, lui demanda de réfléchir à cette proposition qui, dit-elle, serait un garant de la paix. Elle s'excusa de devoir rompre cette conférence pour s'en retourner à Paris : l'émeute grondait autour du Louvre et elle craignait que, livré à lui-même, son fils ne puisse faire front. Ce qui n'arrangeait pas ses affaires : elle venait d'apprendre que la reine Élisabeth avait fait décapiter Marie Stuart.

240

Lorsqu'elle monta en croupe du capitaine Aubiac pour fuir Agen, Margot avait encore dans les narines l'odeur de la fumée et de la poudre, et, dans le cœur, le regret d'avoir dû abandonner ses meubles, ses vêtements, ses bijoux et ses dames d'honneur.

M. de Lignerac, bailli de la Haute-Auvergne, lui avait promis qu'elle trouverait un abri sûr dans la citadelle de Carlat, proche d'Aurillac, tenue par son frère, M. de Marzé.

L'odyssée n'était pas de tout repos. Il fallait s'attendre à rencontrer des bandes de brigands ou des troupes royales, ce qui obligerait à prendre des itinéraires de traverse.

La joue collée au buffle d'Aubiac, elle lui disait :

– Vous me protégerez, capitaine ? Jurez-le-moi !

– Je donnerais ma vie pour vous, madame, répondait Aubiac.

La fatigue du voyage n'était rien à côté du martyre qu'il endurait : cette jeune reine qui l'entourait de ses bras le mettait dans un état voisin de la torture. Il était moins âgé qu'elle, sa chevelure était rousse et dorée comme le blé mûr, il sentait un peu son rustre mais ne manquait ni de fougue ni de courage.

Lignerac les avait rejoints à Monsalvy, en Auvergne, où Margot souhaitait entendre la messe avant de gagner Carlat. Ils avaient, avec une poignée de cavaliers, parcouru cinquante lieues en cinq jours !

Lorsque, arrivée à Carlat, elle leva les yeux vers la citadelle de laves noires dominant des chaumières et les blocs de basalte arrachés à la crête, Margot se dit qu'avec l'aide de Dieu elle ne s'y attarderait pas. Elle n'y resterait que le temps d'attendre la restitution de ses biens. Elle ne possédait que les vêtements qu'elle portait.

La citadelle était occupée par une garnison dérisoire. Quasiment en ruine, elle se confondait avec le chaos de roches dispersées sur le plateau d'où l'on découvrait des vallées profondes et des horizons infinis colorés par l'automne.

Il se passa des semaines avant qu'elle reçût ce qu'elle avait demandé. Il manquait beaucoup de ses biens, et notamment des parures de perles fines qui chacune valaient une fortune. Elle les réclama ; on lui répondit qu'elles avaient disparu.

À quelques jours de son arrivée, Aubiac devenait son amant. Elle avait grossi et peinait chaque matin à escalader, pour inspecter l'horizon, l'escalier de pierre étroit et fort raide encastré entre deux falaises.

L'hiver venu, Margot ne quitta pour ainsi dire plus sa chambre et le coin de sa cheminée, passant des heures à regarder tomber la pluie ou la neige sur les paysages désolés, sur le village qui croupissait dans ses odeurs de fumier et de soupe de porc autour de l'église et de l'oratoire.

Persuadée que son séjour serait bref, elle n'avait pas daigné aménager son décor de recluse. Le plancher pourri ployait dangereusement sous le poids du mobilier massif et vétuste : vieux lit à colonnes, armoire sans porte, coffres sans couvercle. On respirait partout la même odeur de moisi, de vieille paille, de rat crevé.

L'argent venant à manquer et les paysans refusant de lui faire crédit, elle dut partager le maigre brouet de la garnison et boire de la piquette. À la suite d'une prière qu'elle était allée faire sous l'oratoire en plein vent, un jour de neige, elle tomba malade.

Dans sa fièvre, une idée revenait l'obséder : elle allait servir d'otage à Marzé et à Lignerac ! Ils allaient la vendre contre une rançon à son frère ou à son mari. Au plus offrant ! Seul Aubiac

242

lui paraissait digne de confiance. Ce cher Aubiac qui, jusque dans ses draps de malade, lui faisait si bien l'amour...

Un matin au réveil, elle aperçut, penché sur elle, un visage qui lui était inconnu : celui d'un adolescent au teint frais, aux cheveux bouclés. Elle lui demanda qui il était et ce qu'il faisait là.

— Je me nomme Damien Delaunay, dit le nouveau venu. Mon père est apothicaire à Aurillac. C'est moi qui ai préparé vos dernières tisanes. Ce matin, il semble que vous alliez mieux. Je vous administrerai quelques clystères dès que vous serez en mesure de vous alimenter. Il faudra manger beaucoup de viande.

— De la viande? Vous parlez d'or, jeune homme! Je n'aurai pas même de quoi régler vos honoraires.

— Cela est sans importance, dit-il en souriant.

Il lui fit servir de la viande, du pain, les premiers légumes du printemps qui remplacèrent les châtaignes pourries et le pain de glands. Le jour où il lui apporta un tonnelet de vin, elle se dit qu'un ange lui était tombé du ciel. Elle accepta ses clystères, ne s'offusqua point qu'après chaque opération il déposât un baiser sur ses rondeurs.

Il lui annonça un matin de mars qu'elle en avait fini avec les purgations. Son corps exempt de miasmes était comme neuf.

Ce corps, elle lui en fit don pour le remercier et lui demanda de veiller sur elle en l'absence d'Aubiac, parti en mission elle ne savait où. La fin du printemps et le début de l'été il resta près d'elle. Ils couraient la montagne à cheval et s'arrêtaient pour une rapide étreinte. Ils poussèrent jusqu'à Aurillac d'où elle ramena des livres.

— M. de Lignerac, lui dit-il, semble jaloux de moi. Il me rabroue et m'insulte comme un valet d'écurie.

Lignerac jaloux? Elle en parut étonnée car il ne s'était jamais déclaré ouvertement. Elle aurait d'ailleurs éconduit vertement ce rustre peu ragoûtant, qui puait autant que Navarre.

Margot se dit qu'elle en aurait le cœur net. Elle convoqua

le bailli, le sonda, en tira les conclusions qu'il était épris d'elle sans oser se déclarer, qu'il attendait son heure et qu'il pourrait bien, si elle tardait trop, hâter sa venue. Il souriait en caressant sa barbe et en triturant la poignée de sa dague.

Un matin de juillet, alors que Damien revenait d'herboriser, ses habits encore imprégnés d'une odeur aromatique, Margot l'attira vers elle, le poussa sur le lit en lui demandant de lui faire l'amour.

Damien s'était mis à la besogne sans barguigner quand elle l'entendit pousser un geignement profond. Il se redressa lentement, les yeux révulsés, un filet de sang lui coulant du menton. Elle l'écarta brutalement, sauta hors des draps. Lignerac se tenait debout près du lit, essuyant sa dague sur sa cuisse d'un air narquois.

— Ce freluquet, dit-il, avait pris trop d'emprise sur vous. Il devenait encombrant.

Elle bondit vers lui, le poing tendu, menaça de le faire chasser du château.

— Je crains que mon frère ne soit pas d'accord, dit-il.

— Je vous ferai tuer par mes hommes!

— Vos hommes? Par exemple... Dois-je vous apprendre que vous êtes ma prisonnière?

— Je vous échapperai, je rassemblerai une troupe, je...

— Comment recruteriez-vous des hommes et comment les paieriez-vous? Vous n'avez que des dettes et votre Éliacin ne vous sera plus d'aucun secours.

— Aubiac ne tardera plus à revenir. Il me vengera!

— Quand il apprendra votre idylle avec l'apothicaire, c'est sur vous qu'il se vengera.

— Je vous tuerai!

Il lui tendit sa dague. Elle s'en saisit et, avec un cri d'horreur, la jeta par la fenêtre.

12

L'HEUREUSE JOURNÉE

1587

Corisande, après l'amour, s'était allongée sur la fourrure d'ours étendue devant la cheminée, laissant ses doigts se crisper dans la toison sauvage. Le soir colorait d'une jolie lumière rose les carreaux en losanges de la fenêtre, mais il fallait s'attendre pour la nuit à une nouvelle bordée de neige. Elle se dit que son « petiot » ne se lassait pas de la contempler et de la posséder, mais c'était dans le feu que se perdait son regard : les grosses bûches noires semblaient mortes mais soudain il montait d'elles des elfes de flammèches bleuâtres et la combustion se ranimait.

« C'est comme la guerre, songeait-il : on croit en avoir fini et elle renaît de ses cendres... »

Corisande se tourna sur le ventre, tendit le bras vers Henri, remonta d'une main caressante la jambe du roi, jusqu'au genou où elle s'attarda.

— Mon petiot semble bien soucieux, dit-elle. Il m'a pourtant bien fait l'amour.

Elle rampa vers lui dans un voluptueux méandre de chair, s'accrocha à son cou, se plaqua contre lui, mordilla son oreille.

— Qu'avez-vous ? dit-elle. C'est cette guerre qui vous tourmente ?

— Cette guerre, dit-il, et tout le reste.

Elle sursauta quand il lui révéla la honteuse proposition de la reine-mère : supprimer Margot pour qu'il puisse épouser la petite Christine de Lorraine, une enfant...

— Cette vieille femme est un démon! s'écria-t-elle. Elle est imprégnée de Machiavel et de l'histoire des Borgia. Je la déteste! Pourriez-vous sérieusement accepter que l'on tue votre femme et envisager d'épouser une fillette de onze ans?

— Dans trois ans, dit-il, Christine sera bonne à marier. Elle pourrait me donner des enfants. Ce mariage, la naissance d'un héritier et ce serait la fin de la guerre.

Elle se détacha de lui, se replia lentement sur la fourrure.

— Vous faites bon marché de vos promesses, sire.

Il s'agenouilla près d'elle, tenta de la prendre dans ses bras. Elle le repoussa.

— Jamais je ne renoncerai à vous, dit-il gravement. Vous m'êtes nécessaire, et pas seulement pour l'aide que vous m'apportez. Je vous aime et je vous garderai.

— Comme une favorite dans un harem!

— Comme la femme à laquelle je tiens autant qu'à ma vie.

Elle parvint à se persuader, malgré la colère qui l'animait, que ce mariage avec une fille de Lorraine n'était qu'une des imaginations de Madame Catherine. Elle renonça à rompre des lances avec son « petiot » et lui passa les bras autour du cou.

— Je dois à mon tour vous faire une confidence, lui dit-elle à l'oreille.

— Vous avez décidé de vous remarier?

— Il n'y a pas d'homme dans ma vie autre que vous! dit-elle en riant.

Tandis qu'il se trouvait au château de Saint-Brice, elle s'était rendue en Périgord pour rencontrer M. de Montaigne. Elle avait eu du mal à le trouver sur les routes dangereuses où il errait dans sa *chariotte* en s'efforçant d'éviter à la fois les catholiques qu'il avait refusé d'aider et les protestants qui lui reprochaient ses rapports avec le roi.

— Montaigne, dit-elle, est un homme de bon conseil, un sage. Nul plus que lui n'a le souci de voir cesser cette guerre. Il est persuadé que la décision vous appartient, que vous devez vous réconcilier avec le roi et abjurer. Je partage son avis.

Toujours le même refrain! Il faillit se lever pour regagner sa chambre.

– Je ne conteste pas le bon sens de Montaigne, dit-il, mais la décision est plus difficile à prendre que vous ne le pensez. Si je renonçais au prêche pour revenir à la messe, j'aurais contre moi mes amis huguenots et les catholiques qui douteraient de ma sincérité. Quant à m'allier avec le roi, encore faudrait-il qu'il ait l'autorité nécessaire pour tenir tête à ses ennemis de la Ligue armés par l'Espagne.

Il ajouta en se levant :

– Ce que Montaigne et vous semblez oublier, ma mie, c'est que le pouvoir royal ne tient qu'à un fil et que Paris est en pleine révolution. Les ligueurs sont sur le point de prendre le Louvre d'assaut et de jeter ce pauvre Henri au couvent. Si je prenais son parti, j'aurais le même sort, et pis encore. Et alors, adieu nos amours !

Maximilien de Béthune, baron de Rosny, écuyer du roi de Navarre, avait insensiblement pris des distances avec ses fonctions pour veiller sur ses propres affaires. Dans la misère générale, habile comme il l'était, il avait réussi, après la mort de son père, à rétablir la situation précaire de son domaine et, en vendant des coupes de bois, à équiper une compagnie d'hommes d'armes et à se lancer dans une activité lucrative : le commerce des chevaux.

Son écuyer, Maignan, était un homme précieux : il prospectait sur le marché aux chevaux de la porte Saint-Antoine, parfois en Suisse et en Allemagne. Il revenait à Sully-sur-Loire avec des animaux de prix que son maître négociait avec des bénéfices substantiels. De haridelles fatiguées et de maigres courtauds tout juste bons à porter la malle ils faisaient des montures de guerre ou de chasse fort convenables.

Rappelé par le roi de Navarre qui avait sur le dos une nouvelle guerre, Rosny obtempéra. Il fit ses adieux à son épouse et prit, à la tête de sa compagnie, la route de Gascogne. Peu de temps après, il entrait au côté de son maître dans Cahors libéré de l'occupation royale.

Avant de quitter son domaine, il avait laissé à Maignan le soin de poursuivre le trafic des chevaux et lui avait fait rencontrer cet autre écuyer de Navarre : Melchior de Lagos qui, en poste dans la capitale, tenait son maître informé des nouvelles, pratiquement au jour le jour, par des coureurs. Une sinécure que lui, Rosny, avait exercée durant quelques mois sans faillir.

Melchior avait quelque connaissance en matière de chevaux. Cette proposition était la bienvenue, les honoraires de Navarre lui permettant tout juste de ne pas mourir de faim.

Melchior avait élu domicile à l'auberge du More, à proximité des Tuileries où l'on achevait la construction du palais, tandis que débutait celle du Pont-Neuf. Cette auberge, située près de la porte du faubourg Saint-Honoré et du cloître des Capucins, portait sur son enseigne l'inscription « Avec la permission du roi », ce qui lui garantissait une honnête fréquentation. Depuis peu, elle était le siège des dizainiers de la Ligue régnant sur ce quartier.

Un soir de décembre, alors qu'il se chauffait devant la vaste cheminée et regardait le chien faire tourner la broche chargée de volailles, un habitué s'assit près de lui et lui dit à voix basse :

— J'ai appris que vous êtes au roi de Navarre. Pourtant l'air de Paris ne semble pas trop malsain pour vous.

— J'ai renoncé à toute activité politique, rétorqua Melchior, méfiant, et l'air de Paris me convient.

L'inconnu rejeta son chapeau sur sa nuque, découvrant le visage d'un homme dans la trentaine, aigu, une barbe floconnant sur des joues maigres.

— Vous pouvez vous confier à moi sans crainte, dit-il. Je ne suis pas de la Ligue.

— Vous paraissez pourtant au mieux avec ces messieurs.

Melchior eut un mouvement du menton en direction de quelques dizainiers qui menaient grand bruit autour de pintes de vin de Suresnes et de brochettes d'oisillons rôtis.

L'homme sourit.

— Cela ne vous a pas échappé, monsieur de Lagos, dit-il. Vous êtes observateur.

Melchior aurait pu répondre que c'était justement sa fonction mais il se méfiait, la moindre imprudence de langage risquant de lui valoir la Bastille ou pire encore.

251

— Vous vous défiez de moi, dit l'inconnu, et je ne puis vous donner tort. Je vais vous faire une confidence : je suis de la Ligue sans en être. Je la sers le jour et le roi la nuit. Si cela vous intrigue et vous intéresse, je vous en dirai davantage, mais *motus* !

Melchior se renseigna auprès de l'aubergiste, maître Langlois. L'inconnu, Nicolas Poulain, lieutenant de la prévôté, était un membre actif de la Ligue ; il avait la confiance des dizainiers et du commandant de la circonscription, l'une des cinq que comptait Paris *intramuros*.

Un soir qu'il soupait en compagnie d'une fille rencontrée sur le pont Saint-Michel, Melchior se trouva de nouveau en présence de Poulain. Il l'attira à part et lui dit d'un ton abrupt :

— Monsieur Poulain, vous avez tenté de me tirer les vers du nez l'autre soir. Vous êtes bel et bien de la Sainte Union.

— Si vous vous êtes renseigné sur mon compte, rétorqua Poulain, c'est que je ne vous suis pas indifférent. Je vous en dirai plus demain soir. Retrouvons-nous à la rôtisserie du Petit-Châtelet, rue aux Ours. Vous serez mon invité.

Melchior se rendit au rendez-vous, malgré la crainte qu'il ressentait de tomber dans un piège.

Ils parlèrent de la situation et, après quelques hésitations de part et d'autre, leur entretien prit un tour libre.

— Ai-je votre parole, dit Poulain, que notre conversation restera secrète ? Sachez que, s'il vous prenait l'idée de me trahir, je n'aurais aucun mal à me disculper et que vous en pâtiriez. Il est vrai que je suis un membre de la Ligue. Il est non moins vrai que je n'y suis qu'à titre d'observateur pour le compte de Sa Majesté, comme vous pour Navarre. C'est ce qui m'a incité à vous approcher. Nous pourrions nous rendre mutuellement service en échangeant nos informations. Pour cela il faut vous faire ligueur. Sur ma recommandation cela vous sera facile.

— Ce que vous me demandez là...

— Cette proposition vous paraît-elle incongrue ? Réfléchissez-y pourtant. Dans votre position vous ne voyez que la surface des choses. Une fois dans la place vous les verrez mieux. Votre commerce de chevaux est une excellente couverture.

252

– Je dois prévenir mon maître.

– Gardez-vous-en bien ! Si votre courrier était saisi, je ne donnerais pas cher de votre peau et de la mienne.

Nicolas Poulain présenta Melchior à ses amis dizainiers, pour la plupart des bourgeois. Ils restèrent quelques jours à l'observer, à le questionner. Il avait été une créature de Navarre ? Soit ! il avait rompu avec lui à la suite d'une querelle sur des motifs religieux. Un frère célestin s'en mêla, tenta de le piéger par des questions insidieuses ; Melchior se tira à son honneur de cette inquisition. On lui confia un brassard, un insigne, un viatique qui lui ouvraient toutes les assemblées.

Pour être pleinement agréé il lui fallait un parrain : ce fut un brave homme de menuisier, maître Amanieu qui, avec la clientèle des couvents, ne manquait pas d'ouvrage. Il avait son atelier rue Saint-Nicaise, cette longue artère toute droite séparant le Louvre des Tuileries, dans la perpendiculaire de la Seine. Sur les dix enfants qu'il avait eus de sa femme, Marthe, il lui en restait quatre, les autres ayant été victimes de la guerre et des épidémies.

Maître Amanieu invita son filleul à souper chez lui le soir de Noël. Il le fit asseoir après de la fille aînée, Héloïse, qui, à dix-huit ans, était propre à se marier mais dont le fiancé, parti pour la guerre avec M. de Mayenne, ne donnait plus de nouvelles depuis des mois.

Héloïse était ronde de taille, rose de teint, dotée d'un bel appétit mais un peu sotte.

En partant pour la messe de minuit à Saint-Nicolas, maître Amanieu tendit une lanterne à Melchior et lui dit à l'oreille :

– De tous mes enfants, Héloïse est ma préférée. C'est une excellente ménagère, peu causante, mais qui s'en plaindrait ? Sa mère l'est pour deux. Heureux celui qui la prendra pour femme...

Navarre ne tenait plus en selle. En arrivant devant sa tente, il s'est laissé glisser du haut de sa monture dans les bras de Rosny et de Vivans, inconscient. Il ne s'est réveillé que lorsqu'on l'a allongé en chemise sur son lit de camp après l'avoir dépouillé de son harnachement qui puait la sueur, la crasse, la fatigue.

— Voilà trois nuits et trois jours, dit Rosny, qu'il est en selle et qu'il n'a pour ainsi dire pas fermé l'œil. D'autres que lui en seraient morts.

— Je l'ai surpris, ajoute Vivans, alors qu'il aidait à désembourber un canon.

Turenne vient d'arriver de Castillon, l'air radieux. Il a arraché cette cité au duc de Mayenne. Il s'écrie en dansant sur place :

— J'ai mis la paille au cul de ce gros porc ! Il a dépensé plus de deux cent mille écus pour prendre cette ville. Je la lui ai reprise pour moins de dix écus : le prix de l'échelle qui nous a servi pour l'assaut.

— Silence ! dit Rosny. Laissez dormir le roi.

Le roi dort à demi. Le roi rêve. Le roi se demande où il se trouve. Depuis la reprise des hostilités, cette guerre a acquis une tournure singulière : celle d'une interminable errance entre les villes que l'on doit céder à l'ennemi et celles qu'on lui ravit. Son demi-sommeil est traversé d'images de feu et de sang, de douleurs aux fesses, meurtries par la selle, couvertes de furoncles, et à ses mains, qui ont travaillé au creusement des tranchées. Où ? Il ne s'en souvient plus. Tout à l'heure, alors qu'on lui enlevait sa chemise, il a entendu Rosny dire à Vivans : « Cette fois-ci nous avons la situation bien en main. L'ennemi est désemparé. »

Il s'éveille en sursaut, demande :

– Où sommes-nous ?

Turenne a répondu que l'on est devant Coutras. Turenne... Que fait-il là ? Il devrait être à Castillon. Quelqu'un a parlé des reîtres que l'on attend depuis des semaines. Ils se sont mis en route sous la direction du baron von Dohna. Trente mille hommes, des cavaliers principalement, venus de Suisse et d'Allemagne. C'est d'eux que l'on attend la victoire.

Persuadé que cette guerre prend un tour décisif, le roi de France est sorti de sa léthargie. Sa décision ? Combattre sur trois fronts.

Il a envoyé le duc de Guise en Bourgogne avec une petite armée pour s'opposer à la venue des reîtres de von Dohna, dans l'espoir qu'il se fera étriller. Pour vaincre Navarre, il a envoyé en Gascogne le duc de Joyeuse, un de ses mignons, auquel le maréchal de Matignon devrait apporter son aide. Lui-même restera dans l'expectative sur la Loire, prêt à couper la route à Navarre, à supposer qu'il batte Joyeuse, et aux reîtres, s'ils étaient vainqueurs de Guise.

Le souvenir de ses victoires passées a donné des ailes au « petit aigle ».

On est pour ainsi dire au contact de l'armée royale, dans une position périlleuse : près de Coutras, entre Isle et Dronne, avec sur les arrières une épaisse forêt et sur les devants des espaces d'eau et de boue.

Et l'artillerie qui n'arrive pas ! Et ces doutes dans lesquels macèrent les chefs huguenots...

Une petite chanson de pluie éveilla Navarre au milieu de la nuit. Il s'arracha à sa couche en gémissant, repoussa Rosny qui s'avançait pour le soutenir mais accepta qu'il l'aidât à revêtir des vêtements propres.

– Ma casaque blanche, dit-il.

Rosny l'aida à s'en vêtir.

Il réclama son cheval. Vivans le lui amena. Il demanda à Turenne de réunir les chefs, s'enferma avec eux dans sa tente, se fit expliquer la situation. Il sentit des sueurs froides lui monter au front : il fallait d'urgence quitter ce piège où l'on s'était enfermé et se diriger vers Coutras.

Trois canons arrivèrent quelques heures plus tard, en même temps qu'une nouvelle : Joyeuse s'apprêtait à livrer bataille ; passé minuit, il avait mis quelques barriques en perce à l'intention de la troupe.

Le jour se levait alors que l'on arrivait en vue du village, non loin du château de Lautrec.

Navarre fit ranger le gros de son armée le dos au village, avec à gauche un ruisseau et à droite une garenne. L'endroit lui plaisait. Un simple coup d'œil lui avait permis de déterminer une stratégie : il placerait sur cette petite butte de sable ses trois canons ; il rangerait un corps d'arquebusiers dans des fossés et intercalerait les autres entre les corps de cavalerie de Condé et de Turenne.

Il avait fait occuper la position la plus favorable, mis à profit le moindre accident de terrain, comme à La-Roche-l'Abeille. Il ne restait plus à Joyeuse qu'un espace de plaine nu comme la main ; il avait placé son artillerie en contrebas, mal orientée ; son infanterie serait à découvert, sa cavalerie mal disposée.

– *Capdediou!* jura Navarre. Si nous n'avons pas étrillé M. le Duc d'ici à la fin de la matinée, je veux bien qu'on me pende !

Il demanda si l'on avait des nouvelles du corps de troupes que Matignon devait amener à Joyeuse : il n'était pas en vue. Une chance supplémentaire de réussite. Joyeuse n'attendrait pas : sa fougue et son impatience l'inciteraient sûrement à prendre l'initiative des opérations.

Lavé en quelques heures de ses humeurs noires, de sa fatigue, de ses doutes, Navarre but un verre de vin, déjeuna d'un quignon de pain rassis frotté d'ail. En mettant le cul en selle avec une grimace de douleur, il s'écria :

– Si Dieu est avec nous, qu'Il fasse se lever le soleil !

Une première risée courut sur la campagne brumeuse, crépita au-dessus des prairies, des guérets et des vignes d'où s'envolaient les derniers flocons de brouillard.

Soudain, alors qu'il venait de rejoindre Condé, Navarre s'arrêta, interdit : la brume venait, en se levant, de dévoiler l'armée royale. Elle était en ordre de bataille sous ses enseignes, harnachée comme pour la parade, la forêt de lances de l'infanterie étincelant au soleil, la cavalerie piétinant d'impatience. En se retournant, il aurait pu voir l'armée huguenote faire triste figure. Avec ses tenues sombres, ses armes grises, ses chevaux mal soignés et fatigués, elle semblait déjà porter le deuil de la victoire.

Les forces de Joyeuse étaient sensiblement identiques aux siennes mais elles faisaient davantage impression. Le duc se pavanait sur une avant-garde d'enfants perdus, passait d'un escadron à une compagnie de fantassins, son grand manteau rouge flottant sur la croupe de son cheval découvrant une cuirasse milanaise damasquinée et des armes incrustées de joyaux.

Navarre ordonna une prière commune qu'Agrippa acheva en entonnant le cantique repris en chœur par la troupe :

> *La voici, l'heureuse journée*
> *Que Dieu a faite à son désir...*

À la première attaque des royaux, Navarre, l'angoisse aux tripes, vit fléchir ses escadrons. Ceux d'en face, sous le commandement de Vaux et de Lavardin, assistés d'une compagnie de chevau-légers, avaient enfoncé les escadrons de La Trémoille, passé au galop par-dessus les arquebusiers postés dans les fossés et, parvenus aux premières maisons du village d'un seul élan, laissaient les stradiots albanais piller les bagages des huguenots.

Dans les rangs des royaux on commençait à chanter victoire : les rebelles fléchissaient de toute part, Turenne avait cédé devant Montigny et la batterie de Navarre n'avait donné que dans le vide. Des vagues hérissées de lances, crêtées d'étendards multicolores, balayaient l'espace laissé libre par le repli des huguenots et tournoyaient comme pour une cavalcade autour des récifs sombres et inébranlables qui tenaient encore leurs positions. Matignon n'avait pas amené ses troupes ? Eh bien, tant pis pour lui! N'ayant pas eu l'honneur de se battre pour le roi, il n'aurait pas les fruits de la victoire.

« Rien n'est perdu », se dit Navarre. Il donna l'ordre de contre-attaquer aux escadrons qu'il avait dissimulés derrière la butte sableuse sur laquelle étaient juchés ses trois canons. On vit les cavaliers rebelles débouler en hurlant, dans un grondement de galop, se ruer sur les flancs des royaux et les faire éclater. Disposés de manière que leur tir semblât venir de toute part, les arquebusiers attendaient le reflux des escadrons de Joyeuse. Leur feu nourri coucha une centaine de cavaliers, tandis que l'artillerie entamait les carrés de fantassins.

Un même orage de feu rompit la charge de cavalerie lancée par Saint-Luc et La Roche du Maine. À peine arrivés au contact des carrés huguenots, ils tournaient bride sans que les chefs pussent les rameuter à travers les traits de foudre tombant de la butte de sable et les flocons de fumée.

— Il faut battre le fer tant qu'il est chaud, dit Navarre. Je ne vais pas laisser à M. de Joyeuse le temps d'élaborer une autre stratégie. Il va voir de quel bois je me chauffe!

Il regroupa autour de lui quelques vieux compagnons et dirigea la charge sur le gros de l'armée royale. Il avait compris l'erreur de Joyeuse qui avait armé sa cavalerie de lances comme les chevaliers des guerres d'Italie, au lieu des arquebuses trop peu chevaleresques. Embarrassés de ces armes encombrantes pour un corps-à-corps, les escadrons royaux reculèrent dans un concert de hennissements, de froissements d'armes sur les cuirasses, d'ordres désespérés.

Turenne, jeté au bas de son cheval éventré, dut se retirer de la mêlée. Droit sur sa selle, la tête traversée par un tronçon de lance, Fumel fit quelques pas avant de vider les arçons.

Condé, désarçonné, affrontait bravement Saint-Luc à l'épée, tandis qu'à quelques pas le roi de Navarre pressait contre sa poitrine Châteaurenard qui venait de rendre les armes et de se constituer prisonnier.

Prise en étau par la cavalerie huguenote, affolée par les tirs des trois canons dont les tubes commençaient à rougir, rognée de toute part, écrasée, foulée comme une vendange, l'infanterie royale était sur le point de lever les bras lorsqu'une nouvelle courut le champ de bataille comme un trait de foudre : le duc de Joyeuse avait succombé.

— Rosny, s'écria Navarre, détachez-vous et allez voir de quoi il retourne.

C'est un gentilhomme huguenot qui avait retrouvé le duc percé de coups, sous un entassement de corps. On avait déposé le cadavre au pied d'un arbre, près de son cheval qui lui reniflait le visage comme pour le ranimer. Un éclat de boulet lui avait fait sauter une partie de la mâchoire et inondé de sang la fraise sur laquelle pendait une grosse perle blanche. Il portait d'autres blessures sur tout le corps d'où le sang coulait par saccades sous la soie et les brocarts.

— Il crâne moins, le mignon ! dit La Trémoille. Il a son compte !

— Ne vous moquez pas de lui, dit Agrippa : il s'est battu avec honneur.

Navarre suivait de peu Rosny. Il fit conduire le corps de Joyeuse à l'auberge du Cheval-Blanc, ainsi que son frère Saint-Sauveur, qui avait subi le même sort. Il annonça qu'il s'y rendrait lorsque la bataille serait terminée, afin de rendre les honneurs à ces deux gentilshommes. Il se moquait volontiers de l'inconséquence de Joyeuse, de ses humeurs folâtres, mais il admirait son sens de l'honneur et sa bravoure.

— Aubigné, lança Navarre, retourne au combat et veille à ce qu'on ne massacre ni ne pille. Nous ne sommes pas des Allemands. Il n'y aura pas non plus de demandes de rançon. Cette victoire se suffit à elle-même.

On avait allongé les corps des deux frères dans leur tenue militaire, côte à côte sur une table de l'auberge. Navarre donna l'ordre à ses médecins d'embaumer les cadavres afin qu'on les rendît au roi sous une forme présentable. Tandis qu'ils opéraient, Navarre monta au premier étage où un repas avait été préparé à son intention.

Condé trépignait d'impatience : Navarre semblait renoncer à poursuivre l'armée vaincue. Le champ de bataille paraissait le fasciner ; il ne pouvait en détacher son regard, le parcourait en long et en large comme pour y déceler les traces d'un miracle, un signe de la Providence. Il y était retourné dès que l'on avait enseveli les entrailles de Joyeuse et de son frère dans le cimetière de Coutras et que l'on eut acheminé les corps vers Paris.

Une question l'obsédait : pourquoi le maréchal de Matignon n'avait-il pas rejoint l'armée royale, alors qu'il n'y avait pas une grande distance entre Bordeaux et Coutras ? Il se dit que si le maréchal était absent de cette bataille, c'est qu'il traînait les pieds pour laisser à Navarre, qu'il estimait plus que Joyeuse, une chance de faire ses preuves. Matignon avait-il reçu l'ordre du roi de ne pas intervenir ?

— Nous en avons assez fait, dit-il à Condé. À chaque jour suffit sa peine. Nous avons vaincu l'armée royale, cela doit nous satisfaire.

— Vous parlez comme si la guerre était terminée ! protesta Condé. Nous avons encore des combats à livrer, des villes à reprendre à l'ennemi. Et vous restez là à contempler ce champ de bataille, à faire le compte des trophées pris à l'ennemi. Tous ces étendards que vous avez fait rassembler, que comptez-vous en faire ?

Navarre tourna les talons et se contenta de hausser les épaules : il savait ce qu'il allait en faire...

Le lendemain, il ordonna à Rosny de former des faisceaux des enseignes ennemies et de les lier sur l'échine de trois ou quatre chevaux. On en fit une moisson, les armées royales ne se déplaçant pas sans cette floraison multicolore. Il rassembla une solide escorte et donna l'ordre du départ sans prévenir Condé.

— Sire, dit Rosny, puis-je savoir où nous allons ?

— En Navarre, mon ami. Je veux y proclamer ma victoire.

Ce n'est pas en Navarre qu'il avait l'intention de se rendre mais à Hagetmau où il savait que Corisande l'attendait. Elle se jeta dans ses bras avec une effusion de larmes en le voyant descendre de cheval.

— Quelle joie vous me faites ! s'écria-t-elle. J'ai bien cru ne jamais revoir mon « petiot » !

— J'ai battu Joyeuse ! s'écria-t-il, et voici le présent que je vous rapporte.

Interloquée, elle le regarda déployer les enseignes — drapeaux, étendards, guidons de l'armée royale, tachés de sang, troués par les balles, brûlés par le feu de l'artillerie — les faire étendre dans la cour, se promener dans les allées de ce grand jardin d'étoffes multicolores, s'écrier en riant :

— Voici le guidon de Saint-Luc, le drapeau d'ordonnance de Robert de Halwin, l'étendard du duc de Joyeuse...

Il chancelait d'orgueil et de bonheur. S'il s'était bien battu, c'était avec l'aide de Dieu et c'était pour elle. Il avait mêlé son nom à ses prières. Tandis qu'il se jetait sur les lanciers royaux, c'est le nom de Corisande qu'il avait aux lèvres.

— Venez, dit-elle. J'ai hâte d'entendre le récit de cette bataille.

Elle le prit par la main, le mena jusqu'à sa chambre, le fit asseoir au bord du lit. Elle avait vécu des jours et des jours à se faire un sang d'encre dans l'attente d'une nouvelle qui l'eût tuée, à se ronger les ongles. Elle lui montra ses mains. Elle l'aida à se défaire de sa cuirasse, de son buffle, de sa chemise mangée par la crasse, dont il n'avait pas dû changer depuis des semaines. Il puait la poudre, la sueur, le sang séché, le cheval. Elle le reniflait, collait ses lèvres à cette chair nauséabonde, léchait la petite blessure qu'il portait à la joue et qui suppurait, mordait l'épaule qui avait sous la légère toison rousse un goût de sel.

— L'affaire a été chaude, dit-il. Si Matignon était intervenu...

Elle mit sa main sur la bouche de Navarre pour étouffer sa voix.

— Mon héros..., murmura-t-elle. Vous me raconterez vos exploits tout à l'heure. Nous avons un autre combat à livrer, et il ne saurait attendre...

13

LE ROI DE PARIS

1588

Les astrologues de Madame Catherine sont unanimes : durant des nuits, du haut de la tour de l'Horoscope, ils ont sondé les profondeurs du ciel, consulté des grimoires, examiné des entrailles d'animaux sacrifiés, comme dans les temps antiques, pour en arriver à cette conclusion : l'année 1588 sera une année « merveilleuse [1] ». On devrait en attendre sinon la fin du monde, du moins des événements susceptibles d'en modifier le cours.

En janvier, sur la Loire et en Normandie, la terre a tremblé. Les côtes de la Manche et de l'Atlantique ont été secouées durant six semaines de fortes tempêtes. Au début de février, il est tombé sur Paris un brouillard si épais qu'il fallait se munir de lanternes ou de flambeaux pour se déplacer. Quant aux « fantômes de feu » et autres apparitions diaboliques dans le ciel et sur la terre, ils n'ont fait qu'ajouter à l'inquiétude qui s'est emparée de la population.

— Je ne crois guère à ces signes, dit Nicolas Poulain, mais il faut bien reconnaître qu'ils sont inquiétants. Lorsque je m'éveille le matin, je m'attends au pire. Aujourd'hui c'est cette nouvelle qui nous est parvenue : la mort du prince Henri de Condé qui, dit-on, est étrange.

— Il n'y a pas de mystère, rétorqua Melchior. Le prince a été empoisonné.

1. À prendre dans le sens de « surprenante ».

M. de Condé s'était levé de bonne humeur. Il avait disputé au cours de la matinée une partie d'échecs avec ses proches, couru la bague, dîné et soupé de bon appétit. Aux environs de minuit, il avait été pris de vomissements qui avaient duré jusqu'au matin, gardé la chambre tout le jour, puis, à la suite d'une faiblesse, il avait rendu l'âme.

— Les médecins sont d'accord, dit Melchior. Cette fin brutale présente tous les symptômes d'un empoisonnement. Et nous connaissons les coupables. Les mêmes, sans doute, qui ont envoyé des sicaires à Nérac, il y a peu, pour tenter d'assassiner mon maître.

L'année précédente s'était achevée dans un brouillard traversé d'orages violents. La victoire de Navarre à Coutras avait jeté la panique dans la capitale : le Béarnais et le prince de Condé, s'ils étaient parvenus à rejoindre l'armée des reîtres, auraient mis le siège devant Paris. Mais Navarre, au lieu de poursuivre les restes de Joyeuse, s'était précipité vers la Gascogne pour y retrouver sa putain. L'armée des reîtres venant en renfort aux huguenots avait été arrêtée par le duc de Guise à Vimory, dans les parages de Montargis, et dispersée.

— Double échec pour le roi, soupira Poulain. Il donnait Guise battu, il est vainqueur. Il espérait que Joyeuse écraserait les huguenots, et c'est le contraire qui s'est produit. Les deux adversaires qu'il avait cru éliminer, il les a de nouveau contre lui et plus décidés encore qu'auparavant. Le calcul était habile mais il a été déjoué par le sort.

Ce que Poulain ne parvenait pas à s'expliquer, c'était l'attitude de Navarre à la suite de sa victoire. Au lieu de l'exploiter, il était allé retrouver sa maîtresse. Melchior avait cru comprendre que si son maître avait renoncé à poursuivre l'ennemi l'épée dans les reins, c'était pour éviter au roi d'être soumis, pieds et poings liés, au duc de Guise. Une manœuvre audacieuse mais inspirée par le bon sens.

En décembre, le roi était entré dans Paris tête basse ; il l'avait relevée en apprenant que Guise avait battu les reîtres. Cette victoire qui aurait pu dissimuler l'autorité royale, il s'était empressé de s'en attribuer le mérite : il fit célébrer des *Te Deum*, tirer le canon et fit à Joyeuse et à Saint-Sauveur des obsèques grandioses.

En dépit des précautions prises par le roi, le véritable maître de Paris est le duc de Guise.

Rien ne semble devoir s'opposer à ses ambitions. Il pourrait tenter un coup d'État, envoyer le roi au couvent, placer sur le trône le cardinal de Bourbon, prince du sang, en attendant que lui-même succédât à ce vieillard. On l'y pousse mais il se contente de respirer l'encens qui monte autour de lui, d'écouter les louanges qui éclatent sous ses fenêtres ou autour de son coche lorsqu'il se trouve à Paris.

Guise est loin de Paris. Il s'est lancé à la poursuite des mercenaires qu'il faut traquer dans les campagnes où ils errent par petits groupes en semant la terreur. Il sait que Paris l'attend pour lui faire fête. Cette ville est folle de lui. Son portrait figure partout : on le vend dans les rues, sur les ponts, dans les boutiques ; des colporteurs le proposent avec des couplets et des libelles vantant les exploits du héros sur de grands panneaux...

Guise a pour maîtresse Paris et pour épouse la Ligue. L'une lui tend les bras, l'appelle de tous ses vœux ; l'autre prépare sa venue, organise les cérémonies de son retour, traque tout ce qui pourrait faire obstacle à sa gloire.

Chez maître Amanieu, on fêta le même jour les fiançailles d'Héloïse avec Melchior et la mort du prince de Condé. En levant son verre, le menuisier lança :

– C'est un grand jour que nous vivons. Je bois à vos amours et à la paix. Que M. le Prince pourrisse en enfer et que le Béarnais aille bientôt le rejoindre ! On n'a plus de nouvelles de cet hérétique. Peut-être est-il déjà mort. Que le diable ait son âme...

Melchior eut un sourire narquois en portant son verre à ses lèvres. Navarre n'était pas mort ; il savait même où il se trouvait : en Saintonge, devant Marans, et qu'il grignotait des parcelles de la province, jour après jour, face à une armée royale désorganisée.

Maître Amanieu avait son idée sur la mort du prince de Condé : ce n'étaient pas les Guise qui l'avaient fait empoisonner mais son épouse, Charlotte de La Trémoille, avec laquelle il entretenait de mauvais rapports. Navarre lui-même reconnaissait que c'était une « dangereuse beste » ; elle importunait son mari au point qu'il avait dû la faire enfermer quelque temps sous bonne garde.

Héloïse n'avait pas tardé à manifester quelques exigences envers son fiancé : elle ne voulait plus qu'il allât tard le soir traîner dans les auberges, qu'il prît ses repas on ne savait où, qu'il partît acheter et vendre des chevaux dans les provinces alentour...

Jour après jour Melchior sentait se resserrer autour de lui des liens contre lesquels il restait impuissant. Héloïse lui plaisait, avec son teint de fleur et sa taille généreuse. Acquise à la certitude qu'il finirait par l'épouser, elle lui avait ouvert son lit avec l'accord tacite de ses parents qui ne souhaitaient pas voir ce beau parti leur échapper.

Lorsqu'elle lui parlait mariage, il la faisait lanterner : il risquait d'être appelé à se battre et de ne pas revenir. Alors mieux valait patienter.

Il s'entendait bien avec la maisonnée, particulièrement avec le *pater familias* qui attendait de lui des lumières sur les événements qui continuaient à agiter Paris et le royaume. Ils se retrouvaient côte à côte à l'auberge du More pour les réunions hebdomadaires des dizainiers, vidaient force pintes et, comme le bonhomme supportait mal le vin, Melchior le soutenait jusqu'à la rue Saint-Nicaise.

Un soir d'avril, alors qu'ils se promenaient le long des jardins du Louvre donnant sur la Seine, Nicolas Poulain, qui revenait de la prévôté en rapportant des nouvelles fraîches, dit à son complice :

— La rumeur d'un complot contre le roi se précise. On en a même fixé la date à la fin du mois, le dimanche de Quasimodo. J'en ai informé aussitôt Sa Majesté.

Melchior ne s'en montra pas surpris : depuis quelques semaines, on croisait dans Paris des personnages à mine patibulaire et qui parlaient de drôles de charabias. Le matin même, il avait vendu une demi-douzaine de chevaux de Souabe à des Espagnols récemment arrivés dans la ville, et pas des haridelles. Ces messieurs avaient payé sans marchander, en bons doublons d'Espagne.

— Des Espagnols, soupira Poulain, il en arrive tous les jours. C'est l'avant-garde d'une armée promise à la Ligue par le roi Philippe. Ils ne sont pas seuls : on voit arriver chaque jour des dizaines de gentilshommes de province qui vont loger dans les faubourgs.

— Comment réagit le roi ?

— Il fait semblant de dormir mais il veille. À la place de Guise, je prendrais garde à ne pas aller trop loin.

Ils s'assirent sur la berge, dans une herbe foulée par le passage des mariniers et des débardeurs. L'air était doux. Un voile de brume flottait sur le fleuve, autour du dernier coche d'eau chargé de passagers et de fret. Des enfants, depuis le pont, jetaient du pain aux mouettes. Une rumeur de fête venait de la berge opposée : musique de musette et rires de femmes. L'odeur des verdures neuves se mêlait à celle d'un cadavre de chien qui achevait de pourrir contre un chaland.

— Tout est prévu pour ce complot, ajouta Poulain. Les conjurés doivent pénétrer dans la ville par la porte Saint-Denis, s'attaquer en premier lieu à leur bête noire, Épernon, le « Demi-Roi », comme on dit, avant de se porter en armes sur le Louvre et de s'assurer de la personne du roi. Bussy-Leclerc dirigera cette action, avec trois mille hommes qui devront capturer ou massacrer les partisans du roi.

— Si le roi tarde trop à réagir, on peut s'attendre à une nouvelle Saint-Barthélemy.

— Il ne tardera pas car rien ne lui échappe, grâce en grande partie à mes informations. Dans les jours qui viennent, il y aura du nouveau.

Henri de Guise avait tenu à Nancy une assemblée de gentilshommes catholiques affiliés à la Sainte Union.

Les subsides que le roi Philippe lui avait fait remettre par l'un de ses agents, Moreno, l'avaient stimulé. Il se voyait déjà maître du pouvoir et dressait des plans : il exigerait la destitution des fonctionnaires fidèles au souverain, mettrait le Parlement au pas, ferait exécuter publiquement les prisonniers huguenots et les chefs des reîtres qu'il avait capturés, rétablirait les tribunaux d'inquisition. Il répondrait ainsi aux souhaits de son maître, le roi Philippe qui, dans la perspective d'une invasion de l'Angleterre, voulait une France acquise à ses ambitions et disposer sur la Manche des ports susceptibles d'abriter son *armada*.

Soucieux de s'informer des intentions du Balafré, le roi l'avait convoqué à Soissons. On attendait de cette entrevue une détente dans leurs rapports ; il n'en sortit que du vent, le roi campant sur ses positions et Guise refusant la moindre concession. Du moins le roi put-il acquérir une certitude : il devait se préparer à une rude épreuve.

Il fit renforcer les défenses du Louvre, installer sur des points sensibles de la capitale des batteries de canons, rassembler armes et munitions, faire entrer dans Paris les quatre mille Suisses cantonnés à Lagny.

En apparence rien ne changeait dans son comportement : il continuait ses promenades dans le jardin des Tuileries, entouré de ses favoris, de ses nains, de ses chiens et de son bouffon, Chicot. Son bilboquet au poing, il plaisantait avec les uns, s'entretenait avec les autres des nouvelles ; il passait des heures dans son oratoire ou à la chapelle, s'enfermait dans son cabinet avec Épernon, son ministre, ou avec le père Auger, son confesseur. Sa mère ? Il la voyait de moins en moins, las qu'il était de ses conseils, de ses manigances, de ses radotages séniles. Son épouse, la reine Louise ? Moins encore : elle ne quittait pas le gynécée et la compagnie de ses dames et de ses naines lui suffisait.

On s'interrogea sur le départ du duc d'Épernon de la

Cour. Disgrâce ? Précaution ? Toujours est-il que le favori rejoignit son gouvernement de Normandie, avec, sans doute, la possibilité de se porter éventuellement au secours de son maître. Le roi l'accompagna jusqu'à Saint-Germain, puis alla faire pénitence à Vincennes sous le froc d'un capucin, sortit de sa retraite la mine sombre. Il avait envoyé un de ses ministres, Bellièvre, au duc de Guise pour lui interdire de se montrer à Paris. Au lendemain de cette injonction, Guise faisait ses préparatifs, bien décidé à ne tenir aucun compte de cet ordre.

Maître Amanieu rentra chez lui le feu aux joues, alors que la table était mise et qu'on l'attendait.

— Grande nouvelle ! s'écria-t-il. Je viens d'apprendre que Guise doit faire son entrée demain dans Paris. Il était temps qu'il prenne le mors aux dents. Les seize quartiers ont recensé trente mille hommes prêts à prendre les armes pour le protéger. Je ne donnerais pas cher de la peau du pauvre Valois...

Il ajouta en s'asseyant devant sa soupe :

— Le roi a été informé du complot. Par qui ? Allez savoir ! Il faut croire que ses agents se sont infiltrés dans nos assemblées. Nous finirons bien par les démasquer !

Par suite de l'entrée en lice des quatre mille Suisses du roi, le complot du dimanche de Quasimodo avait été remis.

Le 8 mai, alors que l'ombre commençait à envahir les jardins de la reine qui se trouvait dans son hôtel de la rue des Deux-Écus, la Jardinière, postée à une fenêtre pour regarder voler les martinets, s'écria :

— Madame, nous avons de la visite. Il me semble reconnaître le duc de Guise.

— Taisez-vous, sotte que vous êtes ! dit Madame Catherine.

Comme la Jardinière insistait, elle se rendit à la fenêtre, poussa un cri en portant la main à sa poitrine. Henri de Guise descendait de cheval au milieu d'un groupe de cavaliers.

Après avoir obtenu audience, il s'inclina devant la reine-mère et lui annonça qu'il avait tenu à lui réserver sa première visite.

— Le roi mon fils, dit la reine, risque d'être fâché de cette préférence. Au moins le verrez-vous?

Le Balafré parut embarrassé :

— À vrai dire, madame, ce n'était pas mon intention. Si je m'aventurais au Louvre, je risquerais d'en sortir les pieds devant. Si j'ai tenu à vous réserver ma première visite, c'est que je sais l'affection que vous me portez et l'intérêt que vous témoignez à mon action. M. de Bellièvre était fort embarrassé lors de notre entrevue : le roi m'a interdit Paris et vous avez dit au ministre que vous seriez bien aise de m'y voir. Eh bien, madame, me voici!

Madame Catherine l'interrogea sur ses intentions. Guise lui répondit qu'il ne venait pas apporter le trouble mais que les circonstances réclamaient sa présence.

— Mon vœu le plus cher, dit-elle, est que vous finissiez par vous entendre avec mon fils.

— Je ferai tout pour qu'il en soit ainsi, madame.

Le Balafré s'inclina pour prendre congé, soulagé que la reine n'eût pas poussé plus avant ses investigations.

Elle se dit qu'il avait bien changé depuis leur dernière rencontre : il paraissait plus lourd dans sa démarche, plus rigide dans son comportement, plus assuré dans ses propos. L'air d'un roi fatigué avant d'avoir régné. Toujours bel homme au demeurant : haute taille, l'œil vif, portant sa balafre comme une médaille.

À peine son visiteur fut-il remonté en selle, la reine s'effondra dans un fauteuil, consciente d'avoir abusé de son autorité en conseillant à Guise de désobéir à son fils. Pour la première fois de sa vie peut-être, elle se sentait rongée par le doute et le remords.

Le roi était à table lorsqu'un secrétaire vint lui apprendre que le duc de Guise était entré dans Paris et avait réservé sa première visite à la reine-mère. Il s'essuya les lèvres, se leva lentement et murmura :

— Le duc de Guise vient de signer son arrêt de mort.

Le lendemain, il recevait un envoyé de sa mère, M. de Guiche : elle souhaitait une rencontre entre les deux antagonistes. Le roi lui fit répondre qu'il y était disposé.

Lorsque le Balafré se présenta au Louvre, la reine-mère suivant dans sa litière, le roi était en conférence avec le capitaine des gardes, Alphonse d'Ornano, auquel il avait donné l'ordre, sur un signe qu'il lui ferait, de tuer son visiteur. Il ne daigna se lever que lorsque Guise s'inclina devant lui.

— Vous avez enfreint mes ordres, monsieur, dit-il. C'est un acte d'une extrême gravité.

— Sire, bredouilla le Balafré, je n'ai pas reçu d'ordre de votre main, sinon...

— ... sinon vous seriez venu de même !

— Mon fils, dit la reine-mère, ne vous en prenez pas à votre cousin. C'est moi qui suis responsable de sa présence. Je l'ai encouragé à venir, persuadé qu'il peut faire cesser les troubles.

— Eh bien, madame ma mère, vous avez fait un faux calcul ! s'écria le roi. Regardez ! Écoutez !

Il ouvrit la fenêtre donnant sur la rue d'Autriche : il en monta une clameur profonde, des cris en faveur de Guise, des injures et des menaces à l'encontre du souverain. Des centaines d'émeutiers massés devant l'hôtel de Bourbon et jusqu'aux abords de la Seine provoquaient les gardes qui croisaient la lance devant le châtelet.

Le roi revint vers le duc, se planta devant lui et lui souffla au visage :

— Vous êtes entré dans Paris contre ma volonté, eh bien, restez-y, mais gare : je vous ai à l'œil...

L'entrée des Suisses dans Paris avait fait sensation. Ils avaient défilé en bon ordre, l'arquebuse à l'épaule, mèche allumée, tambour battant, au milieu d'une populace surexcitée qui les brocardait et les menaçait. Ils avaient pris position sur les divers points assignés à leur cantonnement.

Melchior se trouvait en compagnie de Nicolas Poulain

lorsque le duc de Guise, sortant du Louvre par la petite porte du jeu de paume pour éviter la foule, se dirigea vers son hôtel. Il était blême et paraissait nerveux.

La cohue s'était répandue dans le jardin proche de la Seine, avait envahi l'escalier de l'hôtel de Bourbon. Elle était si dense que le Balafré, malgré ses précautions pour passer inaperçu, dut faire intervenir sa garde afin d'accéder à son logis. Des mains s'avançaient pour toucher ses vêtements, s'agripper à son manteau, arracher ses boutons, lui tendre des chapelets...

— Cela sent l'orage, dit Poulain.
— Demain, ajouta Melchior, cela sentira peut-être la poudre.

Le colonel commandant le quartier venait d'apprendre à Melchior que Guise l'avait échappé belle : le roi avait prévu de le faire assassiner par les hommes d'Ornano. Sans la présence de sa mère, il en aurait donné l'ordre. « Ce n'est que partie remise, songea Melchior. Le roi ne renoncera pas à sa vengeance. »

Le roi eut deux autres entrevues avec Guise. L'atmosphère fut tendue mais courtoise ; on avait même surpris entre eux un échange de sourires. Au cours d'un repas, le Balafré se proposa même pour servir son souverain.

Le roi cherchait-il à gagner du temps ?

Les Suisses étaient en place ; des pelotons de la milice et des gardes occupaient le cimetière des Innocents, la place de Grève, le Petit-Châtelet, la rue Saint-Antoine et les accès du pont Saint-Michel.

Alors que le maître de camp des gardes françaises, M. de Crillon, prenait position avec une compagnie place Maubert, il vit descendre de la montagne Sainte-Geneviève une foule d'étudiants en armes qui le débordèrent pour aller se poster à l'entrée du pont Saint-Michel où ils commencèrent à entasser des barriques remplies de terre et de pierres.

La nuit se passa dans l'expectative, sous la pluie, chacun campant sur ses positions. Le matin, les boutiques restèrent

274

closes. Affolée par la tournure que prenaient les événements, la reine-mère alerta le duc de Guise.

— Nous nous sommes trompés, lui dit-elle. Votre présence, loin d'apaiser la population, ne fait que l'exciter.

— Ma présence, madame ? protesta le Balafré. Dites plutôt celle des Suisses ! Le peuple de Paris supporte mal une occupation étrangère. Demandez au roi qu'il les ramène *extra muros* et tout rentrera dans l'ordre, je m'en porte garant.

— La population tolère bien la présence des Espagnols, repartit la reine-mère.

Elle ajouta :

— Le roi ne reviendra pas sur sa décision. Quant à vous, vous n'auriez rien à gagner à une guerre civile. Les forces de la Sainte Ligue ne pèseraient pas lourd devant les armées royales.

On venait de lui communiquer un rapport de l'Arsenal : le roi disposait de deux cents fauconneaux à l'Hôtel de Ville, de vingt canons à l'Arsenal, de batteries au Louvre et à la Bastille...

— Calmez vos partisans, dit Madame Catherine, sinon le sang coulera et je ne pourrai rien pour vous sauver.

— Nos partisans, répliqua le Balafré, n'ont rien à redouter des forces royales. Ils ont saisi ce matin un convoi d'armes et de munitions. Ils ont occupé le châtelet, tendu des chaînes à travers des rues, dressé des barricades en divers points. Les Suisses et les gardes françaises croyaient tenir Paris. C'est Paris qui les tient.

Le premier incident eut lieu au Marché-Neuf.

Appelés en renfort au pont Notre-Dame où les postes tenus par les forces royales étaient en difficulté, les Suisses prirent peur. L'un d'eux, ayant tiré à l'arquebuse sur la foule menaçante, donna le signal de l'émeute. Assaillis par des centaines de forcenés, plusieurs dizaines de Suisses périrent, les uns égorgés, les autres assommés par des projectiles tombant des fenêtres. Ils avaient beau s'agenouiller, brandir leur chapelet en jurant qu'ils étaient bons chrétiens, peu d'entre eux échappèrent au massacre. Lorsque les émeutiers se retirèrent, ils laissaient sur le carreau une vingtaine de morts et une trentaine de blessés.

La populace se porta en chantant victoire vers d'autres positions occupées par les Suisses qui, cette fois-ci, se rebiffèrent mais ne purent tenir longtemps face à une marée humaine qui les assaillait de toute part. Ils décrochèrent en laissant derrière eux des cadavres que des femmes mutilèrent avant de les jeter à la Seine.

Le roi fit appeler le maréchal de Biron.

— Il faut à tout prix faire cesser cette émeute, dit-il. Allez prévenir M. de Guise de mettre bon ordre à la situation et de venir me rendre compte.

Guise obtempéra. On le vit sortir de son hôtel tête nue, vêtu avec sobriété. En entendant crier : « Vive le duc de Guise! », il répondit : « C'est " vive le roi " qu'il faut dire. » Il parvint non sans mal à se frayer un chemin au milieu de la multitude jusqu'à la place de Grève où on lui avait dit que des émeutiers assiégeaient une autre compagnie de Suisses. Il arriva au moment où les soldats allumaient la mèche de leurs arquebuses et s'apprêtaient à riposter.

Le capitaine commandant la compagnie l'implora d'user de son autorité pour faire cesser cette agression et de faire reconduire ses hommes hors les murs. Guise lui donna sa parole que ses hommes étaient sous sa protection et qu'ils ne risquaient rien. Il fit escorter les blessés des précédentes escarmouches au Louvre où ils seraient en sécurité.

Il pouvait faire preuve de générosité : les événements venaient de lui démontrer que le véritable maître de Paris, c'était lui.

Melchior revint harassé rue Saint-Nicaise alors que minuit venait de sonner. Il n'avait pris aucune nourriture depuis le matin, emporté qu'il avait été, en compagnie de Nicolas Poulain, dans le tourbillon des événements. Maître Amanieu l'attendait. Il lui montra son couteau.

— J'étais de l'escarmouche du pont Notre-Dame, dit-il. Regardez bien ce couteau, mon fils : il a égorgé quatre Suisses! Béni soit le Seigneur...

— Béni soit le Seigneur..., bredouilla Melchior.

— Et toi, demanda Héloïse, combien en as-tu tué ?

— Une bonne dizaine, je crois, mais je n'ai pas compté.

Elle aida son fiancé à se dévêtir, surprise qu'il ne portât sur lui aucune trace de sang. Comme elle commençait à faire la chatte, pelotonnée contre lui, il l'écarta brutalement en prétextant la fatigue.

Veillée d'armes dans Paris : pas lourd des patrouilles de royaux ou de rebelles, ballets de torches et de lanternes, clarté louche des pots à feu plantés aux carrefours. Silence. La ville haletait comme une bête épuisée par une longue traque.

Au Louvre, après ses oraisons vespérales, le roi veillait. Autour de lui, dans les couloirs, les escaliers, sous les galeries, l'épée au poing, les hommes de Crillon, d'Ornano, de Loignac montaient la garde dans l'attente d'une ruée des rebelles.

Le roi écrivait à la clarté d'une chandelle, un bichon sur ses genoux. Il sécha sa lettre, demanda à Loignac de la faire porter d'urgence au colonel qui commandait le régiment de vétérans de Picardie : près de deux mille hommes dont la fidélité lui était acquise.

Dans le même temps, Guise adressait une lettre au gouverneur d'Orléans, ami de la Ligue, lui demandant de faire mouvement vers la capitale.

L'un comme l'autre se préparaient à l'affrontement.

Le duc reçut au milieu de la nuit un message d'un de ses capitaines, Brissac : il avait réuni une troupe d'étudiants et de moines autour de l'église Saint-Séverin, les avait armés tant bien que mal et leur avait donné l'ordre, comme au soir de la Saint-Barthélemy, de porter une croix blanche à leur couvre-chef.

Le matin, la reine-mère monta dans sa litière et se fit conduire au palais de la Cité pour faire ses dévotions à la Sainte Chapelle. Le long du parcours, elle distribua des sourires et des mots de courtoisie aux rebelles qui tenaient les barricades et lui ouvraient le chemin. Cette promenade était destinée à la mettre au courant de la situation. Elle en revint en cachant ses larmes, se fit conduire chez le Balafré qui, n'ayant pas fermé l'œil de la nuit, était livide. Elle lui dit d'un ton sec :

— Monsieur le duc, cette émeute a fait assez de victimes. Faites éteindre ce feu !

— Je le voudrais que je ne le pourrais, madame, répondit le duc. Autant essayer de calmer des taureaux furieux !

— Allez trouver mon fils avant qu'il ne décide de quitter Paris et de réunir une armée contre vous !

Guise éclata d'un rire nerveux.

— Me rendre au Louvre ? Vous plaisantez, madame ? Votre fils me ferait assassiner. En revanche, s'il daigne me rendre visite, avec de bonnes dispositions et sans ses spadassins, je le recevrai volontiers. Quant à quitter Paris, votre fils n'y parviendrai pas : les portes sont gardées par mes partisans.

Les portes de Paris étaient bien gardées, à l'exception d'une seule : la porte Neuve, encore aux mains des forces royales. C'est par là que, dans le courant de l'après-midi, suivi d'un petit groupe de fidèles, le roi franchit les murs de Paris, après s'être promené dans le jardin des Tuileries pour donner le change. Il gagna le monastère de Trappes, puis Rambouillet. De là, il prit la route de Chartres.

À la nouvelle de cette évasion, Guise entra dans une violente colère, accusant la reine-mère de complicité. Il alla lui faire part de son ressentiment.

— Tout ce que vous m'avez dit hier, s'écria-t-il, n'était que pour endormir ma vigilance !

— Vous vous trompez ! répliqua la reine. Je n'étais pas au courant des projets de mon fils. Vous savez qu'il se méfie de moi. Mais vous êtes satisfait : vous voilà débarrassé de votre adversaire et maître de Paris...

— Pas tout à fait, madame, puisque vous restez...

14

LES SILENCES DU PÈRE

1588

L'odeur de l'eau croupie est partout. On la respire sous la tente, sur les vêtements ; les aliments en ont pris le goût ; la chaleur de juin l'exalte, la fait sourdre de la moindre flaque, de la plus infime motte de terre. Elle est si présente, cette odeur, qu'on finit par s'en accommoder, sauf s'il s'y mêle la pestilence d'un cadavre oublié dans un coin de marécage, papiste ou parpaillot — les cadavres ont tous la même odeur.

Le dernier courrier de Melchior de Lagos vient d'apporter à Navarre des informations et des nouvelles. C'est miracle qu'il puisse, plusieurs fois par semaine, lui faire parvenir des plis cousus dans la doublure des messagers afin qu'ils échappent aux contrôles ou aux agressions.

— Rosny ne faisait pas mieux, dit Navarre. En lisant ses lettres, j'ai l'impression d'être à Paris, d'assister à l'arrivée de Guise, aux combats de rue, au massacre des Suisses... Melchior est un homme précieux, mais il risque gros.

Agrippa lève la tête, cligne les yeux dans la lumière de la chandelle, soupire :

— Certes, il fait du bon travail, malgré le peu de moyens dont il dispose. Rosny était plus exigeant.

— Melchior est un malin. Son trafic de chevaux lui rapporte plus de picaillons que tu n'en gagneras jamais avec ta littérature. Au fait, où en es-tu de ton poème ?

— J'ai entrepris le septième et dernier livre. Il s'intitulera

Le Jugement. La paix revenue, je ferai éditer cet ouvrage. Je lui ai trouvé un titre : *Les Tragiques.* Cela vous plaît-il ?

— C'est beau comme du Xénophon...

— Voulez-vous que je vous en lise quelques vers ?

— Plus tard. Il me reste une lettre à écrire et je suis fourbu.

En se grattant la barbe, il fait tomber sur la feuille un de ces poux qui, depuis une semaine, lui mangent la peau du pubis aux sourcils, qu'il a fort épais. Où a-t-il attrapé cette satanée vermine ? Chez la putain de Saintes ? Avec cette garce qu'il a culbutée sur une javelle de roseaux, près de Saint-Jean-d'Angély ? Est-ce un présent de cette femme de pêcheur chez laquelle il a passé la nuit près de La Rochelle ? Quant à la vérole qui lui met le feu au bas-ventre, c'est à Agen qu'il l'a contractée, chez une grosse maquerelle, la « Marocaine ».

Cela va faire trois jours qu'il n'a pas écrit à Corisande, qu'il ne lui a pas « baisé un million de fois les mains », qu'il ne l'a pas enveloppée de quelques phrases bien tournées, parfumées de tendresse et d'odeurs d'eau croupie.

Écrire, ce soir, il n'en a ni l'envie ni le courage. Et pourtant...

Dans sa dernière lettre, en quittant la Guyenne, pressé par ses gens de remettre le cul en selle car tout recommençait à s'animer, il lui a confié son tourment : *J'en suis au grabat et c'est un miracle que je ne succombe pas sous le faix. Le diable est déchaîné. Si je n'étais huguenot, je me ferais turc. Que de violentes épreuves m'éprouvent ! Si cela continue, je deviendrai fou ou habile homme. Mon âme, plaignez-moi et aidez-moi...*

Sans avoir écrit un mot, il repose la plume sur la feuille, joue avec le pou qui se débat, le balaie, lui coupe la retraite. Que lui arrive-t-il ? Pourquoi n'éprouve-t-il plus, au moment d'écrire à Corisande, cet enthousiasme qui, naguère, le soulevait et lui inspirait des tirades amoureuses dignes de l'*Amadis de Gaule* ?

Leur dernière rencontre l'a déçu. En quelques mois, sa maîtresse a perdu un peu de sa vénusté et beaucoup de cet éclat de jeunesse qui la rendait si attirante. Une amorce de couperose fendille ses pommettes. Plus grave : il supporte de plus en plus mal ses conseils qui deviennent des ordres et ses critiques qui tournent à la réprimande.

Ma chère maîtresse... L'insincérité est ennemie des mots ; elle bloque l'inspiration, coupe l'élan d'une phrase. Ses lettres à Corisande se font de plus en plus banales et sèches. Récemment, ne sachant qu'écrire, il a dressé un tableau idyllique du pays niortais. Ce soir de juin, la seule chose qu'il ait envie de lui dire, c'est qu'il a cessé de l'aimer, qu'il regrette – l'imbécile ! – de lui avoir promis le mariage, qu'il ne la reverra pas avant longtemps.

Aubigné marmonne au fond de la tente en grattant le papier :

> *Vous faites éclater aux temples vos musiques*
> *Votre décadence fera hurler vos domestiques...*

– Aïe ! dit-il tout haut, deux pieds de trop dans cet alexandrin. *Dé-ca-den-ce.*

– Remplace donc ce mot par *chute* ou *agonie*, dit Navarre.

– *Chute* sera parfait. Merci, mon prince !

– Un service en vaut un autre. Trouve-moi une femme pour demain. Je pense à cette garce de Sérigny chez qui nous avons couché il y a trois jours.

– Elle n'a pas quinze ans, sire.

– J'aime les fruits verts. Va la trouver et amène-la-moi. Tu diras que c'est pour le service du roi, sans préciser de quel service il s'agit, et tu laisseras quelques écus sur la table. Tu fais moins d'embarras d'ordinaire.

– Soit, soupire l'écuyer. Je vous amènerai cette fille, mais, de grâce, prenez un bain et faites-vous épouiller...

Il va falloir livrer une nouvelle bataille devant Marans qu'assiègent les troupes royales de Lavardin. Alors que le roi oppose à Paris une résistance désespérée aux fanatiques de la Ligue, qu'il est prisonnier au Louvre, comme Navarre jadis, il lance contre les places tenues par les huguenots des troupes qui lui seraient plus utiles contre les guisards.

Il y a quatre mois, le roi de Navarre a rompu son inaction en rejetant hors de la Guyenne Scipion de Joyeuse, frère du vaincu de Coutras et grand prieur de Toulouse, après un beau combat à travers les vignes. Lors de cette bataille, l'occasion a été donnée à Navarre de rencontrer Montmorency-Damville, un catholique sans ferveur revenu depuis peu, sans conviction, à la religion de Genève. Cette brute tout juste capable de signer de son nom était accompagnée d'un loup apprivoisé et d'un géant des montagnes réputé pour pouvoir trancher en deux, d'un seul coup d'estramaçon, une bourrique. Damville tient avec vigueur son gouvernement du Languedoc.

Aubigné a poussé dans sa tente la fille de Sérigny, qui se nomme Estelle. Navarre l'a regardée longuement, l'a respirée, a dénoué ses cheveux et son corsage, pris dans ses mains les deux pommes légères des seins qu'il a embrassés et mordus avec délices en lui disant :

— Ne crains rien, petite. Es-tu encore pucelle ?

Elle l'était.

— Tes parents t'ont-ils laissée partir sans difficulté ?

— Ils étaient absents, sire. Laissez-moi m'en retourner, je vous prie. Ils vont s'inquiéter.

— Tu dois obéir à ton roi. Et je suis le roi. Finis de te dévêtir.

Il a fait toilette, s'est fait épouiller par un valet, a consenti à parfumer sa rude peau de soldat et même à changer de chemise.

Estelle allongée sur le lit, il se sent soudain tout embué d'émotion devant cette javelle de chair blanche et rose, ce ventre plat au bas duquel floconne une mousse légère, ces jambes frémissantes, serrées comme pour lui interdire l'entrée du sanctuaire.

Il a fait placer deux gardes devant la porte pour qu'on ne vienne pas l'importuner. Un roulement d'arquebusade monte du côté de Marans, mais ce n'est encore qu'une provocation. Il faudra pourtant qu'il aille voir de plus près de quoi il retourne.

Tout à l'heure.

On se battait depuis trois jours devant Marans sans résultat : les compagnies de Lavardin semblaient accrochées à ces maudits remparts qu'elles ne parvenaient pas à escalader.

Navarre décida d'en finir.

— Je vais me mettre à la tête d'un escadron et tenter de déloger l'ennemi avant ce soir. Vous et Rosny m'accompagnerez.

Les remparts de la ville étaient séparés du camp des huguenots par un marais vaste et peu profond, que l'on pouvait même traverser à cheval. Navarre s'y engagea, flanqué de Rosny et de son écuyer, ses mains posées sur leur épaule. À peine les chevaux étaient-ils entrés dans l'eau qui leur montait au poitrail, balles et boulets se mirent à pleuvoir autour d'eux et de leur escorte comme des grenouilles. Ils durent reculer, couverts de boue et d'eau saumâtre.

Turenne proposa de renoncer à cette folie. Navarre le rabroua, s'avança seul et ne s'arrêta que lorsqu'il aperçut, venant droit sur lui, un parti de cavaliers qui portaient l'enseigne du roi.

Les imprudences de Navarre faillirent lui jouer de nouveau un mauvais tour.

Alors qu'il tentait de déloger le duc de Mercœur de Beauvoir-sur-Mer, à une lieue de l'île de Noirmoutier, il faillit tomber aux mains des royaux. Il se promenait nonchalamment sur la grève en compagnie de quelques gentilshommes, comme lui sans armes et sans équipement, lorsqu'ils virent surgir un peloton de soldats royaux qui prirent position à une cinquantaine de pas, abrités derrière une haie, et commencèrent un tir nourri. Ils n'eurent que le temps de se replier derrière une dune.

— Sire, dit Aubigné, cette escarmouche aurait pu vous être fatale. Quand aurez-vous cessé de braver le sort ?

Quelques mois après la délivrance de Beauvoir, Navarre avait appris d'un armateur de La Rochelle que le roi Philippe préparait l'invasion de l'Angleterre.

Les chantiers navals de la péninsule, ceux du Portugal

étaient la proie d'une fièvre de construction qui n'avait pu échapper aux marins étrangers. Retour d'une campagne de pêche sur les côtes d'Afrique, les Rochelais avaient rapporté que des milliers d'artisans avaient été requis pour construire la flotte la plus importante que l'on eût jamais vue, même pour livrer bataille aux Turcs à Lépante.

Dans quelle intention, ce grand chambardement? Mystère. Les chantiers étaient trop bien gardés pour que l'on pût s'informer, mais ces carcasses de navires aux dimensions de forteresse, hantées par des nuées de charpentiers et de calfats, dominant une multitude d'embarcations de moindre importance, toute cette Babel maritime avait de quoi faire impression.

Partant de Lisbonne à la fin de l'année, cette *armada* prenait la mer en direction du septentrion. Ceux qui assistèrent au départ de ces citadelles flottantes n'en crurent pas leurs yeux. Le commandement de chacun de ces géants des mers avait été confié à la fine fleur de la marine méditerranéenne, la manœuvre aux matelots les plus experts. On avait jeté dans les vergues des chiourmes d'esclaves et de prisonniers, fait flotter de la proue à la poupe, jusqu'en haut des mâts, les pavillons de toutes les provinces d'Espagne et du Nouveau Monde.

À ces nouvelles inquiétantes se mêlaient celles que Melchior lui adressait de Paris et qui ne l'étaient pas moins.

Alors que la Ligue étendait sa toile d'araignée sur la capitale, Philippe, distribuant à poignées l'or des Amériques, tissait la sienne. Il était nécessaire à la réussite de la plus ambitieuse opération guerrière de ce siècle – l'invasion de l'Angleterre – que la France y participât et qu'au jour où la grande *armada*, que l'on disait invincible, quitterait l'Espagne, les ports de la Manche fussent prêts à l'accueillir.

Philippe tenait surtout à ce que Boulogne lui ouvrît ses portes pour qu'il pût y masser le gros de ses forces d'invasion. Averti par Nicolas Poulain, le duc d'Épernon, qui tenait la province pour le roi, décida de s'opposer à ce projet. Lorsque les troupes de la Ligue, avant-courrières de celles de Philippe et de l'*armada*, se présentèrent, elles trouvèrent les remparts bien pourvus en hommes et en artillerie et les portes fermées.

Bloquée sur les côtes d'Espagne par des vents contraires, l'*armada* ne reprit sa route qu'au début de juillet. Les dix escadres qui composaient cette flotte gigantesque comptaient plus de cent trente galères et galéasses, quarante navires de charge, une nuée de caravelles et de hourques armées de plus de deux mille canons. Vingt mille soldats, une nuée de moines porteurs des instruments de la Sainte Inquisition avaient pris place à bord. Une seule ombre au tableau : le duc de Medina-Sidonia, grand amiral de la flotte, était un bon soldat mais ignorait tout de la manœuvre en mer...

Les chefs militaires avaient obtenu de l'amirauté la permission d'embarquer les quelques milliers de garces nécessaires au divertissement des marins et des hommes de troupe, avec une intention plus secrète : régénérer le sang anglais et provoquer la naissance d'une race nouvelle. Les religieux ne l'entendaient pas de cette oreille : ils firent chasser les filles et imposèrent l'abstinence.

Le monstrueux serpent de mer jeta l'ancre à l'extrémité occidentale de l'Angleterre, sur les côtes de Cornouailles, à la fin de juillet, puis devant l'île de Wight, dans l'attente des renforts des Flandres commandés par Farnèse, duc de Parme.

Un courrier de Melchior informa Navarre de la situation en Angleterre. Le moment de panique passé, le royaume s'était repris et se préparait à résister à l'invasion. Melchior tenait ces informations d'un attaché d'ambassade, ami de Nicolas Poulain.

— Pauvre reine Élisabeth..., soupira Navarre. Les Espagnols n'en feront qu'une bouchée et nous priveront d'une aide qui nous est indispensable.

— La victoire des Espagnols n'est pas certaine, dit Turenne. Dès que l'on s'approche trop de leurs côtes, les Anglais sortent leurs griffes. Leur flotte n'est pas comparable à celle des Espagnols, mais ils ont d'excellents capitaines. Les jeux ne sont pas faits.

La flotte anglaise ? Une misère... Trente-quatre navires de guerre, cent cinquante navires de commerce. Lord Howard et le corsaire Drake se partageaient le commandement, assistés d'un capitaine de navire négrier, Hawkins.

La reine avait redressé la tête sous la menace et se préparait à livrer combat. Elle galopait d'un port à l'autre, haranguait les soldats et les marins, rappelait les bûchers de l'Inquisition et la Saint-Barthélemy, la victoire de David contre Goliath. Elle faisait boire à chacun le vin du courage qui naissait de son cœur et coulait de ses lèvres. À elle seule, elle valait dix bons navires de guerre, disaient les marins.

Alors que l'*armada* se trouvait en vue de Plymouth, l'amiral de Biscaye proposa au duc de Medina-Sidonia de passer à l'attaque : l'affaire pourrait être réglée dans la journée. L'amiral écarta cette proposition : il avait des consignes très strictes et devait attendre sa jonction avec Farnèse. L'*armada* poursuivrait sa route jusqu'au Pas-de-Calais.

Howard épongea les sueurs froides qui lui perlaient au front en voyant la colossale *armada* s'éloigner des côtes. Peu soucieux quant à lui d'attendre pour agir les ordres de Sa Majesté, il lança sur les arrières de la flotte espagnole ses petites unités, plus rapides, plus manœuvrières, plus agressives que celles de l'ennemi. Il les harcela durant une semaine, à bonne distance, afin d'éviter des abordages périlleux.

Howard fit tant et si bien que l'*armada*, chassée sous le vent vers le nord-est, malmenée par les canons qui tiraient plus précis et plus vite que les siens, alla mouiller devant Calais, à défaut de Boulogne qui s'obstinait dans sa résistance.

C'est alors que les corsaires de Drake, encouragés par les succès de Howard, entrèrent en action.

Il fit charger de barils de poudre de mauvais navires et, durant la nuit, inséra ces brûlots au milieu de la flotte espagnole, en même temps qu'il attaquait les colosses au canon. De dimensions réduites, ses unités manœuvraient avec aisance autour des Léviathan qui avaient du mal à changer de cap. La puissance de feu des navires anglais, l'enthousiasme qui animait

288

ses équipages et ses soldats firent merveille. Les explosions, les incendies, les canonnades causèrent dans l'*armada* une telle panique que des matelots et des hommes de troupe sautaient dans la mer et coulaient, entraînés vers le fond par le poids de leur armure et de leurs armes.

En quelques heures, Drake et ses capitaines mirent un tel désordre dans l'*armada* que les navires espagnols, pour échapper à cet enfer, rompirent les amarres et prirent le large par une tempête qui consomma leur désastre.

Après des mois d'errance à travers les mers nordiques à la recherche d'une revanche qui ne lui fut pas proposée, l'« invincible *armada* » fit voile vers ses bases, en Espagne. Le gros de sa flotte brûlé, coulé, pillé, ses équipages massacrés ou faits prisonniers, il ne lui restait, lorsqu'elle toucha terre, qu'une cinquantaine d'unités.

Le roi était à Chartres lorsque M. de Gourdon, gouverneur de Calais, qui avait dû livrer sa ville à la Ligue, lui envoya une première relation de la défaite de l'*armada*. À quelques heures de là, il vit surgir dans son cabinet M. de Mendoza, l'ambassadeur du roi Philippe, qui, radieux, s'écria :

— Victoire, majesté ! Nous avons balayé la flotte anglaise !

— Vraiment ? Eh bien, que dites-vous de ce rapport que vient de m'adresser un témoin de la bataille navale ?

L'ambassadeur lut le message, blêmit, verdit, s'effondra dans un fauteuil en murmurant :

— Je ne comprends pas... Comment est-ce possible ?

— Quant à moi, excellence, dit le roi, je comprends fort bien. C'est ce qu'on appelle en France prendre ses désirs pour des réalités.

— J'ai peine à croire ce message. Avez-vous confiance en votre gouverneur, sire ?

— Comme en moi-même, excellence.

Après avoir donné congé à l'ambassadeur, le roi se retira dans son oratoire pour remercier Dieu de la grâce qu'Il lui avait faite. Ce désastre le servait dans ses rapports avec le duc de

Guise. Cette défaite était celle de la Ligue. Ni l'un ni l'autre ne s'en relèveraient.

Il se dit que le moment était peut-être venu de prendre le taureau par les cornes, de se débarrasser à la fois des gens de Lorraine et de cette hydre dont les tentacules le traquaient jusque dans sa retraite : la Ligue.

Il songea qu'il était temps aussi de tenter une manœuvre de réconciliation avec son beau-frère, le Béarnais, qui, à l'ouest du royaume, sur la côte atlantique, bataillait sans relâche, les pieds dans la boue, contre les citadelles des marais.

Il fallut bien parler de nouveau du mariage de l'infante de Navarre.

Quelque peu ulcérée de la distance que son amant prenait avec elle, de la froideur qu'il lui témoignait dans ses lettres où, peu à peu, l'amitié se substituait à la passion, Corisande encourageait et favorisait les amours platoniques de son amie Catherine avec le comte de Soissons.

Charles de Soissons, dit « le Jeune », était de la famille des Bourbon et le frère cadet du prince de Condé, donc prince du sang. Catholique modéré, du genre Politique, il avait pris le parti de son cousin Navarre, s'était battu à ses côtés avec honneur, notamment à Coutras, où le chef huguenot gardait l'œil sur lui.

L'argument qui, selon Navarre, faisait obstacle au mariage de sa sœur avec son cousin, était de taille : la Ligue l'avait placé parmi les candidats potentiels au trône de France au cas où, le Valois étant éliminé, le cardinal de Bourbon serait défaillant. Cette concurrence dans la lutte pour le trône irritait Navarre qui, par ailleurs, n'avait guère de sympathie pour ce personnage au caractère froid, rigoureux et dissimulé, qui avait des goûts fastueux mal assortis à sa fortune.

Apprenant l'attitude de Corisande, Navarre lui adressa une lettre fort raide et qui semblait sonner le glas de leur amour. Il lui reprochait d'avoir incité sa sœur à la rébellion.

Comment aurais-je pu penser cela de vous ? écrivait-il. *Sachez que je ne pardonnerai jamais à quiconque voudrait me brouiller avec Catherine. Sur cette vérité, je vous baise les mains...* On était loin des *millions de baisers* dont il couvrait toutes les parties de son corps. Par un autre courrier, il ordonnait à M. de Ravignan, premier président du Conseil du Béarn, de veiller *sur sa tête* à éviter toute nouvelle rencontre entre Soissons et Catherine.

L'infante pleurait sur l'épaule de son amie. Corisande la consolait, lui disant :

— Ne cédez pas, ma bonne. L'amour finit toujours par triompher, comme dans *Amadis de Gaule*, des pires obstacles. Je connais bien votre frère. Il est obstiné, souvent vindicatif, mais il vous aime trop pour ne pas vouloir votre bonheur.

— Hélas ! soupirait l'infante, j'aimerais que Dieu vous exauce, mais Il devra se hâter, car je vais avoir trente ans...

L'indifférence des hommes est pénible mais rien n'est plus éprouvant que le silence du Père.

Dieu est grand. De cette évidence chacun se doit de convenir. Est-Il juste ? Ses desseins sont impénétrables, soit. Est-ce à dire que Ses décrets soient toujours empreints d'équité ? En jetant Ses créatures sur des chemins de hasard, Dieu a placé en elles la graine du doute. Faut-il l'étouffer ou la laisser fructifier ?

Le doute, Navarre le porte en son cœur ; il s'y est épanoui, suscitant en lui des reproches, des acrimonies, des feux de colère blasphématoire. De la foi n'aurait-il gardé rien d'autre qu'une fidélité routinière aux exercices du culte ? Il assiste aux prêches, à la Cène, chante les psaumes, mais du bout des lèvres. À peine hors du temple, il sent se reformer en lui un vide vertigineux.

Il appelle son écuyer pour qu'il lui enlève ses bottes : elles sont boueuses, ses semelles prennent l'eau, l'empeigne est ridée, dit-il, « comme un cul de vieille ». Quant à ses pieds, ils sont comme coupés du reste du corps : les orteils collés l'un à l'autre, plaie contre plaie. Misère...

— Agrippa, dit-il en s'allongeant sur son lit de camp, je suis las comme je ne l'ai jamais été. N'en finirons-nous jamais avec cette guerre qui nous use ?

Agrippa hausse les épaules. Depuis des semaines, tous les soirs ou presque, c'est la même antienne – depuis que son maître a appris qu'il était déchu de ses droits à la couronne de France, lui, premier prince du sang, sous le motif qu'il est hérétique et excommunié. Au profit de qui ? D'un homme d'Église, sénile, égrotant, vénal : le cardinal de Bourbon, son oncle. Ou bien Guise. Ou peut-être Soissons...

À quel jeu se livre le roi de France ? Il s'est enfui de Paris, s'est exilé à Chartres mais là, au lieu de reconstituer son armée pour marcher sur Paris, il se rapproche de celui qui l'a trahi, Guise, lui propose une négociation. Il signe avec lui un « édit d'Union ».

Aux dires de Melchior qui poursuit sa mission à Paris, le roi n'a accepté ces concessions que pour mieux berner ses ennemis. N'empêche, on a proclamé l'éviction du roi de Navarre de la course au trône, fait de Guise le lieutenant général des forces armées. Philippe, au fond de son Escurial, aurait dû battre des mains, s'il n'avait appris la catastrophe de son *armada...*

Navarre a pu croire un moment à la version des événements que lui donnait Melchior. L'évasion du Louvre du dernier des Valois semblait le prouver, mais il pouvait ne s'agir que d'une velléité d'indépendance, d'un sursaut d'orgueil, d'un feu de paille. Il n'est plus à ce jour qu'une marionnette entre les mains de Madame Catherine, de Guise et de la Ligue. Il est mûr pour le cloître. Mme de Montpensier a dû faire aiguiser ses ciseaux.

Le roi a décidé de réunir les États généraux à Blois, mais n'est-ce pas une nouvelle palinodie destinée à masquer son impuissance ?

Dans le même temps, les huguenots préparent leur assemblée nationale qui se réunira à La Rochelle. Navarre est sur la sellette, peut-être cloué au pilori. Ce qu'on lui reproche, il ne le sait que trop : ses mœurs, bien sûr, le fait qu'il se soit déclaré prêt à accepter l'enseignement de l'Église catholique pour accéder au trône.

Rejeté par le roi de France, rejeté par les siens, Navarre sent qu'il n'est plus rien. Un chef d'armée? Mais où est son armée? Le roi de Navarre? Mais son petit royaume est si loin de tout...

À peine a-t-il sombré dans le sommeil, Navarre se réveille en sursaut. Où est-il? dans quelle masure? au fond de quelle province? La chaumière abandonnée sent l'étable, la planchaille humide, l'incendie. Agrippa vient d'éteindre la chandelle et de s'endormir sur la paille. Du toit effondré par endroits des gouttes de pluie tombent sur la couverture. C'est l'une d'elles qui l'a éveillé en mouillant sa barbe.

La guerre a repris, mais a-t-elle vraiment marqué une trêve? Il faut se battre maintenant contre Louis de Gonzague, duc de Nevers, l'un des Italiens de la reine-mère. Depuis le début de décembre on le poursuit, on le traque comme un loup, de ville en ville, dans le froid, la pluie, la neige, en des courses épuisantes où l'on finit par ne plus savoir si l'on est le chasseur ou le gibier. Alors à quoi bon? Il se dresse sur sa couche, s'écrie :

— À quoi bon?

Une allumette craque, la chandelle fait palpiter sa petite flamme bleue qui révèle le visage inquiet d'Agrippa, couvert de dartres et de crasse.

— Que dites-vous, sire? Êtes-vous souffrant?

Navarre s'écrie :

— Où sommes-nous? Que faisons-nous ici alors que tout est perdu? Je suis trop fatigué. Il faut que je retourne en Navarre. C'est là-bas qu'est ma place...

— C'est un nouvel accès de fièvre, dit Agrippa. Tâchez de vous rendormir.

Se rendormir, retrouver dans ses cauchemars les images de la guerre? Il préfère rester éveillé, tâcher de démêler, sous l'écheveau incohérent du rêve le fil de la raison, le nœud gordien qu'il faudra bien se résoudre à trancher.

Il se lève, pousse la porte branlante et plonge dans une nuit sans mystère, sous une petite pluie de novembre qui lui caresse le visage comme naguère les mains de Corisande. De la maison voisine où brûlent des chandelles montent des plaintes : c'est là, dans ce qui ressemble à une grange au toit de chaume, que ses chirurgiens s'obstinent à sauver ce qui peut l'être de l'armée des braves qui s'est bien battue, ce jour, devant... devant quelle ville, quel village ? Une bataille dont les hommes, dans dix ans, ne se souviendront plus.

Un sentier s'amorce en clair sous ses pieds nus, entre un poulailler défoncé et un monceau de vieux fumier couvert d'un reste de neige. Au loin une rangée d'arbres signale l'existence d'un chemin ou d'un cours d'eau. Il s'en approche. C'est un ruisseau. Il le suit vers une épaule de collines. Que dit le ruisseau ? Il parle dans son sommeil comme lui dans sa fièvre. Il doit raconter ses anciennes origines, la source enfouie dans l'aisselle d'un coteau, les prairies profondes, la paix des campagnes, avant de glisser vers le monde des hommes, leurs querelles, leurs guerres. Cette source lointaine, il rêve d'y accéder, d'y tremper ses mains, de s'y baigner, d'y goûter la saveur des origines, d'y respirer le silence et la paix.

Une ombre bouge à quelques pas de lui, en travers du chemin. Il s'en approche, tend la main, rencontre le contact familier d'un cuir de cheval. L'animal semble blessé à mort. En sentant contre son flanc une main d'homme, en entendant une voix d'homme, il redresse la tête, hennit faiblement, agite ses jambes.

— Tu avais un maître, dit Navarre. Il est mort sans doute ou il t'a abandonné. Toi et moi, nous nous ressemblons.

Il s'agenouille auprès de l'animal qui ne bronche pas, cherche une source de chaleur et de vie, une compagnie. Allongé contre le flanc parcouru de frissons, d'où monte un souffle rauque d'agonie, il caresse un moment le cuir rêche et tiède, puis s'endort. Ce matin, une balle d'arquebuse a tué son propre cheval.

C'est Turenne qui, à l'aube, a retrouvé Navarre endormi contre le flanc d'un cheval mort, grelottant de fièvre et de froid, inconscient. Il l'a fait reconduire dans la masure, lui a fait boire une écuelle de vin chaud et a attendu qu'il ait repris connaissance pour lui dire :

— Sire, nous venons de recevoir un courrier de Melchior. Le duc de Guise est mort. Valois l'a fait assassiner à Blois...

Le silence du Père est la plus redoutable des épreuves.

On reste des jours et des jours à attendre, mais quoi ? Une lumière, un signe glissé entre les lignes d'un psaume, une clé ? Dieu reste muet et, peut-être – mais ce serait plus terrible encore –, sourd.

Il faut pourtant se préparer à l'affrontement, avec sa seule volonté, ses seules forces, se résoudre à n'attendre que le verdict des événements ou celui de sa conscience.

Ce matin, en quittant la cathédrale de Chartres où il a entendu la messe entouré de ses fidèles, le roi a pris sa décision. D'une allure plus nerveuse qu'à l'ordinaire, il a regagné son logis et convoqué son Conseil.

Moins de deux heures ont suffi pour franchir la première étape d'un plan mûri depuis sa fuite de Paris : il a révoqué ceux de ses conseillers ou de ses ministres qui prônent un rapprochement plus effectif avec la Ligue. *Exit* Brulart, Cheverny, Pinart, Villeroy, Bellièvre. *Exit* ces Janus qui tournaient un visage vers lui et souriaient de l'autre à ses ennemis. Pour le dernier combat qu'il va mener, il veut être seul comme le gladiateur dans l'arène. On le croyait abattu, prêt à tous les renoncements ? Il polit sa vengeance comme la lame d'un poignard.

Dans le Conseil, on a poussé de hauts cris. Rien n'y a fait : sa décision est irrévocable.

Guise ne protestera pas : il est encore sous le coup de la

nouvelle qui lui est arrivée de Calais : l'anéantissement de l'*armada* qui a sonné le glas des ambitions universelles de son protecteur, le sinistre ermite de l'Escurial.

Le roi n'a pas oublié ce jour d'août où, alors qu'il effectuait sa promenade matinale au milieu de ses chiens, Cheverny est arrivé en courant, essoufflé, criant :

— Sire, les esclaves ! Ils arrivent...

— Qui sont ces esclaves dont vous parlez ?

— Des Maures, des Turcs, des Grecs rescapés du désastre de l'*armada*. Ils sont plus de trois cents. C'est M. de Gourdon qui vous les envoie de Calais. Il vous attend.

On avait dressé un camp pour la chiourme, dans une île de l'Eure, non loin de la cathédrale. Venu au-devant du souverain, le gouverneur de Calais lui avait donné les raisons de cette présence insolite : une galéasse castillane de la flotte espagnole s'était échouée près de Calais après l'attaque de Drake ; elle portait à son bord des matelots capturés dix-sept ans auparavant, au cours de la bataille de Lépante, et qui étaient devenus des esclaves.

Le roi avait parcouru du regard ces misérables regroupés sous les saules, accablés par une interminable randonnée. Hâves, efflanqués, barbus jusqu'aux yeux, couverts de vermine, ils paraissaient indifférents à leur sort.

— Qu'allons-nous en faire ? avait demandé M. de Gourdon. Ce sont pour la plupart des musulmans et ils ne parlent pas un mot de français. Allons-nous les restituer à M. de Mendoza qui les réclame comme la propriété du roi d'Espagne ?

Décision unanime du souverain et de son Conseil : ces malheureux, ayant échoué sur une terre où l'esclavage est prohibé, étaient devenus de libres citoyens.

— Monsieur de Gourdon, dit le roi, faites raccompagner ces gens à Marseille d'où ils pourront regagner leurs pays d'origine. Donnez à chacun, en suffisance, des vivres et des vêtements, et remettez-leur un écu.

Le silence du Père n'a pas été rompu mais, pour l'ultime épreuve qu'il prépare, le roi ne sera pas seul. Il a autour de lui ses Quarante-Cinq, une meute de gentilshommes, la plupart d'origine gasconne sans éclat, réputés pour leurs qualités de bretteurs et leur fidélité de chiens pour un maître qui ne leur a pas mesuré ses faveurs. M. de Loignac est leur chef.

Le roi ne peut rester sans conseillers : un tel isolement lui serait fatal. Les sceaux détenus par Cheverny ont été confiés à un vieux serviteur de l'État, M. de Montholon, qui avait déjà occupé cette charge sous François Ier. Le roi et lui ne se sont jamais rencontrés? Montholon est inapte aux affaires publiques? Quelle importance? Le roi est allé chercher dans les coulisses de l'administration quelques autres fonctionnaires obscurs mais dont la fidélité lui est assurée du seul fait qu'il les a tirés de l'ombre. Le pire pour lui eût été de se trouver entouré de notables arrogants et contestataires. Il ne veut plus être contesté.

Cette solitude qu'il a laissée se creuser autour de lui comme un fossé autour d'une citadelle menacée, le roi s'y complaît. Si parfois elle l'oppresse, il se dit qu'en elle réside le salut. Ses décisions, il est seul à les connaître, il ne s'en ouvre qu'à Dieu, dans le calme de son oratoire, mais le silence de Dieu est accablant. Il préfère présenter ses dévotions à cette Vierge noire de la cathédrale : Notre-Dame-sous-Terre.

Elle lui ressemble.

Ce n'est pas à Margot que le maréchal de Matignon, qui séjournait à Agen après le départ de la reine, envoya les parures de perles fines qu'elle n'avait pas eu le temps d'emporter sur les chemins de l'exil, mais à son mari. Lequel se garda bien de les retourner à son épouse. Margot devrait se contenter des autres joyaux de moindre valeur; ils lui permettraient de vivre quelque temps et, songeait Navarre, d'indemniser ses amants.

L'assassinat du petit apothicaire avait fait scandale à la Cour. Comment une fille de France, une reine, avait-elle pu s'abaisser à de telles abjections? Madame Catherine se dit que le divorce s'imposait plus que jamais, d'autant qu'elle tenait à unir le Béarnais à la petite Christine de Lorraine.

Aubiac, de retour à Carlat, laissa éclater sa colère en apprenant l'affaire.

— Eh quoi, lui dit Margot, impavide, si vous ne m'aviez pas abandonnée, rien ne serait arrivé!

Elle lui demanda de la délivrer de la présence de Lignerac et de Marzé : ils la traitaient comme une prisonnière, abusaient d'elle, la méprisaient. Il promit de régler cette affaire, et Margot l'assura de son aide. Quelques jours plus tard, Marzé s'éteignait dans d'atroces souffrances. Un médecin soudoyé prétendit qu'il était victime de la peste.

Restait à se débarrasser de Lignerac. Pas facile : un bailli...

— Partez pour le Quercy et le Périgord, dit-elle à Aubiac, et revenez avec de la troupe.

— Comment la solderai-je ? bredouilla Aubiac. Je n'ai pas un sou vaillant.

Margot lui confia la dernière parure de perles fines.

Au retour de son équipée, entouré d'une poignée de gentilshommes campagnards, Aubiac trouva le château de Carlat occupé par des troupes fraîches que Lignerac y avait appelées.

Le nouveau gouverneur se montrait de plus en plus arrogant avec la reine. Il lui disait en la culbutant sur le lit :

— Vous auriez bien aimé que mon neveu prenne ma place, et m'envoie *ad patres* comme ce pauvre Marzé. N'y comptez pas !

Elle protestait : cette place forte lui appartenait ; il n'avait aucun droit à s'en dire gouverneur ! Il éclatait de rire, lançait :

— Votre Aubiac, un jour ou l'autre, je lui mettrai la main au collet et je lui ferai sauter le rocher ! Renoncez à lui : c'est comme s'il était déjà mort.

Las d'abuser de sa captive qui ne lui témoignait que de la haine, Lignerac lui dit un jour :

— Que comptez-vous faire ? Rester ou partir ? Il faut vous décider.

Plutôt que de supporter la présence de ce monstre, elle préférait renoncer à ce tas de pierres. Il lui lança :

— Eh bien, allez au diable tous les deux, mais vous partirez les mains vides. D'ailleurs vous me devez...

Il lui rappela les sommes qu'il lui avait avancées, des dettes qu'elle était incapable de régler. Elle lui laissa tout : ses vêtements, ses derniers bijoux et même la médaille en or que le petit apothicaire portait au cou.

— Vous êtes arrivée ici en croupe de mon neveu, dit Lignerac. Vous repartirez de même. Pas de cheval pour vous, majesté...

Margot et Aubiac quittèrent Carlat par une grise journée d'octobre qui sentait la neige. Durant quelques jours, malgré l'inconfort de sa position, Margot resta en croupe sur le cheval de son amant. Comme elle avait de nouveau grossi, elle supportait mal les fatigues d'une randonnée à travers un pays hostile. Aubiac lui trouva un cheval de bât qu'il fallut revendre bientôt car il était poussif. Elle parcourut quelques lieues en croupe puis renonça, d'autant que la monture d'Aubiac peinait sous une telle charge. Elle trouva au château d'Ibos, domaine de la reine-mère, où le couple fit halte, une charrette que l'on pourrait atteler d'un bœuf.

Ils observèrent quelques jours de détente dans cette grande carcasse de pierre, heureux d'avoir pu échapper aux bandes de brigands et aux troupes royales, quand ils constatèrent avec stupeur, un matin de neige et de brume, que la place était investie par une troupe qui portait les armes du roi de France.

Le marquis de Canillac, qui commandait ce détachement, avait reçu mission de la Cour de capturer les deux fugitifs. Il fit les sommations obligatoires et, ne recevant pas de réponse, commença le siège. Cinq jours plus tard, privés de subsistance, Aubiac et Margot firent signe qu'ils se rendaient.

– Qu'allez-vous faire de nous? demanda Margot.

Les ordres étaient de se saisir en premier lieu du traître Aubiac et, pour ce qui concernait la reine, d'attendre de nouvelles directives. Elle protesta avec énergie, refusa d'être séparée de son amant. Ils n'avaient pas affronté toutes ces épreuves, couru tous ces dangers pour en arriver là!

Canillac demeura inflexible : c'était une de ces natures de granit que rien ne peut corrompre. Elle se heurta à un mur lorsqu'elle lui proposa de se donner à lui.

Le roi avait ordonné, d'accord avec la reine-mère, que l'on fît le procès du félon suborneur et que l'on se montrât impitoyable. Aubiac fut jugé dans les règles, puis pendu par les pieds à Aigueperse, avant d'être enterré vivant. Quant à Margot, elle fut conduite à quelque temps de là, sous bonne escorte, au château d'Usson, un nid d'aigle campé dans une vallée perdue proche d'Issoire.

En mettant pied à terre au bas de la pente qui conduisait à la forteresse dotée d'une triple enceinte et coiffée d'un épais donjon carré, Margot soupira :

– Mon Dieu, c'est dans cette prison que je vais devoir vivre ?

La forteresse émergeait à peine des brumes de novembre qui noyaient le pays. Une traînée de soleil faisait émerger dans le lointain les cimes du Sancy et du Puy Morand revêtues de neige éblouissante. De modestes villages se dessinaient en flou sur les degrés menant aux lointains massifs : Vodable, Solignac, Varennes... On distinguait même, au-delà d'une vaste étendue de forêts, sous le plateau de Pradines, les premiers faubourgs d'Issoire.

– N'ayez crainte, lui dit Canillac en lui montrant le ciel où tournoyaient des vols de corbeaux, vous aurez de la compagnie.

Elle avait espéré une « arche de salut » ; elle se retrouvait dans une bastille...

En quittant l'auberge de la Corne d'or où il s'était installé en arrivant à Paris, porteur d'un message de son ami le Béarnais au roi de France [1], Montaigne descendit à pied vers la Seine par la rue Saint-Jacques. Il lui était venu l'envie de respirer l'air de Paris au bord du fleuve et de regarder tourner les moulins du Pont-aux-Meuniers qui battaient l'eau sur la rive droite. L'air de Paris ? il lui rappelait celui de Venise. Quant aux moulins, la plupart étaient inactifs en raison des émeutes qui secouaient la capitale.

Sa première visite avait été pour le roi. Il avait eu du mal à pénétrer dans le Louvre assiégé par une foule en délire qui menaçait d'envoyer Sa Majesté croupir au fond d'un monastère. Le roi, bien que fort préoccupé, lui avait fait bon accueil, demandé des nouvelles de Bordeaux et de son beau-frère. C'étaient justement des nouvelles du roi de Navarre que Montaigne apportait au souverain. Avec un message. Le roi en prit connaissance, s'arrêtant de temps à autre pour jeter un regard par la fenêtre, au-delà des fossés, à la foule qui le menaçait. Il s'entretint durant quelques instants avec le père Auger, revint vers Montaigne, l'air soucieux.

– C'est non ! dit-il.

Le roi avait beaucoup de sympathie pour son beau-frère. Il était même persuadé de la sincérité de sa proposition de conju-

1. Qui n'avait pas encore quitté le Louvre.

304

guer leurs forces pour lutter contre les rebelles de la Ligue, mais...

— C'est de l'entourage du roi de Navarre que je me méfie, dit-il. Sous prétexte d'assurer la sécurité, il lui prêche la défiance à mon égard. Quant à le reconnaître pour mon successeur, encore faudrait-il qu'il me donnât des gages de sa bonne foi en se convertissant. Il ne semble pas en être arrivé là...

Surprise de Montaigne en se présentant devant le roi! Henri n'avait pas atteint la quarantaine mais c'était un vieillard qu'il avait devant lui. Un vieillard usé par ses soucis, ses mœurs dépravées, la grande vérole contractée dans les bordels vénitiens.

En le raccompagnant jusqu'à la porte de son cabinet, Sa Majesté lui avait dit :

— Comptez-vous rester quelque temps à Paris? Je vous le déconseille : l'air est malsain, ces jours-ci.

— Je dois apporter à mon éditeur quelques corrections et *allongeailles* au troisième livre de mes *Essais*. Cela me demandera quelques jours.

— Prenez garde à vous. S'il vous arrive quelque déboire, faites prévenir la reine, ma mère. Elle réside dans sa demeure de la rue des Deux-Écus.

Montaigne avait déjà éprouvé les dangers du voyage en cette époque troublée : il avait été dévalisé quelques mois plus tôt, en traversant une forêt du Périgord, par des huguenots.

À l'approche du soir, la rumeur des émeutes semblait marquer une trêve. Des échos d'arquebusades lointaines se répercutaient sur la façade des immeubles, le long de la Seine. Des gens de la milice veillaient derrière une barricade. Une fillette sortit d'un porche en faisant tinter de la blanchaille au fond de sa sébile. Sous un autre proche, une vieille putain mal fardée accosta le promeneur qui détourna la tête. Devant un cabaret, un groupe de mutilés des dernières campagnes se querellaient avec de faux stropiats d'une cour des miracles. Une fin de jour ordinaire dans le Paris des barricades.

Au niveau de la rue du Petit-Pont, à une centaine de pas du fleuve, Montaigne vit venir vers lui un groupe d'hommes armés et masqués qui arboraient la croix blanche à leur chapeau. Il s'écartait pour leur laisser la voie libre lorsque l'un d'eux se dégagea et lui demanda d'un ton agressif, sans se démasquer, ce qu'il venait faire dans ce quartier, qui il était et pourquoi il ne portait pas la croix comme tous les honnêtes citoyens de Paris.

— C'est que je ne suis pas d'ici, bredouilla Montaigne. Mon nom est Michel Eyquem, sire de Montaigne, en Périgord.

— Le Périgord..., grogna l'homme. Un nid de huguenots! Tu n'en serais pas?

— Certes non! protesta Montaigne. Je suis un bon catholique fidèle à son roi.

Montaigne comprit, mais trop tard, qu'il avait eu un mot malheureux, la fidélité au roi étant suspecte dans le Paris de la Ligue et des barricades. L'inconnu eut un rire grinçant et répéta sur un ton ironique : « Fidèle au roi... Fidèle au *vilain Herode...* » Il lui demanda où il logeait, le pria de l'accompagner, le temps d'une « petite perquisition ».

Le philosophe protesta :

— En avez-vous le droit? Et d'abord, qui êtes-vous?

— Mon nom ne te dirait rien, répliqua l'inconnu. Je suis un dizainier chargé de maintenir l'ordre. D'ailleurs je n'ai pas de comptes à te rendre!

Accompagné de ses acolytes et de Montaigne, il s'engouffra dans l'auberge, fouilla la chambre en bousculant le serviteur du philosophe, Gelin Sever, fit main basse sur la bourse, la vaisselle, les vêtements de voyage, les remèdes et les documents, jeta le tout dans un coffre dont il rabattit brutalement le couvercle.

Il prit Montaigne par sa fraise en criant :

— Je t'arrête comme suspect d'hostilité à la Sainte Ligue et de fidélité au Valois. Tu vas nous suivre à la Bastille.

— Qu'allez-vous faire de mon secrétaire?

— Qu'il aille au diable!

Montaigne resta trois jours dans une cellule donnant sur la porte Saint-Antoine et, au-delà des remparts, sur le village de

Picq-Puce dominé par ses moulins. La perte de son bagage et de son pécule ne lui importait guère ; en revanche, il se désolait de celle de ses écrits. Son geôlier devait être sourd et muet car il ne répondait à ses protestations et à ses réclamations que par des sourires niais et des haussements d'épaules.

Son seul espoir de se tirer de cette mauvaise passe résidait en son valet. Astucieux, inventif, Gelin Sever remuerait ciel et terre pour obtenir la libération de son maître et la restitution de son bien. Par chance, les brigands n'avaient pas eu l'idée d'emporter leurs chevaux.

Le troisième jour de sa détention, un secrétaire de Madame Catherine venait apprendre au philosophe que sa détention prenait fin. Nanti d'un laissez-passer signé du duc de Guise, Montaigne retrouvait sa chambre d'auberge, son serviteur, ses écrits et son bagage, mais pas sa bourse. Il ferait appel à son imprimeur pour lui faire une avance.

Dès le lendemain, à travers la cohue déferlant vers le Louvre, il se rendait chez l'imprimeur Abel L'Angelier en ayant pris soin de se faire escorter des deux estafiers armés de piques et de pistolets que le duc lui avait confiés pour ses promenades.

L'imprimeur habitait dans l'île de la Cité, au premier pilier de la grande salle du palais, au-dessus d'un atelier doté sur sa façade d'une inscription : « Avec privilège du Roy. »

Montaigne déploya sur la table de l'imprimeur une telle profusion de corrections et d'*allongeailles* que le brave homme faillit tomber en pâmoison. Tout ou presque était à reprendre.

– Que voulez-vous, s'excusa le philosophe, mon esprit est, comme je l'écrivais quelque part, en *perpétuels mutation et branle*. Cela, j'en conviens, ne fait pas l'affaire des imprimeurs...

Montaigne resta une semaine dans l'atelier de maître L'Angelier, lisant et corrigeant les épreuves sous l'œil perplexe du patron persuadé que l'on n'en aurait jamais fini avec les fantaisies de cet original.

L'ambiance de l'atelier plaisait à Montaigne. Il aimait l'odeur de l'encre et du papier, les chansons et les plaisanteries des ouvriers, leur apparente désinvolture qui cachait mal leur attachement à la belle ouvrage. Il s'initia à la composition, s'amusa à manier la presse à bras, aida au pliage des grandes feuilles après leur séchage sur des fils.

À la sortie de la Bastille, on l'avait assuré qu'il n'aurait plus rien à craindre de la tourmente qui agitait Paris, à condition de se comporter en bon citoyen. Il lui tardait pourtant de quitter cette ville dont Jeanne de Navarre disait qu'elle était une « fournaise de fureur », non pour le Périgord mais pour la Picardie.

Sa présence à l'imprimerie n'étant plus nécessaire, il prit la route de Gournay-sur-Aronde, à quelques lieues au sud de Montdidier, pour y rencontrer une certaine Marie Le Jars, demoiselle de Gournay. Cette jeune fille de bonne famille avait commencé, quatre ans auparavant, à lire les *Essais*. Dans le feu de l'enthousiasme, elle avait écrit à l'auteur pour lui dire qu'elle souhaitait le rencontrer. L'occasion était belle de mettre ce projet à exécution. Il lui avait écrit pour lui signaler sa présence ; elle lui avait par retour fixé un rendez-vous à son domicile.

En la voyant paraître sur le seuil, il sentit s'effondrer en lui les perspectives qu'il avait élaborées. Marie n'était qu'un bel esprit de province, comme il en rencontrait beaucoup dans les châteaux du Périgord, mais dans une enveloppe charnelle qui n'inspirait guère que le respect. Il avait imaginé une beauté vaporeuse, suave, qui lui eût fait oublier son épouse, et il se trouvait en présence d'une demoiselle déjà vieille d'apparence, au teint blafard, au nez long et mince, à la toilette surannée.

Elle l'invita à souper dans le jardin avec quelques amis, poètes et érudits, accompagnés de dames et de demoiselles. Elle donnait le ton avec tant d'opportunité et d'esprit que le philosophe, ravalant sa déception première, lui trouva quelque agrément.

On pressa Montaigne de narrer ses voyages en Allemagne, en Suisse et en Italie. Il ne se fit pas prier. Il consentit de même, malgré la gêne que cela provoquait en lui, à évoquer la situation à Bordeaux où le maréchal de Matignon, un royaliste modéré, était aux prises avec les ligueurs du Vaillac repliés sur le Château-Trompette. Quand il entreprit de conter par le menu ses maux physiques : goutte, gravelle, migraines, il perçut les premiers signes de lassitude dans l'assistance et se tut.

Lorsque celle-ci fut sur le point de prendre congé, Marie retint son philosophe : Paris était loin et la route de nuit pleine de dangers. Il consentit à rester.

— J'aimerais bavarder avec vous, dit-elle, d'autre chose que de politique, de voyages ou de maladies.

Elle le fit asseoir sur le *divan* turc, lui servit un alcool raide et ambré venu des Isles d'Amérique. Il put constater au cours du long entretien qui suivit que Marie l'avait lu et bien lu. Elle dévorait chaque jour plusieurs pages des *Essais*, les annonant et les commentant, souvent avec un esprit critique assez déconcertant chez une femme. Il songea que, malgré le peu d'attirance physique qu'elle suscitait en lui, il tenait son égérie et que leurs rapports pourraient être moins superficiels qu'il ne l'avait redouté.

Les premières lueurs de l'aube coloraient les petits carreaux des fenêtres qu'ils étaient encore en train de discourir, parfois avec animation car elle n'était pas toujours d'accord avec ce qu'il écrivait. Elle lui avait appris son projet de rédiger un ouvrage sur lui.

— Sur moi ! s'écria-t-il. Vous me comblez, Marie. Ce sera la première fois...

— J'ai même trouvé le titre ! s'écria-t-elle avec feu : *Le Promenoir de M. de Montaigne*. Avez-vous conscience d'être le plus grand écrivain de ce siècle ? Moi, modestement, je ne souhaite qu'être votre fille d'alliance. Si vous m'y autorisez, bien entendu...

— De grand cœur, mon amie.

Marie prit la main de Montaigne, la porta à ses lèvres, y laissa une perle de larme. Il se sentit soudain tout retourné et se demanda si cela tenait à la présence de l'égérie ou à cette liqueur des Isles. Il se leva en titubant.

— Pardonnez-moi, dit-il, j'aimerais que vous me montriez ma chambre.

Elle l'y conduisit en lui tenant la main. C'était une pièce de modestes dimensions mais qui ouvrait sur le jardin bouqueté de rosiers. Elle lui dit dans un souffle :

– Nous avons beaucoup parlé, mais nous avons encore tant à apprendre l'un de l'autre ! Voulez-vous me garder encore un peu auprès de vous, maître ?

Il se dit que l'aventure n'était pas raisonnable : elle encore jeune, lui proche de la cinquantaine, chauve, moustache tombante, accablé de maux, mais il avait tant rêvé d'une aventure qu'il céda. Il lui sembla soudain que, par la fenêtre ouverte sur le jardin mouillé de rosée, tous les oiseaux du monde saluaient son nouvel amour.

L'Angelier avait mis toute son équipe de typographes à la correction des épreuves du troisième tome des *Essais*. Une bonne semaine fut pourtant nécessaire pour en finir.

L'imprimeur avait failli renoncer. La police de la Ligue avait fait irruption chez lui en lui reprochant de publier des écrits subversifs, comme ceux de ce Montaigne que l'on disait ami du Béarnais. Sans l'intervention du duc de Guise et de la reine-mère, ces gredins seraient revenus pour dévaster l'atelier et brûler ce qui était déjà imprimé. Ils l'avaient promis ; ils auraient exécuté leur projet.

Retour de Gournay-sur-Aronde, Montaigne attendait avec impatience que l'on en eût fini avec ce troisième tome. Gelin Sever l'avait prévenu que le moindre de ses déplacements en ville était surveillé et qu'il pouvait encore lui advenir un mauvais coup. Le philosophe décida d'en finir au plus tôt, d'autant que la fuite du roi avait accru la méfiance des Parisiens pour les gens de l'extérieur.

Il préparait son départ quand il reçut la visite de deux inconnus qui portaient la croix blanche à leur chapeau. L'un se nommait Nicolas Poulain, l'autre Melchior de Lagos.

– Que cette croix ne vous trouble pas, dit le premier. Nous ne sommes de la Ligue que de parole, pas de cœur. Je suis au roi de France...

310

— ... et moi, dit le second, j'appartiens au roi de Navarre.

Ils expliquèrent qu'ils s'étaient infiltrés dans les rangs des ligueurs pour renseigner leurs maîtres respectifs.

— Soyez les bienvenus ! dit le philosophe. Je suis ravi de voir que, n'étant pas du même bord, vous vous entendez si bien.

Ils lui demandèrent s'il comptait rester longtemps à Paris.

— Je m'apprêtais à partir, dit-il, pour me rendre à Blois, auprès de Sa Majesté, afin d'être présent aux États. C'est un événement important auquel je tiens à assister.

— Nous y allons, nous aussi, dit Poulain. S'il vous plaît de nous suivre...

M. de Canillac avait respecté scrupuleusement les ordres du roi : enfermée dans la sinistre forteresse d'Usson, proche d'Issoire, Margot était désormais hors d'état de nuire. Sa Majesté ignorait ce qu'elle allait faire de cette sœur rebelle. La libérer après quelques mois ou quelques années d'incarcération ? lâcher de nouveau ce diable en jupons ? Cette mesure de clémence eût entraîné une autre chaîne de scandales. Madame Catherine avait souhaité qu'elle divorçât pour que Navarre pût épouser la petite Christine de Lorraine, mais ce projet était abandonné, du fait du mauvais vouloir des deux époux.

Le roi lui non plus n'était pas d'accord :

– Il n'y aura pas de divorce ! s'était-il écrié. Tant que nous tenons ma sœur, nous tenons Navarre. Divorcé, il serait capable d'épouser sa putain, cette Corisande, ou quelque autre garce, au risque de se déshonorer, et nous avec lui. Il n'empêche : nous allons traiter ma sœur avec la dernière rigueur. Elle restera à Usson autant qu'il me plaira de l'y maintenir. Jusqu'à la fin de ses jours si cela s'impose.

Il avait pleine confiance en M. de Canillac, à qui la fréquentation de la Cour avait donné l'esprit courtisan. Et puis c'était un vieil homme : il saurait résister aux avances de sa captive.

Si Margot languissait d'ennui dans le terrible hiver, en compagnie des corneilles qui cognaient à sa fenêtre pour réclamer quelques miettes, M. de Canillac se morfondait dans son rôle de geôlier. Il maudissait le roi qui lui avait promis argent et honneurs s'il parvenait à mettre la main sur le couple maudit, puis avait oublié ses promesses. Il se demandait parfois qui, de lui ou de sa prisonnière, était le plus à plaindre.

Ils ne pouvaient rester très longtemps à cohabiter en faisant mine de s'ignorer, d'autant qu'ils avaient à partager des souvenirs de la Cour : une manne dans laquelle ils auraient pu puiser indéfiniment.

Il entrebâilla sa porte ; elle lui ouvrit la sienne. Ils écartèrent les dernières réserves qui s'opposaient à leur rencontre, se découvrirent des souvenirs communs, des affinités de toutes sortes. Il était au roi ; elle ne se cacha pas d'être de la Ligue. Les convictions de Canillac commençaient à s'émousser alors que celles de Margot s'étaient accrues de ses ressentiments envers son frère, leur mère et son mari.

Au début de leurs entretiens, ils avaient rompu des lances, puis s'étaient battus à fleuret moucheté, avant de se trouver d'accord contre les mœurs détestables du souverain, les machinations machiavéliques de la reine-mère, l'hérésie dans laquelle s'obstinait Navarre.

Tandis qu'ils devisaient, leurs regards se portaient tantôt sur la cheminée où brûlaient des feux de bûches, tantôt vers le lit qui leur tendait les draps. Il n'y avait qu'un pas à franchir mais ils hésitèrent longtemps.

Canillac était un vestige de la guerre ; non seulement il n'avait rien d'un Adonis, mais son visage était tailladé par les armes. En contemplant les rondeurs de Margot qui l'attendait sur le lit, il se dit qu'elle ne lui ferait pas oublier les *libellules* qui avaient enchanté ses nuits du Louvre.

Margot le retourna si bien, et à son avantage, qu'elle l'eut à sa merci en quelques passes d'armes sans gloire mais non sans mérite de part et d'autre. Elle lui promit monts et merveilles pour le jour où elle recouvrerait sa liberté. Il fallait pour cela que Canillac se procurât du secours. Il alla recruter à travers la province une troupe de gentilshommes impécunieux, les amena sous les murs d'Usson et chassa l'officier et les quelques hommes qui obéissaient encore aux ordres du roi, puis il se retira dans son domaine du bas Limousin pour aller régler quelques affaires de famille.

À peine Canillac eut-il tourné bride, Margot écrivit à son notaire en lui donnant l'ordre d'annuler les donations qu'elle avait promises à son bienfaiteur, ce barbon qui ne lui avait pas fait oublier son cher capitaine Aubiac. Sous les assauts laborieux du vieux marquis, c'est au jeune guerrier qu'elle pensait. Elle lui dédia un poème qu'elle aurait aimé écrire avec son sang :

> *Je suis toujours au lit, toute la matinée*
> *Ce n'est pas de paresse, et mon œil, désormais,*
> *Croit qu'il est toujours nuit depuis cette journée*
> *Où la mort me ravit la lumière à jamais...*

Ce n'était certes pas du Ronsard, mais une larme ponctuait chaque rime.

15

LE SANG DES GUISE

1588-1589

Au cours du voyage qui les menait à Blois, Michel de Montaigne obtint de Melchior des nouvelles de la reine de Navarre. Tout ce qu'il put lui dire fut qu'elle avait été chassée de la Cour et vivait en exil au cœur de la montagne auvergnate.

– Je crains qu'elle n'y reste longtemps, dit Melchior. Mon maître n'a pour elle qu'indifférence, Valois la déteste et Madame Catherine aimerait la savoir morte.

Montaigne se dit que l'histoire présente parfois de singulières similitudes, une sorte de cohérence où certains peuvent voir la main de Dieu et les autres le fait du hasard. Navarre, Valois, Margot avaient en l'occurrence un point commun : leur exclusion. Le premier en raison de son intransigeance en matière de religion, le deuxième par son opposition aux extrémistes de la Ligue, la dernière du fait de ses mœurs scandaleuses et de sa rébellion contre sa famille. Autant d'éléments négatifs qui ne pouvaient composer une force positive et efficace.

Ils trouvèrent la ville de Blois et le château en pleine effervescence.

Les députés arrivaient de toutes les provinces en longues caravanes : membres du clergé, de la noblesse, du tiers état, tous ou presque catholiques. En quelques semaines, la cité ligérienne avait pris l'aspect d'un gigantesque caravansérail. On s'y disputait le moindre appartement, la plus petite parcelle de

317

remise à prix d'or et parfois à couteaux tirés. On envahissait les auberges, les tavernes, les bordels et les couvents. De cette soufrière géante montaient des émanations de stupre et des rumeurs guerrières. La plupart des fêtes, souvent fort licencieuses, s'achevaient par des duels.

Madame Catherine venait de faire une entrée triomphale, accompagnée de la reine Louise qui paraissait être son ombre. On les installa au premier étage du château, au-dessus du grand escalier, leurs fenêtres ouvrant sur la cour. Fatiguée par le voyage, Catherine s'alita dès son arrivée.

Dans l'attente du duc Henri de Guise, c'était son frère Charles, le cardinal de Lorraine, qui tenait le haut du pavé.

Le Balafré était le bras armé de la Ligue ; le cardinal en était l'âme – certains disaient son âme damnée. La propriété de dix-sept évêchés, des relations vénales avec le roi Philippe (on l'appelait l'Amigo des Espagnols ou encore le Tigre) : il était à la tête d'une fortune colossale dont il faisait un usage ostentatoire. Il déambulait dans les rues de Blois précédé de gens d'armes, accompagné de sa cour et de ses maîtresses, portant au côté une gibecière remplie de pièces d'argent qu'il répandait à poignées dans la foule.

Son ambition l'avait poussé à entrevoir le trône de Saint-Pierre, mais à Rome, où il s'était fait des ennemis qui lui reprochaient ses mœurs païennes et son arrogance, on n'était guère disposé à appuyer sa candidature. Au demeurant, son intelligence politique, son éloquence, sa prestance virile lui valaient les faveurs du peuple.

Fort de ses appuis parmi les gens de la Ligue, Nicolas Poulain avait obtenu un logis convenable dans une masure attenante au jardin des Jacobins et dominant la Loire. Il y logea ses compagnons et leur train.

L'ouverture des états avait été prévue pour le début d'octobre. En attendant, on faisait la fête. Une célèbre troupe d'acteurs italiens, les Gelosi, venait de débarquer en grand arroi. Traités comme des seigneurs, ils trouvèrent à se loger dans les dépendances du château.

Chaque jour, entre la fin de septembre et le début d'octobre, des gentilshommes arrivaient de toute part. Dès le matin, on voyait leur caravane se dessiner sur la rive gauche, emprunter le pont au milieu duquel certains s'attardaient à contempler, au-delà des quartiers riverains et de Saint-Nicolas, la silhouette majestueuse du château que baignait la délicate lumière de l'automne. On voyait scintiller leurs armes, crépiter les ors et les argents des brocarts, et l'on cherchait à deviner leur origine aux enseignes qui palpitaient dans le vent montant du fleuve.

Ils introduisaient dans la ville, avec leur prestance, un esprit querelleur. Les bourgeois ou les moines faisaient-ils des difficultés pour les héberger ? Ils occupaient les locaux *manu militari*. S'ils ne trouvaient pas de place aux tables d'auberge, ils faisaient le vide à coups de plat d'épée.

Des querelles naissaient souvent entre eux et les députés du tiers. Ces derniers, en majorité de riches bourgeois qui avaient pris le parti de la Ligue, prônaient le refus des impôts et critiquaient la tolérance du roi pour les huguenots, en dépit de l'édit d'Union.

Le roi avait souhaité rester maître du château, mais Guise s'y installa, exigeant qu'on lui remît les clés. Il estimait que, lieutenant général du royaume et grand maître de France, sa place était dans ces lieux afin d'assurer la sécurité du souverain et de la famille royale.

De quoi Sa Majesté se serait-elle inquiétée ? Guise avait fait poster des gardes armés de hallebardes jusque devant la porte du roi !

Si Henri avait pu douter d'être à la merci des gens de Lorraine, il ne se fit plus d'illusions un matin où, dans un escalier, il croisa Mme de Montpensier, la sœur de Guise : elle lui adressa un sourire narquois et lui montra la paire de ciseaux qu'elle portait en permanence à sa ceinture. La même situation qu'il aurait connue au Louvre s'il avait eu la faiblesse d'ouvrir sa porte aux rebelles.

La session d'ouverture des États fut précédée d'une procession qui, partie de la chapelle Saint-Sauveur, située dans l'enceinte du château, avait gagné la rive gauche jusqu'à Notre-Dame-des-Aides, dans le faubourg de Vienne.

Le roi, entouré de sa mère et de la reine Louise, était suivi des gens de Lorraine et de délégations des députés. Le Saint Sacrement était porté par l'archevêque de Bourges, sous un dais de pourpre soutenu par les chevaliers du Saint-Esprit.

Pour ouvrir la séance plénière, il fallut attendre l'arrivée du vieux cardinal de Bourbon qui était souffrant et celle d'un prince de sang, Charles de Soissons. Des querelles de préséance, puis des contestations relatives à l'élection de certains députés occupèrent les journées.

Ce n'est que le 16 octobre, après trois jours de jeûne et la communion imposée aux députés, que la salle d'honneur s'ouvrit pour la première assemblée.

Elle comptait cent trente-quatre représentants du clergé, cent quatre-vingts de la noblesse et le même nombre pour le tiers. Chacun était revêtu des couleurs de son ordre et occupait la place prévue. Rien n'avait été négligé pour que ces assises fussent empreintes de solennité. Le roi lui-même y avait mis la main.

En début d'après-midi, tout de blanc vêtu, escorté d'une troupe de nobles arborant les haches de parade et le bec de corbin, le duc de Guise se porta aux devants du roi qui avait revêtu ses habits noirs et son collier de têtes de mort.

De tout le temps du défilé et de l'installation, bien qu'ils fussent côte à côte, ils n'échangèrent ni un mot ni un regard. À la prestance de Guise, à sa majesté faisait contraste l'image souffreteuse du roi, blême, refermé sur lui-même : celle d'un vaincu.

La disposition de l'assemblée était à la ressemblance de celle du royaume : de part et d'autre du souverain avaient pris place Madame Catherine et la reine Louise. Les princes du sang : Vendôme, Montpensier, Soissons, siégeaient en contrebas, à la droite du roi ; les pairs : Nevers, Nemours, Retz, en face d'eux, à gauche, sur le même rang que les membres du clergé.

On n'avait d'yeux que pour le duc de Guise. Il se tenait devant le roi, sur un siège sans dossier, face aux députés debout, chapeau bas, en attendant la permission de s'asseoir, à l'issue du discours du roi.

Quand tout fut en place, le roi se leva, parcourut l'assemblée d'un regard qui, soudain, parut témoigner de son autorité retrouvée. Il prit dans sa main la médaille du Saint-Esprit qu'il portait sur la poitrine, comme s'il attendait de ce contact l'inspiration divine.

— Au nom du Saint-Esprit..., dit-il.

Nicolas revint aux Jacobins la fièvre aux joues. Il y trouva Melchior, Montaigne et leurs serviteurs devant quelques flacons de vin de Loire. Il reprit haleine pour lâcher :

— Ah, mes amis, nous avons eu tort de douter du roi : il a été *sublime* !

— Vraiment ? dit Montaigne, sceptique.

— Explique-toi, dit Melchior.

À la surprise générale, le roi avait rendu hommage à sa mère, « gouvernante du royaume », avant d'évoquer les événements. On lui reprochait d'avoir mal mené le pays, mais qu'aurait-il pu faire dans cette chienlit ? Il veillerait dorénavant à juguler les excès des rebelles.

— C'est surtout, ajouta Poulain, dans son exorde que le roi a fait sensation. Il a déclaré, si ma mémoire est bonne : « *Il existe des Français qui veulent faire des ligues à part avec des princes à part. Je ne puis souffrir toute autre ligue que sous mon autorité. Ni Dieu ni roi ne peuvent le permettre.* » Il a ajouté : *Je déclare atteints et convaincus de lèse-majesté ceux de mes sujets qui y tremperaient sans ma permission...*

— Vraiment ? s'étonna Montaigne. Il a osé dire cela ?

— Il l'a osé. J'étais témoin.

— A-t-il parlé du roi de Navarre ? demanda Melchior.

— Il n'a pas prononcé son nom. Sans doute a-t-il jugé que

321

cela aurait risqué de déclencher de furieuses réactions de la part des députés. Je vous rappelle que les réformés se sont abstenus d'assister à cette assemblée où l'on tient pour le roi ou pour Guise. Navarre ne compte plus...

— Il compte encore, dit Melchior, si l'on feint de penser le contraire. Il saura bien le montrer, le moment venu.

— Si le roi se réveille, dit Poulain, rien n'est perdu. La suite des événements sera intéressante à observer. Guise et les ligueurs sont furieux : la noblesse a salué d'ovations la fin de cet exorde. Il y a encore de saines réactions de la part de ces gens...

Montaigne annonça à ses deux amis qu'il allait les quitter.

Il avait trouvé à se loger dans de meilleures conditions chez un habitant qui connaissait sa réputation et avait lu les deux premiers tomes de ses *Essais*. M. de Saint-Aubin demeurait dans l'hôtel de Belot, rue des Papegaux, dans le quartier des Grandes-Fontaines, une bâtisse à la façade ornée d'images profanes. Il leur fit promesse de garder le contact avec eux.

Melchior rédigea une longue lettre à l'intention du roi de Navarre qui se trouvait à La Rochelle, où se préparait l'assemblée générale des Églises réformées, riposte aux États de Blois.

Soutenue par deux serviteurs, la reine-mère s'approcha de son fils qui était occupé avec son secrétaire à revoir la rédaction de son discours destiné à l'imprimeur. Une nuit subite venait de tomber sur la ville avec un gros orage d'hiver qui avait contraint à allumer les chandelles.

— Mon fils, dit-elle d'une voix brisée, je reviens de chez le duc. Il est blême de rage et la colère lui sort par les yeux. Il prétend que vous avez cherché à l'humilier, que vous l'avez menacé. Il souhaite...

En proie à une soudaine quinte de toux grasse, elle se fit porter jusqu'à un fauteuil.

— Il souhaite ?..., dit le roi.

— ... qu'avant d'envoyer ce texte à l'imprimeur vous supprimiez les phrases se rapportant aux ligues. En fait, pratiquement tout votre exorde.

— Vous me la baillez belle, mère ! Ce qui est dit est dit. Je refuse de céder. Mon discours sera imprimé demain et je n'y retrancherai rien !

Alors que l'on achevait l'impression du discours, des gardes portant les couleurs de Lorraine entrèrent en force dans l'imprimerie, demandèrent à voir un exemplaire imprimé et exigèrent la destruction immédiate de ce document.

Informé de ce coup de force, le roi, contrairement à ce qu'on redoutait, prit la chose avec détachement.

Il venait de comprendre que, désormais, lui et le duc de Guise allaient en découdre à visage découvert.

En dehors des séances des États, où ils avaient du mal à se faufiler à travers une foule compacte d'auditeurs, Melchior et Poulain avaient du temps à perdre. Ils le passaient en partie dans les cabarets, à boire du vin de Loire et à prêter l'oreille à la rumeur populaire. Ils prenaient pour ce qu'ils valaient les commentaires d'avant ou d'après boire, les provocations, les menaces entre buveurs d'opinions opposées, mais la somme de ces propos et de ces comportements se révélait édifiante.

Les dizaines de milliers de personnes qui avaient élu domicile à Blois attendaient un événement sur la nature duquel on se perdait en conjectures.

— Mon avis, disait Poulain, est que le duc n'attendra pas la fin des États pour déclencher un incident. Il considère le discours du roi comme une provocation et tout indique qu'il va y répliquer : les forces dont il dispose ici même, la pression de sa famille, l'attitude passive de son adversaire...

Melchior était d'une opinion différente :

— Le roi est un esprit tortueux, habile à dissimuler ses intentions. Avec sa mère il était à bonne école. Il prendra sans tarder sa revanche. Les Quarante-Cinq du capitaine Loignac sont sur les charbons. Guise reçoit chaque jour des messages anonymes pour le menacer ou lui recommander la vigilance.

Dans cet embrouillamini, la reine-mère ne savait plus à qui témoigner son soutien.

Elle s'était trop engagée du côté des ligueurs mais ne pouvait décemment désavouer son fils et le livrer au Balafré qui, libre de ses actes, l'eût détrôné. Peu à peu, la maladie et l'âge aidant – elle avait soixante-dix ans –, elle prenait du recul avec les événements. Elle avait d'ailleurs apprécié l'hommage que son fils lui avait rendu mais ne pouvait s'empêcher de penser qu'il avait jeté des fleurs sur une tombe.

Avant de se tourner vers Dieu qu'elle retrouvait chaque soir dans son oratoire proche de sa chambre, elle avait un dernier acte à accomplir : marier sa petite-fille Christine. Elle avait jeté son dévolu, sur le grand-duc de Toscane, Ferdinand de Médicis : un lointain parent. Christine était présente à Blois pour la signature du contrat. Elle serait richement dotée par sa grand-mère : des immeubles à Florence, dont le palais de la *via* Larga, deux cent mille écus d'or...

Cette dernière formalité accomplie, la reine-mère s'est alitée avec la certitude de vivre le dernier acte de son existence dans les coulisses d'une tragédie dont elle pressent le dénouement. La pensée que le monde puisse tourner sans elle a cessé de lui être insupportable. Elle accepte cette retraite sans joie mais sans tristesse car le mal qui la ronge anesthésie peu à peu ses facultés. Toucher au terme de sa vie est moins pénible si l'on a conscience de l'avoir bien remplie. Durant cinquante ans, elle s'est battue pour sa famille, pour son royaume, souvent contre des gens qu'elle estimait, parfois contre elle-même. Elle peut bien poser les armes et se reposer.

De temps en temps, un remords vient l'accabler lorsqu'elle songe au roi de Navarre qui se bat sans gloire mais avec une conviction inébranlable pour sa religion, sa liberté et ses droits. La veille du quatrième dimanche de l'Avent, alors qu'il neigeait sur Blois et qu'il faisait un froid de loup, elle s'est mis en tête de danser une dernière fois sa danse préférée : un *passenezzo* italien au mouvement un peu trop vif pour une personne de son âge et de sa corpulence. Elle a esquissé quelques petits sauts, le bas de sa robe relevé sur des chevilles encore graciles, mais a dû s'arrêter avant les violons. Alors qu'elle était en sueur, elle est allée respirer sur le balcon l'air frais de la nuit.

Le lendemain, alors qu'elle grelottait de fièvre, son médecin, Miron, lui a interdit de se lever : Madame a un poumon atteint et respire avec difficulté.

Avant de partir pour l'Italie où l'attend son fiancé, Christine est venue lui rendre visite une dernière fois. Elle lui a dit :

— Je n'oublierai jamais cette fête que vous avez donnée pour mon départ, pas plus que toutes les bontés que vous avez eues pour moi. Vous m'avez élevée comme si j'étais votre propre fille.

— Parce que je vous ai aimée plus que ma propre fille, plus que tous, a répondu la vieille reine. Vous avez bien de la chance d'aller vivre dans un pays en paix. Florence... La Toscane... Lorsque vous apercevrez les premiers campaniles, les premières collines d'oliviers, ayez une pensée pour moi, je vous prie. Comme j'aurais aimé vous accompagner !... Maintenant il est trop tard.

— Vous vous remettrez avec le printemps, madame, et vous serez présente à mon mariage. Faites-m'en la promesse.

— Je ne puis rien promettre, à mon âge et dans l'état où je suis, mais je serai près de toi par la pensée, *amata mia*...

Elle a caressé les cheveux blonds de sa petite-fille, lui a tendu sa main à baiser et l'a regardée s'éloigner à travers ses larmes, comme un navire qui prend le large en laissant un naufragé sur la grève.

Chaque jour, sur le coup de dix heures du matin, Charlotte de Sauves, duchesse de Noirmoutiers, vient rendre compte à Madame Catherine de ses rapports avec Henri de Guise. Cette grande haridelle à tous usages n'aspire pas encore à l'écurie. Lorsque la reine-mère, au départ de Paris, lui a suggéré de s'insinuer dans l'entourage du Balafré et d'obtenir ses bonnes grâces, elle n'a pas émis l'ombre d'une réserve. La reine-mère sait qu'elle peut compter sur elle en toutes circonstances : Mme de Sauves a usé sous elle tant de gentilshommes, de princes et de rois, de tout âge et de toute religion, qu'elle a fait du renseignement une seconde nature et qu'elle est toujours disposée à reprendre du service.

Ce dadais de Guise s'est entiché de cette grande bringue aux allures d'oie grasse, au visage flétri par une longue carrière dans la galanterie. Par quelle opération cabalistique a-t-elle réussi à investir cette forteresse vivante que le commun des mortels aborde chapeau bas ? Dans l'entourage du prince, le mystère demeure, aussi épais que la dame : on se dit qu'il y a de la sorcellerie en cette dondon.

— M. de Guise est fort inquiet, dit Mme de Sauves. Il n'en dort plus, malgré les médecines qu'il prend chaque soir. Il craint que votre fils le roi ne le fasse arrêter pour motif de rébellion. Le discours de Sa Majesté le laissait supposer.

— Comment M. le Prince peut-il croire que le roi mon fils en viendrait à une telle extrémité ! Il a une armée à Blois et mon fils n'a que ses Quarante-Cinq.

— Il y a plus inquiétant encore, madame : ces billets anonymes que M. le Prince reçoit chaque jour. Il fait mine de les traiter à la légère, mais ils se multiplient.

— Des malveillants qui jouent à lui faire passer de mauvaises nuits. Mais vous êtes là, ma bonne, pour lui faire oublier ces menaces.

Le roi présente toutes les apparences de la résignation. Il reste tapi dans l'ombre de son cabinet neuf peint en gris, sans le moindre souci de décoration. Beaucoup se disent que la violence de son discours n'a été qu'un réflexe d'impuissance et que son naturel aura vite repris le dessus. Il évite de se montrer en ville pour n'avoir pas à essuyer les moqueries de la foule. Il ne se rend à Saint-Nicolas que tard le soir, entouré de trois ou quatre de ses proches, en catimini. Avec ses épaules voûtées, sa démarche sénile, son visage de vieille courtisane, il inspire davantage l'ironie que le respect.

— Il faut à tout prix, dit la reine, éviter un affrontement. Avant de mourir, je tiens à les réconcilier... Nous allons fêter Noël. L'occasion sera favorable. Ce sera sûrement ma dernière action en ce bas monde, mais je tiens à ce qu'elle soit agréable à Dieu et bénéfique à mon peuple.

Il ne faut pas perdre de temps, laisser la situation s'envenimer. Elle convoquera les deux adversaires à son chevet.

— Aujourd'hui même ! dit-elle avec force. Il faut en finir...

La nouvelle de la rencontre entre le roi et le duc au chevet de la mourante a franchi les murs du château. On en parle autour de la fontaine Saint-Jacques, sur les degrés, dans tous les lieux publics.

— Je ne crois pas à une réconciliation, dit Nicolas Poulain. Le roi acceptera peut-être, pour ne pas décevoir sa mère, mais le duc refusera : il craint trop un piège.

La ville a mis une sourdine à ses rumeurs, comme dans l'attente d'un orage, du passage d'une comète, de l'annonce d'un miracle. On parle à voix basse ; on fait taire les chanteurs de rue, les vendeurs d'orviétan, les putains racoleuses. On a même renvoyé au lendemain un spectacle des Gelosi et un bal sur le pont, au milieu des boutiques.

À l'heure prévue pour la confrontation, un tel silence a enveloppé la ville que le son de cloche de quatre heures a éclaté comme un coup de tonnerre dans un ciel d'où commençaient à tomber la nuit et la neige.

La reine-mère venait de prendre médecine et se faisait reconduire à son lit par deux robustes servantes lorsque le roi entra dans sa chambre, suivi de peu par le duc de Guise. Tous deux semblaient d'humeur si joviale que la moribonde en versa quelques larmes d'émotion.

— À la bonne heure ! dit-elle. Je vous vois dans de bonnes dispositions. Faites-moi la grâce de poursuivre ainsi. Ce discours de mon fils le roi...

— Madame, dit le roi en lui coupant la parole, vous semblez aller mieux depuis hier. Je tiens à vous avoir à côté de moi pour la messe et le repas de la nuit de Noël. Avez-vous retrouvé votre bel appétit ?

La reine-mère eut un geste d'impatience. Il fallait que l'on parlât de ce discours. Il fallait...

— Madame, ajouta Guise, cessez de vous faire du mauvais sang. Cela ne vous vaut rien dans votre état.

Il ajouta en se rapprochant de son cousin :

— Sire, que pensez-vous du dernier spectacle des Gelosi ? Cette farce qui se déroule à Naples était fort plaisante. J'y ai beaucoup ri.

— Un spectacle de théâtre fait oublier bien des choses, répondit le roi. Les acteurs...

— Ce discours..., murmura la reine-mère. Il faut...

— ... les acteurs sont remarquables, poursuivit le roi. Ce Francesco Andreini, qui dirige la troupe, est le génie de la *commedia dell'arte.* J'ai retenu surtout le jeu de ce valet prétentieux qui voulait chausser les bottes de son maître et qui en fut bien puni.

Le duc toussa, sortit de sa ceinture un drageoir qu'il tendit à son cousin.

— Des prunes de Brignoles, dit-il. Rien de tel pour vous redonner des forces. Et j'en ai besoin ! La nuit dernière, mon cher...

— Je préfère les dragées, dit le roi. Pas n'importe lesquelles. Celles de mon fournisseur attitré...

Ils bavardèrent, s'amusèrent à évoquer quelques incidents, dont certains fort plaisants, advenus aux députés dans leurs rapports avec la population. Leurs rires faisaient plaisir à entendre.

La reine-mère accrocha le poignet de Guise et le secoua.

— Vous ne pouvez deviner le plaisir que vous me faites, mes enfants ! dit-elle avec des larmes dans la voix. Dieu veuille que vous gardiez ces bons rapports l'un avec l'autre. Embrassez-vous !

Ils firent, l'un et l'autre, semblant de ne pas entendre.

Mme de Montpensier pénétra comme une tornade dans la chambre du duc, alors que la nuit venait de tomber sur les jardins, lourde comme de la poix. Elle secoua son manteau saupoudré d'une neige fondante et bondit en claudiquant vers la table où son frère rédigeait quelques lettres.

– J'ai à vous parler, dit-elle d'un ton sec.

– Et moi, ma sœur, j'ai du travail. Du courrier en retard.

– C'est une affaire de première importance dont je dois vous entretenir, insista-t-elle. Et sans témoin.

Guise soupira, jeta sa plume d'un geste irrité sur son écritoire et congédia son secrétaire.

– Mon frère, dit-elle, il faut quitter Blois.

– Comment cela ? Pour quelles raisons ?

– Parce que votre vie est menacée. Je suis bien informée, vous savez.

– Je le suis mieux que vous, ma sœur, et je vous assure que je ne risque rien. J'ai passé une heure à badiner avec mon cousin Valois. Nous avons même failli nous embrasser, à la demande de Madame Catherine.

– C'eût été le baiser de Judas. Notre cousin est une vipère. Un moment d'inattention de votre part et il vous mordra au talon.

Le duc se mit à rire tant l'image lui paraissait plaisante.

– Il n'oserait pas ! C'est un poltron. Si je quittais Blois, on ne manquerait pas de dire que le poltron, c'est moi.

Il lui raconta l'entrevue qu'il venait d'avoir avec Valois. Comme ils prenaient congé de la malade, elle lui avait dit à l'oreille que tant qu'elle serait vivante il n'aurait rien à craindre.

– Cette pauvre femme se fait des illusions sur son véritable pouvoir. Elle ne peut rien entreprendre et rien arrêter.

– Je ne comprends pas ce qui vous inquiète, j'ai la situation bien en main.

Des mouvements singuliers autour du roi l'avaient alertée. Le roi avait rassemblé sa garde : les Quarante-Cinq étaient à pied d'œuvre et avaient des comportements inquiétants.

– Ces sicaires me font froid dans le dos, dit-elle. Ils obéissent à leur chef comme des chiens. Pourquoi ont-ils pris position dans les salles hautes ? Il faut voir leur mine quand on les croise dans les couloirs. Mieux vaut s'écarter pour les laisser passer.

Elle ajouta d'un air sombre :

— Votre épouse va partir faire ses couches à Paris. Je vais la suivre. Je suis lasse de vos hésitations, de ces États où les gens s'agitent comme des marionnettes, lasse d'attendre un événement qui ne se produit pas...

— De quel événement voulez-vous parler ?

Elle haussa les épaules.

— Vous le savez bien !

— Si c'est celui auquel je pense et dont on me rebat les oreilles, il vous faudra être patiente et ranger vos ciseaux dans un tiroir. Vous voudriez que je fasse un coup d'État, que je relègue mon cousin dans un couvent ? Eh bien, je n'y suis pas décidé. Le roi n'en veut pas à ma vie et je ne souhaite pas le voir entrer à la Trappe.

Mme de Montpensier leva les bras au ciel en s'écriant :

— C'est Mme de Sauves qui vous a mis ces fumées dans la tête ! Vous ne tarderez pas à comprendre, mon frère, que j'avais raison, mais peut-être sera-t-il trop tard...

Le 18 décembre, deux jours après le troisième dimanche de l'Avent, le roi prit la décision de convoquer un de ces conseils étroits qu'il réunissait deux ou trois fois par semaine. Trois de ses serviteurs y participèrent : Aumont, Rambouillet et Beauvais-Nangis.

Quelques jours auparavant, Sa Majesté avait appris que le duc de Guise intriguait avec l'appui des États pour que la charge de connétable, qu'exerçait le maréchal d'Aumont, lui revînt. C'eût été donner à la France un second roi, plus puissant que Valois.

Le roi avait refusé.

— Je ne pouvais céder, expliqua-t-il à ses conseillers. Accepter, c'était me livrer pieds et poings liés à mon pire ennemi.

Il répéta, ce qui était de notoriété publique, qu'il n'était plus le maître, que le duc le tenait comme dans une prison, qu'il n'était pas même en sécurité dans son lit. Il ajouta d'un air sombre, en s'agitant sur son siège :

— Mes amis, la perte d'une seule tête délivrerait le royaume de tous ses maux.

Un silence de plomb tomba sur l'assistance. Nul ne pouvait ignorer à quelle tête Sa Majesté faisait allusion. Le roi n'avait-il pas mis trop de franchise dans son propos ?

— Je suis partisan, dit Aumont, de faire arrêter M. le Duc

et ceux de sa maison afin de les faire juger pour crime de lèse-majesté.

Ce fut un tollé. Le roi haussa les épaules.

— Monsieur, dit-il, y songez-vous vraiment? Seul le parlement de Paris pourrait connaître de cette affaire et la juger. Vous chargeriez-vous de conduire les prisonniers dans la capitale? Si vous y hasardiez un pas, vous seriez écharpé et vos prisonniers libérés.

Rambouillet proposa un « coup de main » contre le duc. Ses collègues parurent effrayés de cette audace. Seul le roi sembla accorder du crédit à cette proposition, la raison d'État étant sans recours. L'exécution de Coligny était encore dans sa mémoire.

— Messieurs, dit-il, je ne vois pas d'autre solution. Beauvais, qu'en pensez-vous?

— Je pense, sire, répondit le conseiller, que laisser M. le Duc en vie encore longtemps entraînerait votre perte et le malheur du royaume.

— La cause est entendue..., soupira le roi. Nous devons agir sans retard. Fixons la date au 23 décembre.

— La veille de Noël! protesta Rambouillet.

— Je n'y vois aucun inconvénient, dit le roi. Nous allons laisser croire que tout est calme. Ce jour-là, je dois assister au pèlerinage de Notre-Dame de Cléry. J'irai. Cela donnera le change.

— Comment procéderons-nous? demanda Aumont. Rien ne doit être laissé au hasard.

— J'y veillerai, dit le roi. Je voulais simplement votre accord. Le reste est mon affaire.

— À la grâce de Dieu..., murmura Beauvais en se signant.

Le jeudi 22 décembre, le roi et le duc assistèrent à la messe dans la chapelle Saint-Calais, donnant sur la cour. En sortant, Sa Majesté dit à son cousin:

— Venez. J'ai à vous parler.

La chute de la neige avait cessé, mais le froid était resté vif.

332

Des vols de corbeaux et de corneilles traversaient les dentelles des arbres dénudés. Les fidèles regardèrent avec surprise les deux princes s'éloigner côte à côte, parlant avec des gestes vifs. Ils restèrent ainsi près de deux heures à errer le long des allées dominant l'église Saint-Nicolas et les quartiers riverains, enveloppés dans un ample manteau, leur chapeau sur les yeux. Ils se séparèrent sous la galerie de la chapelle, sans un salut.

Que se dirent-ils ? Mystère.

En retournant à son cabinet, le visage coloré de froid, le roi paraissait fort animé. Il jeta son chapeau à terre, souffla dans ses mains et demanda à dîner. Il était midi ; d'ordinaire, il dînait à dix heures.

Il avait décidé d'annuler le pèlerinage à Notre-Dame de Cléry. En revanche, il tenait à effectuer une retraite dans une maison sise au fond d'un parc, à une lieue de Blois. Comme il partait avant l'ouverture des portes, il fit demander les clés à son cousin qui ne put les lui refuser.

Le roi était parti en coche, par nuit noire, avec seulement deux valets pour l'accompagner. Il ne revint au château qu'à onze heures du soir. Son premier soin fut d'aller prendre des nouvelles de sa mère.

— Je crains que ce ne soit la fin, lui dit Miron. Votre mère peut vivre encore quelques jours mais rien ne peut la sauver. Une congestion pulmonaire, à son âge et dans son état...

Le visage bouffi sous le bonnet blanc avait pris une couleur terreuse. La moribonde ouvrit ses yeux globuleux et s'efforça de sourire.

— Mon petit aigle, mon cœur, murmura-t-elle. Vous n'oubliez pas votre vieille mère.

— Je resterai cette nuit à votre chevet, dit-il. Là, dans ce fauteuil. J'ai apporté du travail et ne vous dérangerai pas.

Il l'embrassa sur le front, narines pincées, et appela une servante.

— Changez-la, dit-il : elle a dû faire dans ses draps.

Mme de Sauves se pencha vers M. de Guise, plongea ses mains dans la chevelure rêche et roussâtre, y trouva un pou qu'elle écrasa sur un ongle.

— Resterez-vous avec moi cette nuit? demanda-t-elle.

Il resterait : il avait besoin d'une présence rassurante, fût-ce celle de cette matrone.

— Vous semblez soucieux, dit-elle. Qu'est-ce qui vous tracasse? Toujours ces avertissements?

Il en avait reçu plusieurs dans la journée. Ils disaient tous à peu près la même chose : que monseigneur restât vigilant, qu'il risquait d'être victime d'un traquenard, qu'untel avait dit ceci et tel autre cela... Il lisait ces billets d'un air distrait ou ne les lisait pas et les jetait dans la cheminée. Ces avertissements se faisaient de plus en plus précis, donnaient le jour et même l'heure de l'événement. Il y avait de quoi s'inquiéter.

— J'ai l'impression, dit-il, d'errer en pleine nuit et dans le brouillard, entouré d'ennemis qui me voient mais que je ne puis voir. Je suis persuadé que l'on se joue de moi, mais le jeu est si subtil que je n'y entends goutte. Et puis cette affaire de Savoie qui me tombe sur le dos...

Il avait appris que le duc de Savoie, gendre du roi d'Espagne et ami des princes de Lorraine, venait d'envahir le marquisat de Saluces, porte de l'Italie, que la reine-mère avait fait occuper dix ans auparavant.

— Cet imbécile, dit le duc, n'a pas mesuré les conséquences de son acte. Le roi semble croire que je suis l'instigateur de cette forfaiture. Je m'en suis défendu, mais m'aura-t-il cru?

— Cessez de vous torturer l'esprit, dit-elle. Je vais vous faire oublier vos soucis.

Avant de se coucher, le roi avait fait appeler Louis de Crillon, un brave parmi les braves, adversaire déterminé des ligueurs, pour lui demander de prendre la tête de l'action contre le duc de Guise, dont il lui expliqua le plan. Crillon refusa de participer à cet attentat contraire à son honneur.

— Sire, dit-il, demandez-moi de me battre contre votre ennemi et je vous obéirai, mais le tuer par-derrière...

Le roi demanda au capitaine Loignac, commandant des Quarante-Cinq, d'exécuter cette mission : il accepta.

— Faites en sorte, dit le roi, d'agir le plus discrètement possible. Ma mère, qui repose à l'étage inférieur, ne doit rien soupçonner. Pas de porte qui claque, de bruits d'armes, de propos bruyants comme vos Gascons en ont l'habitude. Choisissez une dizaine d'entre eux, les plus sûrs. Il faudra qu'ils restent muets comme des tombes.

— J'en réponds comme de moi-même, dit Loignac.

Ces gentilshommes, presque tous d'origine gasconne, il les avait dressés comme une meute. Ils s'appelaient La Bastide-Puylaroque, Sariac, Roquelaure, Bellegarde, Entragues... L'obscurité de leur maison, des soldes avantageuses, des traitements de faveur étaient les garants de leur fidélité. Ils montaient autour du souverain une garde vigilante, respectaient l'interdiction de se familiariser avec qui que ce fût.

— Vous resterez avec vos hommes, dit le roi, dans les cellules de capucins du troisième étage en attendant mes ordres. Répétez-moi vos consignes, je vous prie.

— Je placerai huit hommes dans votre chambre, armés de poignards. Une douzaine dans le cabinet vieux, trois autres dans l'escalier...

— Fort bien. N'oubliez pas que je veux à mes côtés, dans le cabinet neuf, La Bastide et Entragues, qui sont vos meilleurs bretteurs. On n'est jamais assez prudent...

Henri de Guise sortit en chancelant du lit de Charlotte.

Il ne l'avait jamais connue aussi ardente et aussi tendre à la fois, comme si elle tenait dans ses bras un malade. Il effleura des lèvres l'épaule grasse qui émergeait du drap et, en se relevant, écouta le murmure de la nuit où une grosse averse avait remplacé la neige. Le cartel marquait trois heures du matin et tout dormait encore dans le château.

Le duc s'habilla en bâillant pour aller chercher un peu de sommeil dans sa chambre. Son secrétaire, Pénicard, qui somnolait dans la pièce voisine, lui dit :

– Monseigneur, il faudra vous montrer plus vigilant que jamais. Je crains que l'on ne tarde pas à monter quelque action contre votre personne.

– Vraiment ? répondit le duc. Eh bien, on trouverait à qui parler. Rassurez-vous, je ne risque rien. Une veille de Noël...

Pénicard avait prévu quelques gardes pour accompagner monseigneur jusqu'à sa chambre. Il faisait noir et froid comme sur une banquise. Sur les toiles de tente dressées dans la cour la pluie faisait une rumeur de tambour. La précaution de Pénicard était superflue : ils ne trouvèrent sur leur chemin que quelques archers somnolents. M. de Guise voulut prendre des nouvelles de la reine-mère, mais on lui répondit qu'il était trop tôt pour la déranger.

Il lui restait encore deux bonnes heures de sommeil et il comptait bien en profiter.

Lorsque son secrétaire vint l'éveiller, il était six heures et le jour n'était pas encore levé. La pluie battait les vitres à coups de griffe. Dans la nuit de la cour, des lanternes se balançaient comme des étoiles perdues, promenées par les serviteurs apportant au château le lait d'une ferme voisine.

– Que vais-je mettre aujourd'hui ? demanda le duc en bâillant.

Il fit appeler le serviteur chargé de sa garde-robe, qui lui conseilla de s'habiller chaudement car on n'avait pas encore fait de feu dans la salle du Conseil où il devait se rendre.

– Je ne crains pas le froid, dit-il. Ce n'est pas d'une inflammation des poumons que je mourrai, comme notre pauvre reine.

À moitié endormi, il se laissa vêtir d'un habit de satin blanc molletonné, avec panse, haut-de-chausses et cape.

– Il est sept heures bientôt, dit Pénicard. On va vous attendre au Conseil.

– Je suis prêt, mon ami. Précédez-moi, je vous prie...

Il eut un mouvement de surprise en constatant qu'on avait renforcé en son absence les effectifs des gardes, qui comptaient parmi eux quelques visages connus : des hommes de Loignac. Il sentit un frisson d'angoisse à la racine des cheveux.

336

Les premiers conseillers venaient d'arriver. Le duc reconnut sans l'avoir vu la voix claironnante de son frère le cardinal, entouré de l'archevêque de Lyon, du secrétaire d'État Revol, des huissiers Guérault et Rambuteau, et de quelques autres prélats et gentilshommes tapis dans la pénombre. On avait commencé à évoquer des problèmes de gabelle, ce qui, d'avance, l'inondait d'ennui.

À peine avait-il pénétré dans l'immense salle froide, il porta la main à sa ceinture. Il avait oublié son drageoir et demanda à Pénicard de le lui chercher. En l'attendant, il salua les conseillers présents et alla se chauffer au feu de bourrée qu'un serviteur venait d'allumer.

Lorsque Pénicard se présenta de nouveau devant la porte de la salle du Conseil, il trouva deux lances en croix.

— Ordre de monseigneur le duc de Guise, dit-il. Je dois lui apporter son drageoir qu'il a oublié.

— Ordre du roi, répliqua un sergent. Personne ne doit entrer.

— Au moins faites remettre cet objet à mon maître.

— La porte doit rester fermée.

Il ergota, se fâcha. On le jeta dans l'escalier. Il se précipita chez la reine-mère : elle venait de prendre médecine et ne pouvait recevoir. Il remonta dans la chambre du duc, y trouva le maître d'hôtel en train de préparer un bagage.

— Que faites-vous ? dit-il.

— Vous le voyez : je file. Il se fomente une mauvaise action dont nous pourrions bien, vous et moi, avoir à subir les conséquences. À la première alerte, je saute à cheval. Vous devriez en faire autant...

L'huissier Guérault remit à M. de Guise le drageoir que lui avait confié un officier de la garde.

— Pourquoi n'a-t-on pas laissé entrer mon secrétaire ? s'inquiéta le duc.

— Je l'ignore, monseigneur. Ce que j'ai appris, c'est qu'il ne fait pas bon se promener dans le château à l'heure qu'il est.

Guise n'arrivait pas à se réchauffer bien qu'il fût assis à peu de distance de la cheminée. Alors qu'il se levait pour s'approcher du feu, quelques gouttes de sang qu'il ne put retenir lui tombèrent du nez. Comme il avait oublié son mouchoir, il demanda au conseiller Hotman, qui venait d'arriver, de lui en procurer un. Hotman revint quelques minutes plus tard.

— Un mouchoir de Sa Majesté, dit-il avec un sourire.

— On s'enrhume vite avec ce temps! claironna le cardinal. Il fait un froid à ne pas mettre un huguenot dehors...

Le premier valet de chambre du roi, M. de Saint-Prix, venait de s'installer à son tour à la longue table.

— Vous qui êtes un familier de Sa Majesté, lui dit le Balafré, pouvez-vous me dire pourquoi l'on a interdit cette porte à mon secrétaire? Cette affaire de gabelle n'a rien de secret, que je sache...

M. de Saint-Prix haussa les épaules. Encore, sans doute, un caprice du roi. Il regarda M. de Guise ouvrir son drageoir et commencer à suçoter quelques prunes de Brignoles, en silence, jetant de temps à autre des regards interrogateurs autour de lui, sans doute pour s'étonner que le roi, d'ordinaire ponctuel, ne fût pas présent. Saint-Prix crut deviner sa perplexité :

— Sa Majesté est un peu lasse ce matin, dit-il. Elle est allée visiter sa mère et s'est retirée dans son cabinet vieux. Elle se joindra sans doute à nous un peu plus tard.

Il était près de huit heures et tous les conseillers étaient présents quand M. de Ruzé-Beaulieu ouvrit la séance. On n'avait pas soufflé les chandelles car le jour restait englué dans le déluge. Guise se dit que cette séance était extraordinaire dans tous les sens du terme. À part le cardinal de Lorraine qui plaisantait et parlait haut à son habitude, les autres conseillers présentaient des visages de cire, les traits crispés comme s'ils veillaient un mort.

Huit heures venaient de sonner au clocher de Saint-Nicolas lorsque le secrétaire d'État Revol entra dans la salle et, se penchant vers M. de Guise, lui dit à l'oreille :

— Monseigneur, Sa Majesté souhaite vous voir. Elle vous attend dans le cabinet vieux.

M. de Guise se leva, répandit sur la table ce qui restait de prunes dans son drageoir en disant :

— Messieurs, servez-vous !

Avant de franchir le seuil, il lança d'une voix qui sonnait étrangement :

— Eh bien, adieu, messieurs !

Il se dirigea vers le cabinet vieux, qui se situait sur le même palier, tenta d'y pénétrer. La porte était fermée.

— Que signifie ? dit-il. Où est Sa Majesté ?

— Rassurez-vous, dit Revol. Il s'agit d'une simple précaution. Nous allons traverser la chambre de Sa Majesté pour entrer dans le cabinet où elle vous attend.

Nouvelle surprise pour le Balafré : la chambre royale était occupée par des hommes d'armes commandés par le capitaine Loignac qui le salua chapeau bas. En soulevant la portière d'étoffe, il eut un hoquet d'étonnement et un mouvement de recul : ce n'était pas le roi qui l'attendait mais d'autres sbires de Loignac, le poignard ou l'épée au poing.

— Où est le roi ? dit-il.

Le roi s'était dissimulé derrière une tapisserie, au fond de la pièce, ne laissant deviner sa présence que par le bas de ses chausses. Comme le Balafré faisait demi-tour pour tenter d'échapper au piège, Monseriac se jeta sur lui et lui porta un coup de poignard à la poitrine en criant :

— Voilà comment il faut punir les traîtres !

— Mes amis ! gémit le duc, que faites-vous là ? Messieurs, cessez, je vous en conjure. Revol !

Revol s'était prudemment éclipsé. Guise, à chaque coup qu'on lui portait, poussait une plainte. Il chercha son épée, constata qu'on l'avait désarmé. Il se débattit, donnant du pied et du poing sur la meute qui s'acharnait contre lui. Il écrasa son drageoir sur le visage d'un de ses agresseurs qui s'écroula avec un hurlement de douleur.

Il était encore debout, dépassant ses assassins de la tête, les entraînant avec lui, son habit ruisselant de sang comme une fontaine, quand Loignac lui plongea son épée dans les reins jusqu'à la garde. Le Balafré tomba sur les genoux avec un râle profond, se releva pour s'acheminer vers la chambre du roi dont la porte était restée ouverte, quand Loignac lui entrava les jambes avec le fourreau de son épée. La meute accrochée à son habit comme à un cerf au moment de l'*hallali*, le duc alla s'écrouler au pied du lit et tenta vainement de se relever.

Il s'écria :

– Je me repens ! Je me repens de tous mes péchés. Mon Dieu, ayez pitié de moi ! *Miserere, Deus meus ! Miserere...*

Il porta son poing sanglant à ses lèvres, le mordit, se redressa en s'aidant d'une colonne du lit, percé de coups comme un saint Sébastien, quelques poignards restant fichés dans son corps, puis il s'abattit en gémissant, les bras en croix.

– Sire ! cria Loignac, M. de Guise est mort.

Le roi sortit de sa cachette, s'avança à pas lents jusqu'à son lit, se pencha sur le cadavre qu'il poussa de la pointe de sa chaussure comme pour se prouver qu'il était bien mort, constata que ce colosse était, semblait-il, plus grand mort que vivant et ordonna qu'on le fouillât. On découvrit dans son habit une petite clé, une douzaine d'écus d'or et le début d'une lettre adressée au roi d'Espagne, qui disait : *Il nous faut sept cent mille livres pour entretenir la guerre civile en France...*

Le roi tendit l'oreille : il venait de reconnaître la voix de stentor du cardinal qui criait que l'on était en train de tuer son frère.

– Faites-le taire ! s'écria-t-il. Enfermez-le ! J'aviserai plus tard de son sort.

Tandis que l'on enroulait le corps du colosse dans un tapis après avoir ôté les poignards qui le hérissaient, Loignac se demandait ce que l'on allait faire de ce cadavre encombrant. Le roi prévint sa question et lui glissa à l'oreille :

– Faites-le disparaître. Brûlez-le quartier par quartier et qu'il n'en reste rien. Je ne veux pas que l'on puisse adorer ses reliques : cela rendrait fou le peuple de Paris, qui l'est déjà suffisamment.

Il décida d'aller informer sa mère de l'événement.

Peu après huit heures du matin, Madame Catherine était éveillée en sursaut par un grondement au-dessus de son lit. Elle leva la tête vers les poutres aux motifs dorés, pensa qu'il devait s'agir d'un orage. Elle appela Miron.

— Un orage..., dit-elle. En cette saison...

— C'est étrange, madame, en vérité, dit Miron.

Elle attendait son fils : il était bien en retard ce matin. Sans doute avait-il travaillé tard, à son chevet, comme il le lui avait annoncé, avant de regagner sa chambre. Il travaillait trop, s'usait à la tache autant qu'aux plaisirs. Elle ne manquerait pas de lui en faire la remarque.

Elle sursauta au bruit d'une lourde chute qui fit trembler le plafond et voler sur son lit une petite pluie de poussière. Le bruit sourd d'un piétinement suivit la chute, puis des cris, comme d'une rixe.

— Ce n'est pas l'orage, dit-elle. Miron, allez voir ce que fait mon fils et pourquoi il n'est pas là.

Le médecin s'avança jusqu'à la porte donnant sur l'escalier.

— Voici Sa Majesté qui arrive, madame, dit-il.

Le souverain s'avança à pas lents vers le lit, embrassa le front de la malade. Il avait l'air serein mais sa main tremblait sur la poignée de sa dague.

— Eh bien, mon fils, dit-elle, vous êtes bien en retard, ce matin.

— Pardonnez-moi, mère. M. de Guise vient de mourir. Je l'ai fait tuer.

La malade ouvrit la bouche comme pour jeter un cri. Le roi ajouta d'un air détaché, comme s'il relatait une partie de chasse :

— Je l'ai tué, mère, pour éviter que lui-même ne me tue. Il en avait l'intention, je le sais. Son insolence, ses provocations m'étaient devenues insupportables. Cela fait des années qu'il ambitionne de me succéder sur le trône. J'aurais pu lui pardonner de régner sur Paris, d'avoir sapé mon pouvoir, et même d'avoir été un agent patenté du roi Philippe, mais sûrement pas de me mépriser au point de vouloir proclamer ma déchéance à son profit.

Il se demanda si sa mère comprenait le sens de ses paroles et si elle mesurait les conséquences de son acte. Elle le regardait fixement, ses grosses lèvres violettes ouvertes sur le noir de sa bouche.

Il répéta qu'il avait fait exécuter le « roi de Paris », que désormais il ne serait plus captif ni esclave de quiconque, qu'il allait régner enfin – « Régner, mère ! » – mais il n'ajouta pas le mot *seul* pour que la vieille reine ne se sentît pas visée.

Il s'attendait à ce qu'elle lui lançât quelque trait de sa façon, soit pour le complimenter, soit plutôt pour le maudire, mais elle resta muette, comme la reine Louise qui se tenait à son chevet et qui pleurait en silence dans son mouchoir.

Avant de quitter la chambre de sa mère pour entendre la messe à la chapelle, le roi avait remarqué, tapie dans l'ombre de ce matin grisâtre, la silhouette tassée de Charlotte de Sauves. Avant de devenir par ordre de la reine la maîtresse du Balafré, elle avait éprouvé la virilité et noté les confidences de tous les princes et gentilhommes de la Cour, suscité des brouilles, provoqué des réconciliations tapageuses. Naguère le plus efficace instrument de pouvoir entre les mains de la reine-mère, elle n'était plus qu'une vieille femme inutile, que la mort de sa protectrice allait rejeter dans l'ombre et le silence de ses origines, son château de Semblançay, dans la Gâtine tourangelle.

Le roi trouva le capitaine des Quarante-Cinq à la sortie de la messe, sous la galerie.

– Le cardinal, dit-il, qu'en avez-vous fait ?

Loignac l'avait fait enfermer dans une cellule, au troisième étage. Il avait de même mis sous les verrous la mère du prince, duchesse de Nemours, l'archevêque de Lyon, Mme de Montpensier et quelques autres rebelles de moindre importance. Il s'était contenté, suivant les ordres du roi, de faire consigner dans sa chambre le vieux cardinal de Bourbon qui ne serait jamais Charles X.

– C'est bien, dit le roi. Et qu'a-t-on fait du corps de M. de Guise?

Loignac montra une cheminée d'où sortait une épaisse fumée.

– Il est en route vers le ciel, dit-il. Que ferons-nous du cardinal, sire?

– Il prendra le même chemin, mais je doute qu'ils se retrouvent à la droite du Père. Avez-vous trouvé les hommes qui devront l'exécuter?

Loignac, penaud, avoua qu'il n'avait trouvé personne parmi les siens pour tuer un chef de l'Église. Il chercherait dans la basse classe de l'armée. Il trouverait.

On n'avait jamais connu un aussi triste Noël.

Si le Sauveur et la Vierge Marie avaient pu porter leurs regards sur la ville et le château, ils se seraient dit que l'étoile annonçant la venue du Christ pleurait les mêmes larmes que l'étoile Absinthe de l'Apocalypse de saint Jean.

Redoutant sans doute une nouvelle Saint-Barthélemy, les gens venus de Paris et de la province avaient déserté en masse la ville maudite pour un exode qui avait encombré le pont, les routes et le fleuve.

Après avoir appris l'exécution du cardinal de Lorraine, Nicolas Poulain était reparti pour Paris, persuadé que le rideau venait de tomber sur le dernier acte de la tragédie et que les membres des États, grelottant dans leurs chausses, ne feraient qu'expédier les affaires courantes. Il avait invité Melchior à le suivre.

– Nous n'avons plus rien à faire ici, lui avait-il dit. Notre appartenance à la Ligue, pour fictive qu'elle soit, risquerait de nous placer dans une fâcheuse position, malgré l'appui du roi.

– Je vais partir moi aussi, lui avait répondu Melchior, mais pour La Rochelle. C'est de vive voix que je veux rapporter à mon maître les événements dont nous avons été les témoins indirects, mais nous nous reverrons. Je suis impatient de voir comment Paris va réagir.

343

Soucieux de se tenir au courant des travaux de l'assemblée des Églises réformées, le roi de Navarre n'avait pas quitté La Rochelle. D'autre part, Melchior lui donnait des nouvelles des États de Blois chaque semaine. Les courriers de sa sœur Catherine et ceux de Corisande l'informaient de la situation dans son royaume et dans les provinces relevant de son gouvernement.

— Il reste, dit Nicolas Poulain au moment de monter en selle, à convaincre les deux rois, Valois et Navarre, d'observer une trêve et d'unir leurs forces contre Mayenne qui va reprendre à son compte le flambeau de la Ligue. Réussira-t-il à s'imposer ? Ce gros homme chauve et poussif n'a pas la popularité du Balafré. La Ligue doit se sentir veuve et guère décidée à se vouer à n'importe qui.

De Michel de Montaigne ils n'avaient plus de nouvelles. Las de l'ambiance exécrable de la ville, de la lubricité qui coulait à flots, des querelles qui éclataient sous ses fenêtres, le philosophe s'était résolu à regagner son paisible domaine du Périgord. Ce sage n'aimait guère les tempêtes humaines.

Madame Catherine avait insisté pour que deux de ses Italiens, les ambassadeurs Cavriana et Morosini, ainsi que le capucin Bernardo d'Osimo, restassent auprès d'elle jusqu'à sa fin. Ils étaient les derniers liens l'unissant encore à cette Italie qui, au fur et à mesure qu'elle s'éloignait et s'estompait dans son souvenir, lui apparaissait plus poignante, comme le décor poussiéreux d'un théâtre. Des images lumineuses se brouillaient dans ses longues somnolences, ravivaient des odeurs, des saveurs, des visions qu'elle croyait à jamais effacées. Elle s'entretenait avec ses Italiens en dialecte toscan, évoquant tel ou tel personnage qu'eux-mêmes avaient oublié, leur demandant de lui rappeler telle chanson dont elle fredonnait à mi-voix quelques mesures et quelques paroles.

La première visite du cardinal de Bourbon, sorti de sa cellule les yeux hagards comme un hibou affronté à la lumière, fut pour elle. Ils restèrent un moment silencieux, les yeux baignés de larmes. La reine se sentait mieux ; elle avait même effectué une promenade dans son appartement, soutenue par ses servantes, escortée de sa naine fidèle, la Jardinière.

— Voilà bien du tumulte, dit-elle en se laissant tomber dans un fauteuil. Où va notre pauvre royaume ? Que va faire le roi, mon fils ? Il prétend qu'il veut régner, mais je n'en suis pas convaincue. Je crains qu'il ne retombe dans ses turpitudes.

Le cardinal répliqua d'une voix chevrotante :

— Le mieux que Sa Majesté aurait à faire serait qu'elle prît bouche avec le Béarnais, mon neveu. Rien ne les oppose vraiment.

— Il faudrait pour cela, dit la reine, que Navarre cessât de s'obstiner dans son hérésie. Se décidera-t-il ?

— Je ne lui disputerai pas le trône, madame. Je suis trop vieux pour ambitionner la couronne et les excès de la Ligue m'ont déçu.

Elle parla de sa santé, de cette congestion qui brûlait ses poumons, qui l'étouffait.

— Au moins, ajouta-t-elle, j'ai la certitude de ne pas mourir ici. Mes astrologues sont formels : je finirai mes jours près de Saint-Germain, donc à Paris. Et beaucoup plus tard si Dieu me témoigne son indulgence...

À quelques jours de cette entrevue, au début du mois de janvier, alors qu'elle subissait une rechute, le roi envoya son aumônier à sa mère.

— Que me voulez-vous ? dit-elle d'un air suspicieux. Qui êtes-vous ?

— Je m'appelle Julien de Saint-Germain, dit le capucin.

Une heure plus tard, la reine-mère expirait.

On fit à la défunte des obsèques royales.

Ouvert sur l'ordre du roi, le corps avait révélé qu'un poumon était attaqué, qu'une hémorragie avait gagné le cerveau, qu'un énorme abcès s'était formé sur le côté gauche, avec en plus tous les signes de la goutte. Débarrassé de ses viscères, le corps embaumé sans précautions avait été placé dans un cercueil de plomb, lui-même enfermé dans un cercueil de bois. On exposa la dépouille mortelle dans la salle des audiences où une infinité de curieux purent la visiter : en fait, une effigie de la reine, avec un masque de plâtre peint, le corps étant déjà entré en décomposition. Durant les quatre semaines que dura cette exposition, les dames de l'entourage de la défunte se relayèrent derrière les alignements de gros cierges. Toutes les nuits, des franciscains chantèrent l'office des Ténèbres.

Le service funèbre en l'église Saint-Sauveur, située sur les remparts, précéda l'ensevelissement à même la terre et sans inscription. Ramener le corps à Paris était impossible : la capitale était en pleine révolution.

Pierre de L'Estoile, bourgeois de Paris, écrivit dans son journal : *Elle mourut la veille de la fête des Rois. Elle n'eut pas plus tôt rendu son dernier soupir qu'on n'en fit pas plus de compte que d'une chèvre morte...*

16

LE « MÉCHANT MOINE »

1589

Les deux rois, Valois et Navarre, auraient été fondés à entonner le cantique de Salomon : le Seigneur avait exaucé leurs vœux. Leur pire ennemi était mort et l'hydre de la Ligue avait perdu deux de ses têtes.

Au retour de Blois, le roi avait commencé à errer de ville en ville, de château en château, comme un oiseau perdu qui cherche où nicher. Il avait conscience qu'il lui faudrait au plus tôt rencontrer son beau-frère. Navarre excommunié, lui-même n'allait pas tarder à l'être : l'un à cause de sa religion et l'autre pour son crime envers un prince de l'Église romaine. Ces deux maudits qui n'avaient en commun que leur solitude et l'incertitude des lendemains auraient pu, en se réunissant, susciter une énergie capable de renverser le mouvement du destin.

Melchior trouva le roi de Navarre non à La Rochelle mais à Châtellerault. Bien remis de la pleurésie qui avait failli lui coûter la vie et des assises huguenotes qui lui avaient montré qu'on le tenait en suspicion, il était occupé avec ses secrétaires à la rédaction d'un manifeste destiné à affirmer son désir et sa volonté de paix.

M. de Duplessis-Mornay, le principal rédacteur du texte, en lut quelques lignes à Melchior qui, à certains passages, sentit les larmes lui monter aux yeux.

C'est le mot *paix* qui revenait le plus souvent : *Ce mot sacré,*

personne n'a osé le prononcer aux chétifs États de Blois... Cette admirable et
fatale stupidité est un des plus grands présages que Dieu nous ait donnés du
déclin de ce royaume... Il faut la paix, la paix entre les Français... Nous
sommes dans une maison qui va s'effondrer, dans un bateau qui se perd...
Cette maison, il faut la restaurer, ce bateau, il faut le sauver... Nous
sommes la risée des étrangers mais à la fin nous ferons leur conquête...

— Avez-vous des nouvelles de Valois ? demanda Melchior.

— Aucune, répondit Navarre. Et pourtant si...

Il montra, posée sur sa table de travail, une bague ornée
d'une grosse émeraude, que Valois avait trouvée au doigt de
Guise après son assassinat. Elle appartenait à Charlotte de
Sauves. Valois la lui avait adressée.

— Cette attention m'a été sensible, dit Navarre. Mon beau-
frère s'est souvenu que nous avons jadis partagé les faveurs de
cette garce. Au-delà de cette amabilité, je vois une main tendue.
J'attends un message plus précis.

— Il faudrait peu de chose pour que votre entente se
confirme : que vous franchissiez le pas en abjurant.

— J'y suis prêt. J'ai même laissé entendre que je consentais
à être enseigné par des clercs romains, mais je crains que l'on
ne m'ait pas pris au sérieux. Toujours cette réputation de Béarnais hâbleur et menteur que l'on m'a faite à la Cour...

Navarre demanda à Melchior ce qu'il souhaitait : le suivre
dans ses tribulations ou revenir à Paris et poursuivre sa mission
de renseignement ? Melchior décida qu'il adopterait la
deuxième solution. Il n'osa avouer que Paris lui manquait.

— Comment arrives-tu à vivre ? demanda Navarre. Il faut
beaucoup d'argent pour faire bonne figure à Paris.

— Mon négoce devient difficile car les chevaux se font
rares, mais je fais mon beurre.

— Eh bien, repars auprès de tes chevaux et de tes amours.

— Oh ! l'amour... soupira Melchior.

Lorsqu'il retrouva Paris, la ville était en pleine effervescence. Lors de leurs retrouvailles, sur le port au Foin, le long du
Louvre, qui était le lieu de prédilection pour leurs rendez-vous
et leurs promenades, Nicolas lui dit :

– Nous allons devoir ouvrir l'œil. Les gens, c'est-à-dire presque tout Paris, sont devenus méfiants. La moindre tiédeur dans nos propos, la moindre hésitation dans nos comportements peuvent nous envoyer à la Bastille. Nous allons devoir plus que jamais hurler avec les loups, et plus fort si possible.

Le duc de Mayenne, frère de Guise, avait fait une entrée digne d'un *imperator* romain. Mme de Guise, veuve du prince défunt, avait montré à la foule, du haut de son balcon, son nouveau-né qu'on avait surnommé « Paris-Lorraine » et qui serait peut-être un jour roi de France.

Les processions de la Ligue à la mémoire du duc Henri tournaient à la mascarade. On y voyait des étudiants ivres, des moines tirant les oiseaux à l'arquebuse, des bourgeois ventripotents bardés de couteaux de cuisine et de pique-feu, des catins hystériques arborant sur la poitrine le portrait du martyr... Des enfants avaient organisé leur propre procession. Ils portaient des flambeaux que, de temps à autre, ils écrasaient sur le sol en criant : « Ainsi mourra le Valois ! »

Depuis des mois qu'il ne l'avait vue, Melchior trouva qu'Héloïse avait pris un tour de taille avantageux et que son teint s'était altéré, mais il constata qu'elle était toujours aussi amoureuse de celui que, par manière de plaisanterie, elle appelait son « petit Béarnais ».

Maître Amanieu avait mis de l'eau dans son vin : s'il ne manquait aucune réunion des dizainiers, il avait senti fléchir la foi ardente qui l'animait naguère. Ses points de désaccord avec les ligueurs extrémistes étaient nombreux. Il avait vivement réagi lorsque les chefs de la Ligue avaient jeté à la Bastille le président du Parlement et quelques membres jugés trop modérés. Il reprochait à l'Université d'avoir délié la population du serment de fidélité envers le roi assassin. Guise en avait trop fait et avait attiré la foudre. Mais surtout...

– J'ai dû, soupira-t-il, cesser mon activité professionnelle et suis sur le point de fermer mon atelier. Mes compagnons l'ont déserté. Ils sont toujours de quelque assemblée, fête ou procession et viennent reprendre leur travail quand ils en ont envie. Quand je proteste, ils menacent de me dénoncer au colonel qui commande notre quartier. Me dénoncer, moi !

Il jugeait grotesque que la Ligue eût envisagé de faire du gros Mayenne un candidat à la couronne à la place du pauvre cardinal de Bourbon.

— Ce poussah sur le trône ! s'exclamait le menuisier. Imaginez le spectacle ! Si cela ne prêtait à rire, il faudrait en pleurer !

— Maître, dit Melchior avec embarras, je vais oublier vos critiques mais n'allez pas les répandre sur la voie publique. Vous risqueriez...

— ... la Bastille ou le Châtelet, je sais, marmonna le pauvre homme. Mais si cela m'advenait, vous m'aideriez à m'en sortir, car vous, mon fils, qui avez gardé une foi intacte dans la Sainte Union, on vous écoute et on vous respecte.

Navarre ne tarda pas à recevoir le signe qu'il attendait : Valois désirait le rencontrer.

Un dimanche de la fin d'avril, alors qu'il sortait de la messe au couvent de Marmoutier, à moins d'une lieue de Tours, le roi apprit que Navarre se tenait sur pied de guerre dans les parages de Maillé. Il vit dans cette circonstance l'occasion d'un entretien avec l'ancien prisonnier du Louvre.

Le jour même, il lui écrivit pour lui proposer un rendez-vous au pont de La Motte. Lorsque Navarre se présenta sur le lieu de la rencontre, il ne trouva, à la place du roi, que le maréchal d'Aumont. Sa Majesté, expliqua le messager, attendait son beau-frère au château de Plessis-lès-Tours.

— Cela sent le piège, dit Agrippa. Nous risquons de tomber dans une embuscade entre Cher et Loire et nous n'avons pas les forces suffisantes pour faire front.

— Et moi, je fais confiance à Valois, dit Navarre. Quel intérêt aurait-il à nous entraîner dans un traquenard ? Nous allons passer l'eau, et à la grâce de Dieu...

Montée dans des embarcations légères, la troupe traversa le fleuve à Saint-Symphorien et aborda dans les parages du château dont le roi Louis XI avait fait sa résidence sur la fin de son règne, dans la solitude et la détresse. On ne trouvait plus autour de cette place les potences que le souverain y avait dressées pour protéger des malandrins l'éminence rocheuse des Montils sur laquelle s'étendait cette place-forte. Navarre sentit son cœur se serrer en songeant que sa mère, la reine Jeanne, avait vécu là quelques années de sa jeunesse.

Lorsque, à travers les premières verdures du printemps, il aperçut des éclats d'armures et des mouvements de chevaux, il se demanda si Agrippa n'avait pas eu raison de se méfier.

M. de Montbazon, qui avait suivi le maréchal, surprit la réaction du visiteur et le rassura : il s'agissait d'une patrouille à cheval ; les troupes de Mayenne couraient le pays et une surprise n'était pas à écarter.

Navarre fit signe à sa suite d'avancer. La forteresse d'où surgissait la flèche d'une chapelle et le campanile d'un corps de logis avait une mine rébarbative avec ses courtines qui mêlaient la brique à la pierre.

Outre une garde composée d'une centaine d'hommes, une foule venue des environs se pressait devant les remparts en agitant des chapeaux et des rameaux de saule et de houx. La suite de Navarre franchit un premier pont-levis, puis un second qui débouchait sur une cour centrale au fond de laquelle se développait une longue et gracieuse colonnade.

La foule avait suivi, précédée par des gentilshommes portant les couleurs des Valois. L'affluence était si pressée que Navarre, ayant mis pied à terre, entouré et fêté comme le Messie arrivant à Jérusalem, pouvait à peine avancer. De toute part, au milieu de la cour, du haut des remparts, dans les arbres, des curieux s'étaient juchés, criant : « Vivent les rois ! », et : « Bienvenue au Béarnais ! »

Lorsque Navarre aperçut Valois en train de descendre l'escalier menant au parc, il agita son panache ; le roi lui répondit par un sourire et un signe de la main. Il leur fallut, pour se rejoindre, faire appel aux gardes qui écartèrent la foule en criant : « Place ! Place ! Voici Sa Majesté ! »

Navarre sentit l'émotion lui serrer de nouveau la gorge lorsqu'il vit ses gentilshommes se précipiter vers ceux de Valois et les étreindre en riant, la plupart étant de vieilles connaissances qui, en s'affrontant sur des champs de bataille, ne se faisaient pas de cadeau.

Le fils de Madame Catherine avait bien changé : cette démarche hésitante, ce regard terne, ce visage rongé par des dartres, ce front dégarni... Rien en lui ne subsistait de l'éphèbe qu'il avait connu jadis, dont les femmes – et parfois les hommes – étaient épris. Mais lui-même ? Il s'était regardé ce matin dans le miroir que lui tendait un valet : ces joues creuses, ces rides précoces, cette toison grisonnante, ce pli d'amertume au coin des lèvres. Il n'était plus le jeune homme qui, treize ans auparavant, s'était évadé de la Cour. De plus, il ne se présentait pas à son avantage, avec son vieux buffle usé et éraflé par les coups de griffe des combats, ses chausses élimées, son manteau troué par les balles, son panache roussi par un coup de couleuvrine...

Le Valois lui dit en l'embrassant :

– Je bénis le ciel qui a favorisé cette rencontre. Tant de choses se sont passées depuis notre dernière entrevue... C'était...

– ... il y a treize ans, sire. J'ai fait preuve envers vous d'une rare ingratitude. M'enfuir sans daigner vous présenter mes respects et vous remercier de votre hospitalité...

– Vous êtes pardonné ! dit le roi en riant. À votre place, j'aurais fait de même. Oublions nos querelles. J'ai fait préparer un souper pour vous et vos gentilshommes. Il scellera notre réconciliation.

– Il fallait en venir à cette conclusion, dit Navarre. Nous nous faisons la guerre alors que la tournure des événements devrait nous rapprocher.

– Mon frère, dit Valois d'une voix tremblante, ce que vous me dites me comble de joie. Quoi qu'on pense et qu'on dise, vous êtes mon seul héritier. Je n'attends pour le proclamer qu'un bon mouvement de votre part.

– Que je tourne casaque ? Eh bien, j'y suis disposé.

— Alors embrassons-nous ! Entre excommuniés...

— Vous ne l'êtes pas encore, sire.

— Le pape a pris cette décision et ne tardera pas à l'annoncer. Curieuse situation : moi rejeté par mon Église, vous suspect à la vôtre. Décidément, nous sommes faits pour nous entendre...

Navarre se dit qu'il allait négocier en position de force. Il était à la tête d'une armée de braves, maître de plusieurs provinces : Poitou, Saintonge, Guyenne et Gascogne... En Dauphiné, Lesdiguières avait proposé son alliance aux catholiques modérés, préfigurant le rapprochement entre les deux rois. Le duc d'Épernon, naguère favori du roi, se rapprochait de nouveau de son ancien protecteur et tenait ferme l'Angoumois contre la Ligue. Le Languedoc était sous la loi de Damville dont la fidélité au roi s'affirmait. La Guyenne sous Matignon se tenait à l'écart des excès des ligueurs.

Le duc de Mayenne n'avait pas attendu longtemps après la mort de son frère pour montrer qu'il fallait compter avec lui. Entré en campagne au début de l'année, il avait disputé le Poitou à Navarre et tournait ses regards vers la Normandie.

— J'aurais aimé, dit le roi, que nous ayons un entretien seul à seul dans le parc, mais regardez : il est envahi par la foule comme la place de Grève un jour de fête. Nous serons plus à l'aise dans le château.

La discussion entre les deux souverains ne dura que deux heures. Ils convinrent pour l'essentiel d'une suspension d'armes d'un an à compter du jour de leur rencontre, avec promesse de se porter assistance en cas de besoin. Le souper acheva de donner coprs à ce mouvement de confiance et d'amitié.

Dans la semaine qui suivit, alors que Valois effectuait une promenade dans les environs de Tours, il fut surpris par les avant-Gardes de Mayenne. Il n'eut que le temps de se retirer sur le faubourg Saint-Symphorien, au nord de la ville, et, le dos à la Loire, de s'y enfermer.

Après une journée d'âpre résistance, la situation de la petite troupe royale commençait à devenir inquiétante quand, peu avant l'aube, comme par miracle, le roi vit les forces adverses refluer en désordre, attaquées sur leurs flancs par un adversaire imprévu : Navarre. Il avait suffi qu'il se présentât, qu'il lançât une charge de ses cavaliers gascons pour que l'ennemi prît la fuite.

— Je me doutais bien, dit Navarre en pressant son beau-frère contre sa poitrine, que nous ne tarderions pas à nous revoir.

— Je vous revaudrai cela, dit le roi.

Il avait retrouvé en quelques heures, dans le feu de la bataille, sa vivacité de jadis, son allure guerrière, son autorité. Navarre ne put se retenir de lui en faire compliment.

— Il n'y a rien de tel que l'aventure guerrière pour vous donner goût à la vie, répondit Valois. Je me sens aussi gaillard qu'à l'aube de la bataille de Moncontour, où j'ai fait mes premières armes. C'était...

— Il y a tout juste vingt ans, sire. Je vous attendais de pied ferme. Ce fut une fameuse empoignade, et j'ai trouvé à qui parler.

Navarre n'avait pas revu Corisande depuis deux ans. Depuis ce jour d'octobre où il était allé jeter à ses pieds les étendards de Coutras.

Elle lui manquait de moins en moins. Il continuait à lui demander conseil, à apprécier ceux qu'elle lui donnait, les observations qu'elle formulait dans ses lettres, avec, ici et là, une tonalité d'amertume à peine sensible, pour lui reprocher de la délaisser. Elle lui était fidèle. Lui pas. Il chargeait ses écuyers de rabattre dans ses gîtes de hasard, chaumière ou château, des proies qu'il devait parfois violenter et violer, mais c'étaient les lois de la guerre, et d'ailleurs il se montrait généreux.

Il fallait bien en convenir : leur passion s'éteignait comme un beau crépuscule. Il feignait de croire et laissait croire que rien n'était perdu ; il se nourrissait des quelques images pathétiques qui surnageaient dans sa mémoire, au milieu d'un fatras de chevauchées et de coups de main. C'était Corisande dans les jardins de Pau, baignant, sous son ombrelle, dans une lumière qui lui faisait un visage angélique... Corisande à la sortie de la messe, à Hagetmau, avec ses négrillons, ses nains et ses perroquets... Corisande nue sur une fourrure d'ours, devant la cheminée, un soir d'hiver...

Elle ne se faisait plus d'illusions sur son « petiot » : les millions de baisers dont il couvrait ses pieds et ses mains étaient dévalués. Des mots, encore des mots et, derrière, le vide d'une longue absence.

Il lui écrivait qu'il n'aimait et n'honorait personne comme elle ; elle griffonnait en marge : *Rien ne le laisse croire.* Il jurait qu'il lui resterait fidèle jusqu'au tombeau : elle remplaçait *fidélité* par *infidélité.* Chaque lettre qu'il lui adressait était passée au crible, griffée en marge de quelque réflexion dubitative.

Il lui raconta ses entrées à Beaugency, à Pithiviers, à Monthléry, à L'Isle-Adam, sa réconcilation avec le roi, leur décision, prise par la suite, d'aller de concert faire le siège de la capitale, son installation, enfin, au château de Meudon, domicile du fils d'Henri de Guise.

Lorsque Corisande lut la lettre où il lui annonçait cette intention, elle laissa tomber la feuille sur ses genoux et secoua la tête. Voilà que son « petiot » avait la folie des grandeurs ! S'attaquer à Paris relevait de l'inconscience. Il allait s'y briser les dents.

Il lui avait promis de la faire venir à Paris dès qu'il en aurait franchi les portes et de la faire accompagner par l'infante Catherine, afin qu'elles pussent participer à son triomphe. Elle répliquait qu'elle attendrait pour répondre à cette invitation qu'il lui donnât certaine maison qu'il lui avait promise.

Corisande n'était pas la seule à trouver cette ambition insensée. Navarre se heurtait à l'opposition de ses vieux compagnons qui avaient appris à prendre à la légère ses fanfaronnades de Béarnais et ne lui envoyaient pas dire. Il répliquait dans un grand rire :

— Je suis venu jusqu'ici pour baiser cette belle fille, et vous voudriez que je me contente de lui mettre la main au cul! *Cap-dediou*, ce sont les événements qui nous mettent l'épée aux reins! Je me suis juré de ramener le roi au Louvre et je tiendrai parole. Si Valois accepte de me suivre, nous ferons bientôt célébrer un *Te Deum* à Notre-Dame. C'est au cœur qu'il faut frapper la Ligue. Et la Ligue est à Paris!

Valois était tout disposé à suivre son beau-frère sur cette voie triomphale.

Ils s'écrivaient chaque jour, échangeaient leurs convictions et leurs doutes. Finies la petite guerre, les conquêtes sans gloire et sans profit! Navarre battit le rappel de ses compagnons épars à travers le Saintonge et le Poitou. Le roi fit de même parmi ses fidèles et se déclarait prêt à se battre. Ils se dirigèrent vers Paris par petites étapes pour ne pas fatiguer leurs troupes et leur ménager de bons cantonnements. L'air de ce printemps frémissait d'allégresse. On s'attendait chaque matin à trouver l'armée de Mayenne en ordre de bataille, mais elle battait en retraite vers la capitale.

Le 31 juillet, les deux armées campaient en vue des faubourgs : Valois à Saint-Cloud, dans une demeure bourgeoise, et Navarre à Meudon, dans une demeure des Guise.

À quelques jours de là, après une montre, Navarre vit accourir un cavalier portant les armes du roi, qui sauta de cheval, lui glissa quelques mots à l'oreille avant de remonter prestement en selle. Navarre resta immobile, figé comme une statue.

— Une mauvaise nouvelle, sire? demanda Agrippa.

— Je dois m'absenter, dit Navarre. Valois vient d'être blessé. Un attentat, à ce qu'il paraît...

Jacques Clément se plaisait à Paris.

Fils d'une famille de paysans du Sancerrois, il avait trouvé dans cette grande ville une passion, une violence conformes à sa nature rebelle et exaltée. Décidé à entrer dans les ordres, il avait jeté son dévolu sur les dominicains de la rue Saint-Jacques. Dès les premiers jours de son noviciat, on lui avait confié une arquebuse en le priant d'aller se mêler aux joyeux défilés de la Ligue. Il s'était amusé à tirer, non sans une certaine adresse, sur les pigeons, les mouettes et dans les fenêtres de gens suspects d'opinions modérées. On l'appelait le « capitaine Clément ». Il ne tarda pas à rêver de cibles humaines et priait le Seigneur de lui fournir l'occasion d'exterminer tous les sodomites de la terre, à commencer par ce Valois que le pape venait d'excommunier.

Frère Jacques rencontra, quelques semaines après le début de son noviciat, une créature angélique affectée d'une légère boiterie et qui portait en sautoir des ciseaux d'or. Il se dit qu'il devait s'agir d'une couturière; elle le détrompa, l'invita à s'asseoir en face d'elle, sur l'escabeau du parloir.

— Je suis Mme de Montpensier, la sœur de monseigneur le duc de Guise que Valois a fait assassiner à Blois. Êtes-vous au courant de cette affaire?

S'il était au courant? Son sang n'avait fait qu'un tour en

apprenant ce crime. S'il avait tenu Valois dans la mire de son arquebuse...

— C'est bien, dit-elle. Peut-être ne me connaissiez-vous pas, mais moi, j'ai beaucoup entendu louer vos excellentes dispositions envers la Sainte Union dont je fais partie, comme c'est le devoir de tout citoyen. Je ne vous cache pas que nos chefs ont l'œil sur vous et vous prédisent un bel avenir. Encore faut-il que vous fassiez vos preuves. Qu'est Valois pour vous ?

— Un sodomite.

— Mais encore ?

— Un criminel.

— Est-ce tout ?

— Un démon ! Valois est l'incarnation du démon. Il mène la religion et le royaume à leur perte. Le Saint-Père l'a condamné. Il faut le tuer comme il a tué monseigneur le duc de Guise. Il faut...

Elle sourit de le voir, peu à peu, s'animer, se déchaîner avec de grands gestes, le visage rouge d'une colère prophétique. Ce moine était fou : c'était un signe favorable, inespéré...

— Certes... certes..., dit la duchesse. Il reste à trouver celui qui se chargera de cette sainte mission.

Le pauvre dément se leva, comme ébloui par une perspective radieuse.

— Est-ce à dire, madame...

— Vous avez fort bien compris où je veux en venir. C'est vous que nos chefs ont choisi pour être l'élu qui précipitera Valois dans les enfers. On dit, mais est-ce vrai ? que vous avez le don de vous rendre invisible. Dieu vous aurait-il attribué ce pouvoir réservé aux élus ?

— C'est exact, madame, mais en certaines circonstances seulement.

— Cela facilitera notre projet. Acceptez-vous la grâce qui vous est faite ?

— Si j'accepte, madame ? Dites-moi seulement le jour et l'heure. Je suis très habile au tir de l'arquebuse et...

— Doucement, mon frère ! Tirer aux pigeons et tuer un roi,

360

ce n'est pas la même chose. Il faut vous préparer à ce sacrifice. Vous devrez jeûner trois jours pleins, vous livrer à des macérations qui feront de vous l'instrument de la volonté divine. Le Valois et le Béarnais seront bientôt devant Paris. Vous serez informé, dès leur arrivée, des détails de votre mission.

— Devrai-je les tuer tous les deux ?

— Un seul suffira : Valois. Pour l'autre, nous nous en chargerons.

Au comble de l'exaltation, le moine s'écria :

— Ah, madame ! vous m'ouvrez les portes du ciel...

Comme il s'agenouillait pour baiser le fond de sa robe, elle lui laissa entrevoir sa cheville, qu'elle avait délicate.

— Ce n'est qu'un acompte, dit-elle en le relevant. Réussissez dans votre mission et je n'aurai rien à vous refuser, mon ami...

On enferma l'illuminé dans une cellule que l'on avait pris soin de tapisser d'images relatant les horreurs commises par les hérétiques et des scènes représentant l'assassinat du duc de Guise.

En quelques jours, le jeûne qui lui fut imposé, ainsi qu'une mystérieuse boisson qu'on versa dans son broc firent leur office : frère Jacques se sentait prêt à partir en croisade contre tous les sodomites de la terre et appelé aux plus hautes destinées : la pourpre cardinalice et, pourquoi pas ? le trône de saint Pierre. On fit en sorte qu'il crût à son pouvoir de se rendre invisible.

Mme de Montpensier revint à plusieurs reprises visiter le pauvre fou. Elle faisait mine de le chercher dans sa cellule alors qu'il y était. Elle le trouvait dans un parfait état d'exaltation, au point qu'elle se prit à redouter qu'il ne commît quelque imprudence qui l'eût fait démasquer au moment d'accomplir sa mission.

Au début du mois d'août, elle le raisonna, lui confia les dernières instructions, l'embrassa et lui annonça que Dieu avait l'œil sur lui et le soutiendrait.

Le lendemain de cette dernière entrevue, frère Jacques Clément, avec la permission du supérieur, prit la direction de Saint-Cloud sur une bourrique avec, dans la poche de son froc, une lettre à l'intention de Valois et un poignard. Il faisait nuit lorsqu'il se présenta à la porte de M. de Gondi, chez qui le roi avait élu domicile, et demanda à rencontrer Sa Majesté. Estimant que l'heure était trop tardive pour une audience, le procureur le pria de patienter jusqu'au lendemain.

Frère Jacques fut traité convenablement : il soupa et coucha sur place, sans que l'on parût attacher la moindre importance à sa personne, au point qu'il se demanda s'il n'était pas parvenu à se rendre invisible.

Dans le courant de la matinée, on vint le prévenir que le roi l'attendait. Il trouva Sa Majesté sur sa chaise percée, occupée à rendre son clystère. Les gardes hésitant à livrer passage à ce dominicain au comportement singulier, il s'écria :

– Laissez-le entrer! Je ne veux pas que l'on puisse me reprocher de refuser l'audience à un simple moine.

Frère Jacques s'étant agenouillé, le roi le fit se relever et lui demanda ce qui l'amenait. Le moine parut hésiter ; dans ses illuminations, il s'était représenté le roi sous un autre jour : un museau de bouc, des cornes sur le front, une réplique de Lucifer, et voilà qu'il se trouvait devant un homme tout simple, affable, souriant, assis non sur un trône fait d'ossements humains mais sur une chaise percée! Il chancela, se signa, souhaita que la Providence le rendît invisible et lui donnât la force d'accomplir sa sainte mission.

Il balbutia :

– Je suis porteur d'un message pour Votre Majesté... De la part du président du Parlement...

– Diantre! fit le roi.

Il prit la lettre, la lut, avoua ne rien comprendre à ce galimatias qui avait toute l'apparence d'un faux. Il fronça les sourcils, demanda qui lui avait remis cette lettre et si c'était tout. Le moine s'empêtra dans ses explications, puis déclara :

– J'ai un autre message à vous confier, sire, mais de vive voix et en secret.

— Soit! dit le roi que l'affaire commençait à irriter. Messieurs, écartez-vous, je vous prie.

Frère Jacques s'approcha du roi, se pencha vers lui et soudain, tirant son poignard de sa poche, le plongea dans le ventre du roi, sous la ceinture.

— Ah, le méchant moine! s'écria le roi. Il a voulu me tuer!

Il arracha le poignard, en frappa le moine au visage. Les gardes se ruèrent sur le meurtrier. L'un d'eux lui plongea son épée dans la poitrine. D'autres le clouèrent au sol à coups de hallebarde.

Une voix lança :

— Le médecin! Appelez le médecin du roi!

Miron arriva peu après, examina la blessure, estimant qu'elle était peu profonde et que Sa Majesté en guérirait.

Alité devant la fenêtre ouvrant sur le parc, avec, dans le lointain, le panorama de la capitale dans une brume ensoleillée, le roi était occupé à son courrier adressé à la reine Louise, qui séjournait à Chenonceaux, lorsque Navarre se présenta.

— J'avais les pires appréhensions en cours de route, dit Navarre, et je vous trouve gaillard. Cette blessure...

— ... guérira vite. Miron m'en a donné l'assurance. Ce moine était un maladroit.

— Sait-on qui lui a confié cette mission?

— Pas encore. Je regrette qu'on l'ait trucidé avant d'avoir pu le faire parler, mais cet acte est signé. C'est Mme de Montpensier qui a armé le bras de ce maudit dominicain, à n'en pas douter. Elle a voulu venger la mort de son frère, j'en mettrais ma main au feu.

Ils restèrent une heure à bavarder. Navarre avait inspecté les fortifications. Il était prématuré d'envisager un assaut, mais les portes étaient sous surveillance et le blocus de la ville avait débuté.

Le roi se fit transporter dans le parc, fit la sieste sous un tilleul bourdonnant d'abeilles, s'abstint de manger et de boire, comme Miron le lui avait conseillé. Lorsqu'on le ramena à sa chambre, il sentit comme un déchirement dans son ventre. Il vomit et perdit connaissance.

— Je crains le pire, dit Miron. La lame a tranché le péritoine et Sa Majesté a fait une grosse hémorragie.

— Est-ce à dire..., murmura Saint-Prix, le premier valet de chambre.

— ... Sa Majesté est perdue ? Je le crains, hélas.

Navarre retourna à Saint-Cloud à bride abattue, quelques heures plus tard, alors que la nuit tombait.

— Je vous attendais, mon frère, dit le roi d'une voix blanche. Je crains qu'il ne me reste que quelques heures à vivre. Je suis heureux que vous arriviez à temps. Asseyez-vous près de moi et écoutez ce que j'ai à vous dire.

Il prit la main de Navarre, ajouta :

— Je tiens à vous affirmer que je vous considère comme mon seul héritier, mais vous savez sous quelles conditions.

Son corps se tendit sous le drap. Il grimaça, parvint à murmurer :

— Dieu, que je souffre... Écoutez-moi, je vous prie. À la mort de mon frère Charles, j'ai promis de prendre soin de son bâtard, Auvergne, qu'il a eu de sa maîtresse, Marie Touchet. C'est un bon garçon.

Il fit à Navarre quelques autres recommandations, puis demanda que l'on fît entrer les quelques dignitaires qui attendaient dans l'antichambre. Il se cambra sous la douleur, toussa pour s'éclaircir la voix.

— Mes amis, dit-il, je vous prie de reconnaître Henri de Navarre comme mon frère, de l'accepter comme votre roi lorsqu'il aura renoncé à l'hérésie et de lui prêter serment de fidélité.

Comme ils hésitaient, se consultaient avec des airs offusqués de coqs en colère, il leur jeta :

— Messieurs, c'est un ordre !

Ils regimbèrent mais acceptèrent de plier le genou et de formuler leur serment à tour de rôle.

— Fort bien, mes amis, dit le moribond. Je vais partir rassuré quant à l'avenir de mon royaume. Vous pouvez vous retirer. Vous, mon frère, restez encore un peu.

Le roi semblait dormir mais, par intermittence, prononçait des propos indistincts. Il parut soudain s'extraire de sa torpeur et murmura :

– Mon frère, donnez-moi votre main. Voici ma dernière recommandation : je crains qu'à l'annonce de ma mort les compagnies de Suisses de mon armée ne se dispersent. Veillez à les en empêcher. Vous aurez besoin d'eux. Ce sont les meilleurs soldats du monde.

Il reçut les derniers sacrements et sombra dans le coma.

Peu à peu, alors que la mort faisait son œuvre, le masque rigide, blême, émacié qui faisait du roi un vieillard prématuré laissait place à un visage où se retrouvaient les grâces de la jeunesse, une certaine sérénité, un sourire un peu narquois. C'était de nouveau l'image du « petit aigle », du « jeune dieu » cher à Madame Catherine. « La mort, songeait Navarre, a fait en quelques mois une ample moisson. Dieu sait quand elle s'arrêtera... »

Le roi expira à deux heures du matin sans avoir prononcé une parole.

Pierre de L'Estoile, bourgeois de Paris, écrivit dans son journal : *Henri de Valois aurait été un très bon prince s'il eût régné dans une bonne époque.*

17

LE ROI DES BRAVES

1589

On avait retrouvé le cadavre de maître Amanieu dans son atelier, pendu à une poutre. Melchior se fit aider de l'un des fils du menuisier pour le décrocher et lui confectionner un cercueil. On l'enterra de nuit, sans les sacrements de l'Église, honteusement.

C'était au retour d'une réunion de dizainiers que l'artisan avait pris ce funeste parti. Depuis quelque temps on le jugeait trop modéré, au point que l'on avait décidé de le rayer des listes de dizainiers et de le faire rentrer dans le rang. Il n'avait pas supporté cette disgrâce, lui qui avait toujours servi fidèlement la Sainte Union contre les rebelles huguenots et politiques mais qui, fort imprudemment, exposait ses réticences.

On l'avait fait taire. Dès qu'il demandait la parole, on le huait. On menaçait de le dénoncer à la prévôté.

Dans sa famille il rencontrait le même ostracisme, malgré l'appui discret de son gendre. Sa femme, sa fille, ses fils lui reprochaient sa tiédeur, sa moralité hors de saison étant donné les circonstances.

On n'avait pas eu une larme en le portant en terre, au fond du jardinet qui s'étendait jusqu'à la rue Saint-Thomas-du-Louvre. Il est vrai qu'il laissait une situation matérielle difficile, un atelier à l'abandon et de maigres économies.

— Nous ne pouvons compter que sur vous pour nous tirer d'embarras, lui dit Mme Marthe. Vous allez épouser Héloïse dès que possible pour nous éviter de mendier notre pain. Elle a assez lanterné, la pauvre petite...

Melchior avait déjà repoussé à diverses reprises les injonctions concernant son mariage. Son séjour à Blois avait été pour lui une trêve salutaire; il avait même songé à profiter de cette longue absence pour rompre les ponts, mais le devoir de gratitude qu'il témoignait à maître Amanieu l'avait retenu. Il s'était contenté d'espacer les courriers qu'il adressait à sa fiancée, qui, à son retour, avait pleurniché sur son épaule :

— Vous ne m'aimez plus, vilain garçon! En quoi vous ai-je manqué? Avez-vous dessein de m'abandonner après m'avoir déshonorée?

« Déshonorée! » Le mot lui parut un peu fort, et même injustifié. Il protesta mollement qu'il n'avait pas l'intention de fuir cette quiétude familiale, mais il y songeait de plus en plus. Il était las des soupes à la grimace, des criailleries, des reproches agressifs, des menaces des fils et de leurs demandes d'argent.

Lorsque Melchior jugea que c'en était trop, il décida de disparaître, mais pas à la façon de maître Amanieu.

À quelques jours de l'arrivée des deux rois sous les murs de la capitale, il revêtit sa tenue militaire, sella son cheval et, prétextant auprès de la famille d'une mission à accomplir pour la Ligue dans les parages de Saint-Denis où l'on se battait ferme, il dit en pressant Héloïse contre sa poitrine :

— Si je meurs, ma dernière pensée sera pour vous.

À trois jours de son départ, Nicolas Poulain se présenta à la famille du menuisier, la mine contrite. Il venait lui apprendre une triste nouvelle : Melchior avait été tué d'une balle de pistolet en pleine tête lors d'une sortie.

— Avant de se porter à l'ennemi, ajouta Nicolas, il m'a confié cette bourse et me demandant de vous la remettre au cas où il ne reviendrait pas. Il avait le pressentiment de sa fin. Ne cherchez pas son corps. Il est aux mains des royaux.

— Je ne suis pas fier de moi, dit Melchior d'un air sombre. Cette supercherie est une lâcheté. Comment Héloïse et sa mère ont-elles pris la nouvelle de ma mort?

370

– Elles ont versé quelques larmes, puis compté les écus. Elles ont paru satisfaites. N'aie pas de scrupules. Après tout, c'est comme si tu avais fait un marché avec elles. Que vas-tu faire à présent ? Rejoindre Navarre ?

– Il souhaite que je reste à Paris. Je lui suis plus utile ici que dans son entourage. J'y resterai donc avec mon masque de ligueur. Et toi-même ?

La mort du roi, qu'il venait d'apprendre, avait désarçonné Nicolas Poulain et l'avait libéré de sa sujétion au souverain.

– Je vais faire comme toi, dit-il : continuer à exercer les fonctions à la prévôté, faire bonne figure aux Seize, jouer la comédie jusqu'au dernier acte.

Il ne croyait guère aux chances de Navarre, malgré la caution du défunt roi : même s'il abjurait, le peuple ne voudrait pas de lui et les autorités moins encore. Il allait continuer ses bravades gasconnes sous les murs de Paris avant de se retirer, de guerre lasse, dans ses montagnes.

– Il s'est trop approché du trône pour se retirer volontairement, dit Melchior. Je le connais bien. Quand il a une idée en tête...

Pour Melchior le seul souci, désormais, fut le trafic de chevaux. Il lui en restait une bonne cinquantaine qu'il négocia tête après tête, souvent à des Espagnols que Mayenne avait fait entrer dans Paris et qui avaient la bourse bien garnie. Le blocus lui interdisait d'aller s'en procurer dans les campagnes de Picardie et *a fortiori* en Allemagne. Il devrait s'organiser pour vivre avec ce qui lui restait de son troupeau.

La mort du roi avait créé dans Paris une commotion qui s'était vite muée en exaltation.

Les prédicateurs en chaire, les moines aux carrefours déliraient en termes bibliques sur la mort du *Vilain Herode*. Partout s'allumaient des feux de joie sur lesquels on jetait des effigies de paille à l'image du maudit prince. Dans les processions dont la duchesse de Montpensier prenait la tête, on promenait des portraits du moine Jacques Clément et l'on exposait ses reliques, dont certaines, fausses, évidemment, se vendaient à prix d'or.

Lorsque la Jolie Boiteuse avait appris le succès de la mission confiée au moine, elle avait exulté :

— Je n'ai qu'un regret, s'était-elle écriée, c'est que le tyran n'ait pas appris avant de crever qu'il me devait sa mort !

Elle fit rechercher dans le Sancerrois et ramener à Paris la mère du martyr : une humble paysanne qui n'avait jamais quitté son village et ignorait ce que son fils était devenu. On la décrassa, on lui fit revêtir des vêtements propres et décents afin de la promener en triomphe dans la capitale.

Melchior se rendit très vite compte qu'il était difficile et même dangereux de traiter avec les officiers et les soldats espagnols.

Leur arrogance n'avait d'égale que leur cupidité. Ils marchandaient dans leur baragouin, pour le plaisir, mais ne payaient le cheval qu'ils avaient choisi que le prix qu'ils fixaient eux-mêmes. À la moindre contestation, ils dégageaient de leur ceinture un de ces longs poignards qu'ils appelaient *navajas*.

Pour un bidet de quinze écus ils en donnaient dix ; pour une cavale qui en valait trente ils en offraient vingt. Ils trouvaient toujours quelque défaut, la plupart du temps imaginaire, à l'objet de leur convoitise : tel cheval avait la bouche dure, tel autre était trop grêle des jambes, ou trop lourd, ou encore il répondait mal à la main ou à la houssine...

Lorsque Melchior, ayant accepté qu'un vague *sargento* allât essayer dans le quartier un superbe bai d'origine allemande, ne le vit pas revenir, il décida de fermer boutique et d'attendre des jours meilleurs.

— Ces *bandoleros*, dit Nicolas Poulain, se conduisent chez nous comme chez les Indiens d'Amérique. Ils dévalisent les boutiques, mangent et boivent gratis dans les lieux publics, violent les femmes et les filles de tous âges et de toutes conditions. Lorsque j'ai protesté auprès du prévôt, il a refusé de m'entendre. Il ne faut pas mécontenter ces bandits car on va avoir besoin d'eux...

Navarre avait soigné sa tenue, pris le deuil violet en utilisant l'habit que le défunt avait revêtu pour les obsèques de la reine-mère et que l'on avait mis à sa taille. Il avait rendu à son beau-frère les honneurs funèbres. La basilique de Saint-Denis étant aux mains des rebelles de la Ligue, le corps fut enseveli en l'abbaye Sainte-Cornille de Compiègne, en présence de la reine Louise, plus discrète et plus diaphane que jamais.

Navarre lui avait dit :

— Sachez, madame, que vous trouverez toujours auprès de moi aide et protection. Cachez-vous de la Ligue, ces hyènes qui aimeraient vous ramener dans Paris et vous emprisonner.

De retour à Saint-Cloud, il se dit que la situation ne semblait pas tourner à son avantage.

Les gentilshommes que Valois avait fermement invités à le considérer comme leur futur souverain — le saluaient distraitement, tenaient des conciliabules dans son dos, le toisaient d'un air rogue. La plupart, ayant renié leur serment, avaient quitté Saint-Cloud sous des prétextes fallacieux pour regagner leur province. À peine le corps du souverain avait-il été porté en terre, le maréchal de Biron avait sollicité le comté du Périgord pour prix de ses services auprès du roi. Sursaut indigné de Navarre : accepter d'amputer le royaume de cette province aurait créé un précédent ; il entendait déjà la meute acharnée à dépecer cette royauté sans roi, comme l'avaient fait jadis les fils de Charlemagne. C'était non ! Le maréchal courba l'échine et avala sa bile.

Le roi avait recommandé à Navarre de veiller sur son régiment de Suisses. M. de Sancy le lui amena. Ils traînaient les pieds, l'œil sur la pointe de leurs bottes.

— Il faut les comprendre, sire, dit Sancy. Tous sont originaires de cantons catholiques. Se mettre au service d'un prince huguenot pose un problème à leur conscience.

Navarre les passa en revue, les harangua, leur disant :

— Ceux d'entre vous qui veulent me quitter le peuvent. Je ne retiens personne. Ceux qui resteront, comme le souhaitait notre défunt souverain, auront à cœur de défendre la France et l'honneur.

M. de Givry s'avança vers Navarre, s'agenouilla, lui baisa la main et, tourné vers la troupe, lança :

– Sire, vous ne serez abandonné que des poltrons ! Vous êtes le roi des braves !

Les Suisses répondirent par des ovations et prêtèrent serment. Il fut aussi facile de retourner les gardes écossais et allemands, en leur promettant – ce qui était imprudent – de régler sans retard l'arriéré de leur solde.

La situation fut plus difficile à maîtriser pour ce qui concernait les militaires français.

Lorsque les deux armées avaient installé leur camp devant Paris, on pouvait évaluer les forces conjointes à trente ou quarante mille hommes, y compris les mercenaires. L'annonce du meurtre de Valois avait fait fondre ces effectifs, la plupart des gentilshommes catholiques refusant obéissance à un chef hérétique. Navarre constata avec stupeur, suivant les comptes que lui présenta Rosny, que moins de dix mille combattants, pour la plupart de vieilles casaques huguenotes, lui restaient. Nombre de ses compagnons l'avaient abandonné en apprenant, après la rencontre de Plessis-lès-Tours, que l'on allait faire cause commune avec le prince qui avait participé activement au massacre de la Saint-Bathélemy.

Alors que Navarre, revenu au camp de Meudon, se demandait s'il allait rester devant Paris, un gentilhomme normand, François d'O, ancien surintendant des finances du roi défunt, lui avait lancé, avec une sécheresse frisant l'insolence :

– Sire, je viens à vous délégué par les gentilshommes de la suite de notre regretté souverain et qui étaient présents autour de son lit de mort. Nous avons prêté serment d'obéissance envers vous. Encore convient-il que vous renonciez à l'hérésie, et sans plus tarder !

Il avait renvoyé l'importun avec quelques rudes jurons en langue béarnaise. François d'O ne cachait pas le mépris qu'il vouait à ce paysan vêtu en soldat, et Navarre ne manifestait aucune sympathie pour ce brigand de cour qui écumait les finances royales pour satisfaire ses plaisirs. À peine François d'O hors de sa chambre, il eut conscience de s'être acquis quelques inimitiés supplémentaires.

De la situation dans Paris il n'avait que des nouvelles évasives et fragmentaires, souvent contradictoires : Melchior ne parvenait plus à glisser ses messages sous les portes sévèrement gardées.

Un matin de la mi-août, en contemplant les remparts de Paris, hérissés de lances, d'étendards, d'arquebuses, de canons, et la foule qui s'y entassait chaque fois qu'il se montrait, Navarre décida qu'il avait perdu assez de temps à jouer les matamores et qu'il devait prendre une décision sans plus tarder.

Le même jour, il envoya ses trompettes prévenir tous les camps que l'on allait lever le siège.

Le temps marche du pas d'un cheval rétif qui refuse le trot et le galop. On peut être maître des hommes mais, quoi qu'on fasse, on ne l'est jamais du temps, domaine de Dieu ou du diable. Sur ces terres de Normandie proches de la mer, il semble englué dans un magma de nuées et de brume que le vent est impuissant à dissiper.

Dans la détresse où il se trouve, dans l'attente du débarquement de quatre mille soldats anglais et de l'attaque de Mayenne, Navarre se dit qu'il ne connaît pas de meilleur réconfort que de se confier à Corisande. Comme chaque fois qu'il lui écrit, il se dit que ce sera peut-être la dernière, mais il repousse sans cesse le moment de la rupture, tant il reste entre eux, à défaut d'amour, de l'amitié et de la confiance. Dépouillée peu à peu de son enveloppe charnelle, elle demeure la confidente privilégiée. Chaque lettre que Navarre lui adresse lui renvoie l'écho de sa propre voix ; il fait en sorte de confier à son amie ce qui peut le soutenir lui-même.

Mon cœur, écrit-il, c'est merveille que je puisse survivre à mes soucis. Dieu me fasse miséricorde et qu'il bénisse mes labeurs... Je me porte bien et mes affaires vont de même, contrairement à ce que croient beaucoup de gens. J'ai pris la ville d'Eu où l'ennemi, dont les forces sont le double des miennes, pensait m'attraper. Après cela je me suis rapproché de Dieppe et me suis fortifié au camp d'Arques où je l'attends. La bataille sera, je pense, pour demain. J'espère, avec l'aide de Dieu, qu'il s'en repentira. Le porteur de cette lettre partira par la mer. Le vent qui souffle fort et les affaires qui me pressent m'obligent à interrompre cette lettre. Je vous baise un million de fois.

Il y a un mois et demi qu'il a levé le siège de Paris. Certains lui recommandaient de passer au sud de la Loire pour mieux résister aux troupes de la Ligue ; il a préféré monter vers la Normandie en laissant quelques troupes à ses fidèles compagnons : le maréchal d'Aumont en Champagne, le duc de Longueville et La Noue en Picardie, pour s'opposer à l'arrivée des troupes espagnoles venues des Flandres sous la conduite de Farnèse, duc de Parme. Il a gardé à ses côtés sa vieille garde huguenote, avec Rosny, Aubigné, le brave Crillon, le borgne Haranbure, Châtillon, fils de Coligny, et quelques autres.

Sa situation est la pire qu'il ait jamais connue, mais cela, il ne le confiera pas à Corisande ni à personne d'autre.

À l'armée de Mayenne, forte de plus de vingt mille hommes, il ne peut opposer que six mille combattants environ, déjà fort éprouvés par plusieurs jours de marches, de contremarches, d'escarmouches aux alentours de la sinistre forteresse d'Arques, dans les faubourgs de Dieppe, qui se dresse sur un énorme piton abrupt, entre deux petites rivières gonflées par les pluies de septembre : l'Aulne et la Béthune.

Six mille hommes seulement, et dans quel état ! Pour un tiers ce sont des catholiques royaux, le reste se partageant entre les Suisses, les Allemands et les huguenots. Jusqu'à ce jour, cette petite armée a supporté ses épreuves sans murmurer. Comment se comportera-t-elle lorsque se déclenchera l'assaut ?

Les escarmouches qui ont débuté dès la mi-septembre n'ont pas été à la gloire de l'armée royale. Mayenne semblait se divertir, passant d'une tranchée à l'autre par bravade, devant un ennemi bien accroché à ses positions, entre la base de la forteresse et l'épaisse forêt dans laquelle le maréchal de Biron a dissimulé ses arquebusiers.

On a fait une prise de choix : un imprudent qui s'était risqué trop près des lignes royales : M. de Belin. On l'a fait parler ; il a déclaré :

– Vous n'avez rien à espérer. M. de Mayenne a déjà vingt mille hommes et attend deux mille cavaliers des Flandres. Le mieux que vous ayez à faire est de battre en retraite ou de vous rendre.

Navarre s'est esclaffé :

– Attendez que le jour se lève et vous verrez que Dieu est avec nous. *Capdediou !* J'aurai plaisir à voir le gros cul de votre Mayenne. La partie visible de nos forces n'est rien. L'important, nous le cachons bien. Demain les vôtres auront des surprises...

À l'aube du lendemain, les huguenots furent sur le point de claironner leur victoire.

Il était six heures lorsque Mayenne lança un gros de lansquenets en direction du bois tenu par le maréchal de Biron. Ils avançaient d'un pas lent et lourd, la pique en avant, quand une salve d'arquebuses interrompit leur élan. Décontenancés, ils levèrent les bras pour faire signe qu'ils mettaient bas les armes. On leur livra passage en se disant que ces gaillards avaient renoncé bien vite à se battre.

À peine les lansquenets étaient-ils dans la place, au milieu de soldats qui les congratulaient et leur tendaient leurs gourdes de vin, ils se ressaisirent de leurs armes et firent un massacre.

L'arme au poing, Navarre se porta sur les lieux où l'on se battait ferme, le premier moment de surprise passé. Les lansquenets commençaient à flancher et a rétrograder quand Navarre, qui venait de faire irruption, se trouva nez à nez avec un gigantesque colonel qui portait les couleurs du margrave du Pont. Le colosse se frayait un passage à coups d'estramaçon, avec, dans le corselet de fer qui lui enserrait le torse, l'allure d'un gros insecte. Navarre évita de justesse un coup de taille et s'apprêtait à mourir quand il vit le géant laisser tomber son arme, son visage broyé par une décharge d'arquebuse.

Sur un autre point du champ de bataille, une charge de la cavalerie de Mayenne venait de percuter l'aile gauche de l'armée royale. Le choc avait été d'une violence telle qu'un mouvement de panique avait secoué l'infanterie de Navarre et qu'il avait lancé à Rosny :

– Si nous ne réagissons pas sans tarder, nous sommes flambés comme des poulets! Allez dire à Châtillon que je compte sur lui.

Le fils de l'amiral se tenait en réserve avec cinq cents hommes de la vieille garde huguenote, des vétérans qui n'avaient pas froid aux yeux et seraient morts sur place plutôt que de reculer. Il entendit bientôt retentir le psaume des Victoires, puis il vit scintiller à travers la brume les mèches des arquebuses.

– Seigneur, murmura-t-il, c'est le moment de montrer de quel parti Vous êtes.

La cavalerie de Mayenne progressait en masse compacte vers la position tenue par Châtillon lorsque des arquebusades fauchèrent les premiers rangs. Leur trot interrompu par un amoncellement d'hommes et de chevaux blessés, les cavaliers contournèrent l'obstacle, prêtant ainsi le flanc à une autre rafale partie du bois où se tenait le maréchal, puis ils se regroupèrent pour se lancer dans une nouvelle charge.

– Si seulement, dit Navarre, le soleil pouvait se lever...

Prière exaucée. Une première risée courut à travers la brume, dégageant les remparts du château d'Arques sur lesquels brûlaient les mèches des canons que Navarre y avait installés. Pointés au cœur de la cavalerie adverse, ils y mirent par quelques volées un tel désordre que ce qui restait de cavaliers s'enfuit au galop.

Les arquebusiers de Châtillon quittèrent leur position et commencèrent à progresser en bon ordre vers l'infanterie de Mayenne, tandis qu'au bas du château, alignés dans leurs tranchées, les arquebusiers de Crillon se donnaient du bon temps contre un gros de cavalerie qui tentait de les prendre à revers.

Durant quelques heures le sort de la bataille demeura incertain, flux et reflux alternant de part et d'autre. Il n'était pas loin de midi quand Navarre dressa l'oreille : les trompettes de Mayenne sonnaient la retraite. Alors qu'autour de lui les hommes criaient victoire en brandissant leur casque au bout de leur lance, il songeait que peu de jours passeraient avant que Mayenne revînt à la charge.

Il se replia sur Dieppe après avoir laissé à une centaine d'hommes la garde du château d'Arques afin qu'ils surveillent les abords de la ville. En débouchant sur le port, il eut la surprise de voir débarquer les quatre mille hommes de troupe du corps expéditionnaire anglais et écossais. Le comte d'Essex, chef de l'armée, l'invita à dîner à bord du navire amiral et salua son arrivée par des salves généreuses.

— Vous auriez tort, sire, lui dit Essex, de vous croire isolé. Plusieurs pays ont l'œil sur vous. Votre résistance à la Ligue, donc à l'Espagne, suscite un élan de sympathie en votre faveur. Vous menez un bon combat. Ne désarmez pas.

Navarre avait vu juste : profitant de ce que son adversaire s'était replié sur Dieppe, Mayenne avait fait une nouvelle tentative sur Arques pour se rendre maître de la ville et contraindre les troupes royales à combattre le dos à la mer. Il échoua piteusement sous le feu des batteries et se retira vers la Picardie.

— Vous avez remporté une belle victoire, lui dit Essex. Allez-vous la poursuivre ?

C'était bien l'intention de Navarre. Il allait réorganiser son armée en y joignant les soldats envoyés par la reine, lui laisser le temps de se refaire une santé avant de lui faire prendre la route de Paris.

— Je ne serai pas roi de France tant que je ne tiendrai pas la capitale, dit-il. J'ai fait rompre les ponts de l'Oise pour que Mayenne ne puisse y pénétrer.

Paris l'attirait irrésistiblement. La déception éprouvée lors de l'échec précédent, loin de le décourager, l'avait stimulé. Cette garce se refusait à lui ? Il l'obligerait à se soumettre.

Melchior laissa tomber sur sa table de travail le billet de Nicolas Poulain lui expliquant que Mayenne et Navarre venaient de s'affronter en Normandie et que ce dernier avait battu en retraite.

– C'est fini... soupira-t-il. Un beau rêve se termine. Navarre n'entrera jamais dans Paris.

Le bruit n'avait pas tardé à se répandre dans la capitale, suscitant une nouvelle poussée d'hystérie. Écœuré, redoutant que son manque d'enthousiasme parût suspect, Melchior préféra se cloîtrer dans sa chambre proche du marché aux chevaux et de la porte Saint-Antoine, où il avait à la fois écurie et domicile.

Nouveau billet de Poulain, le lendemain : on avait anticipé le succès de Mayenne. En fait, on ne savait rien de précis sur cette campagne de Normandie. Le duc avait, semblait-il, fait sonner prématurément les trompettes de la victoire.

Le surlendemain, Nicolas Poulain frappa à la porte de son ami. Il passait avec l'allure d'un singe excité d'un meuble à l'autre en les cognant du poing. Melchior n'eut pas été autrement surpris de le voir sauter sur la table ou se suspendre aux rideaux.

– Toutes les nouvelles que nous avons reçues étaient fausses ! s'écria-t-il. Mayenne a reculé. Navarre lui a fait mordre la poussière alors qu'il se battait à un contre trois.

— En es-tu certain? demanda Melchior.

— Si tu ne me crois pas, protesta Poulain, tu n'as qu'à me suivre. Par précaution prends ton buffle, ton casque et ton épée, comme si tu marchais au combat.

Ils galopèrent à cheval le long de la Seine jusqu'à une butte, au-delà de Saint-Germain-des-Prés, d'où l'on apercevait la plaine de Vaugirard. On ne pouvait en douter : les troupes qui se déployaient étaient bien l'avant-garde de l'armée royale. L'avant-veille, elle se trouvait à Mantes; la veille au matin, elle campait à Saint-Cloud et à Meudon; le soir, elle prenait position dans la plaine de Vaugirard.

L'investissement de Paris avait débuté.

M. de Savigny, l'un des officiers du duc de Mayenne, avait exigé une réunion urgente des représentants des seize quartiers de Paris. La ville disposait pour sa défense de bonnes troupes françaises et espagnoles, ainsi que d'un nombre considérable de miliciens issus de la bourgeoisie et du peuple. Était-ce suffisant pour défendre les retranchements qui abritaient cette immensité de faubourgs entourant la ville? Il aurait fallu cent mille hommes. On nc les avait pas! Certains tenaient pour la mise en état de défense des faubourgs; d'autres prônaient un repli des défenseurs derrière les remparts. Ce fut le premier de ces deux avis qui prévalut.

Navarre observait à la lunette, du haut d'une colline surmontée de moulins à vent, les mouvements qui se faisaient *extra-muros*. Les Parisiens déversaient des troupes dans les faubourgs. Cela faisait son affaire. Attaquer de front les fortifications hérissées de châtelets et de tours eût été dangereux : on s'y fût brisé les dents. Navarre ne voulait pas risquer de remettre en question l'avantage acquis devant Dieppe.

Il dit à Rosny et à Aubigné :

— Ce serait bien le diable si nous ne parvenions pas à forcer une de ces défenses qui nous interdisent l'entrée des faubourgs! Notre percée jettera la panique parmi ces bons bourgeois. Ils n'auront rien de plus pressé que de rebrousser chemin pour retrouver leur boutique. Si nous parvenons à nous rendre maîtres d'une porte, tous les espoirs nous seront permis.

Il ajouta en repliant sa lunette :

— Mes amis, nous attaquerons demain.

Il divisa ses forces en trois corps. Guitry, le maréchal de Biron et son fils, les Anglais et les Suisses se porteraient sur les faubourgs Saint-Martin et Saint-Victor. Les faubourgs Saint-Jacques et Saint-Marcel recevraient le choc des régiments français du maréchal d'Aumont, appuyés de quelques compagnies de Suisses. La Noue, Châtillon, Schönberg et ses lansquenets lanceraient six régiments sur le faubourg Saint-Germain. L'artillerie suivrait, ainsi qu'un corps de cavalerie commandé par Soissons, Longueville et Navarre lui-même.

Chaque corps se mit en route à l'heure dite vers les points qui lui étaient assignés. À six heures du matin, par un épais brouillard, tous atteignaient leurs positions.

Nicolas Poulain secoua l'épaule de Melchior. Ils avaient dormi en armes près de l'abbaye Saint-Antoine, sous leur cheval. Des gens commençaient à bouger autour d'eux dans une odeur de soupe chaude.

— Navarre ne lancera pas d'attaque ce matin, dit Poulain. Le brouillard est trop dense.

— Je crois le contraire, dit Melchior. Cela faciliterait son approche.

La cloche de l'abbaye sonnait six heures quand des rumeurs alarmantes se répandirent le long des premiers retranchements au-delà des bâtiments de l'abbaye. On avait vu à travers la brume les premiers éléments de l'armée royale et entendu le lourd piétinement de la cavalerie.

— Je ne pensais pas, dit Melchior, en arriver là : me battre contre mon maître...

— Personne ne t'y obligera, dit Poulain. Tiens-toi à l'arrière, comme moi. Si l'affaire tourne mal, nous nous replierons sur la Bastille.

Les canons des troupes royales donnèrent le signal par quelques volées de boulets. Bien qu'encadrées de soldats espagnols, les milices commençaient à plier quand un corps de cavalerie enfonça les retranchements en criant : « Saint-Barthélemy! »

– C'est le moment de déguerpir! lança Nicolas Poulain. Tes amis seront à nous d'ici quelques instants.

– Attends un peu, répondit Melchior. Regarde ce qui arrive...

Entonnant le chant de route des vieilles bandes espagnoles, une forte compagnie de Castillans venait de se déployer devant les premiers cavaliers qui durent se replier jusqu'aux tranchées avant de s'éloigner par le chemin de Vincennes.

C'est alors que l'on vit surgir de la porte Saint-Antoine des groupes de Parisiens en armes, accourus sans encadrement visible au premier coup de canon. Il fallut employer la force pour leur faire franchir à reculons la porte Saint-Antoine car un corps de cavalerie royale tenait le terrain entre l'abbaye et les remparts.

– Voilà qui fait notre affaire, dit Poulain. Dieu merci, nous n'aurons pas eu à nous servir de nos pétoires. Suivons le mouvement...

Il n'y avait plus de lit à l'hôtel du Petit-Bourbon lorsque Navarre voulut s'y reposer. On lui en confectionna un avec de la paille.

Il avait passé presque toute la nuit à inspecter les positions, à interroger les sentinelles, à élaborer des plans d'attaque. Il dormit trois heures et attendit les rapports. À sa grande surprise, alors qu'il traversait le faubourg Saint-Jacques occupé par Guitry et Biron, les habitants l'avaient accueilli au cri de : « Vive le roi! » qui l'avait ému aux larmes.

Dans le faubourg Saint-Sulpice, il apprit que les royaux, lancés à la poursuite d'un parti de bourgeois affolés qui s'étaient réfugiés dans le cimetière, en avaient massacré plus de huit cents. La Noue et Rosny avaient tenté de prendre la porte de Nesle en traversant le fleuve à cheval mais avaient été repoussés.

— Toujours pas de nouvelles de Mayenne? demanda Navarre.

— Il ne tardera pas à montrer le bout de son nez, dit Rosny.

Navarre avait donné l'ordre de détruire le pont de Sainte-Maxence qui ouvrait à Mayenne la route de Paris, mais l'ordre, par négligence, avait été mal exécuté et le pont n'avait été détruit qu'à moitié. Mayenne avait envoyé Tavannes et Nemours le reconstruire.

Lorsque Navarre apprit la nouvelle, il laissa s'épancher sa fureur.

Peu après, il était affronté à un problème de conscience. Lorsque Biron lui demanda s'il autorisait le pillage des faubourgs, il resta un moment sans répondre. Ces à-côtés de la guerre — le pillage, le viol, le meurtre, l'incendie — lui répugnaient. Biron insista :

— Nos mercenaires commencent à murmurer, sire. Ils n'ont pas reçu de solde depuis des mois. Si nous ne leur permettons pas de se payer sur l'habitant, ils risquent de nous fausser compagnie.

— Eh bien, soit! répondit Navarre, mais veillez à ce qu'ils respectent les personnes et les églises.

Le lendemain, nouvelle colère de Navarre. Profitant de ce que la rive droite n'était gardée que par un rideau de troupe, Mayenne et une partie de son armée avaient pu pénétrer dans la ville et avaient été reçus en triomphe : on avait dressé dans les rues et sur les places des tables où ils avaient pu faire bombance.

— Il ne nous reste plus, soupira Navarre, qu'à attendre le bon vouloir de M. le Duc, mais il y réfléchira à deux fois avant d'entreprendre une sortie.

Navarre patienta vainement jusqu'au début de novembre. L'hiver menaçant d'être rude, il décida de lever une nouvelle fois un siège sans gloire.

Ralliez-vous à mon panache blanc!

La veille de son départ, il grimpa au sommet du clocher de Saint-Germain en compagnie d'un moine, resta longtemps, la lunette à l'œil, à contempler la ville qui paraissait somnoler dans ses brumes et ses fumées. Le trafic avait repris sur le fleuve, les cloches n'avaient pas le son du glas ou du tocsin. Sur les buttes des faubourgs, les moulins avaient recommencé à moudre des céréales pour les Parisiens.

Navarre souffla sur ses doigts gourds, réchauffa au creux de sa main l'encrier de porcelaine où le froid avait figé le liquide.

Mon cœur... Qu'allait-il, ce jour de mars, pouvoir raconter à Corisande ? Dans ses courriers précédents il lui avait tout dit de ses campagnes depuis qu'il avait levé le siège de Paris : il avait abattu des lieues sous la pluie et la neige, par des vents glacés qui soufflaient de la mer, roulaient en tempête sur les forêts et les landes ; il avait pris des villes dont il avait égrené les noms comme les grains d'un chapelet : Le Mans, Laval, Alençon, Argentan, Falaise... Il était accueilli ici au cri de : « Vive le roi ! », ailleurs par des railleries ; il déplaçait sa petite armée de fidèles huguenots, le reste s'étant disloqué, comme sur un jeu d'échecs. Il se demandait ce que Corisande pouvait bien comprendre à ces itinéraires incohérents et quel intérêt pouvaient lui procurer ces récits.

Ivry... Savait-elle seulement où se trouvait cette petite ville bâtie sur le cours de l'Eure, entre Évreux et Mantes-la-Jolie ? Il pourrait lui parler des collines grises, de l'immensité de prairies plantées de pommiers bouquetés de gui, de la plaine Saint-André, du vent de mars qui soulevait sa feuille tandis qu'il écrivait. À quoi bon ?

Je vis bien, poursuivait-il. *À la huguenote. Je dois entretenir dix mille hommes et ma maison avec ce que chaque jour me rapporte. Dieu doit*

387

me bénir car aucune maladie n'a atteint mon armée qui augmente de jour en jour... Jamais je ne me suis senti aussi sain. Adieu, mon cœur. Je te baise un million de fois...

Ce qu'il ne lui dit pas, à Corisande, ce qu'il refuse de lui confier, peut-être par superstition, c'est qu'il s'apprête à livrer bataille à Mayenne et qu'il prie dans sa barbe pour que se renouvelle le miracle de Dieppe.

L'affaire se présente mal.

Hier, le colonel Schönberg est venu lui réclamer la solde de ses hommes. Ce bougre tombait mal : Navarre souffrait d'un mal de poitrine et n'avait pas dormi de la nuit. Il l'avait rudement éconduit devant ses gentilshommes, puis l'avait rappelé pour lui exprimer ses regrets. La larme à l'œil, le vétéran des mercenaires lui avait dit, avec un fort accent teuton :

– Vous êtes décidément un habile homme, sire. De par votre indulgence, je me sens tenu de lutter à mort pour votre cause.

Le roi a dormi deux heures dans la paille d'une grange, grelottant de fièvre et de froid, sursautant lorsque le vent rabattait la pluie contre la porte.

Rosny l'a réveillé à l'aube, lui a fait boire une écuelle de bouillon mêlé de vin, ce qui l'a revigoré. En montant sur sa selle, il a appris que Mayenne avait passé l'Eure et prenait position non loin de là. Il a décidé de haranguer sa troupe. Épuisée par de longues marches, mal nourrie, maussade, elle a besoin du robuste électuaire de l'éloquence.

Debout sur ses étriers, il s'écrie :

– Mes compagnons, aujourd'hui Dieu est avec nous. Nos ennemis sont les siens. Ils sont deux fois plus nombreux que nous mais nous les vaincrons. S'il vous arrivait de perdre vos enseignes, ralliez-vous à mon panache blanc. Vous le trouverez toujours sur le chemin de l'honneur et de la gloire !

C'étaient les mots qui convenaient. Un frisson a parcouru l'armée. Les huguenots français, ceux de Schönberg ont entonné des psaumes ; les catholiques ont mis un genou à terre

388

pour prier. Rosny se dit que le panache du roi a perdu quelques barbes et barbules mais qu'il a encore belle allure.

La bataille éclata avec la brutalité et la violence d'un orage et dura moins de deux heures.

Une première charge de cavalerie légère lancée par Mayenne contre l'infanterie du maréchal d'Aumont se heurta à un mur, tandis que les chevau-légers de Navarre, repoussés par les reîtres, causaient en se repliant un tel désordre dans les rangs des royaux que l'on crut un moment que les ligueurs l'avaient emporté.

Blessé à trois reprises, son cheval abattu entre ses jambes, Rosny parvint à s'extraire de la tourmente et à ramper jusqu'à un poirier, à une centaine de pas, au pied duquel il s'allongea, hors d'haleine et se vidant de son sang. Persuadé que la bataille était perdue, il chercha du regard le panache de Navarre, mais il avait disparu dans la mêlée. « C'est bien de lui, se dit-il. Il faut toujours qu'il fasse le bravache... »

Il regarda venir vers lui un groupe de mercenaires. Ils portaient avec peine un corps qui paraissait privé de vie. On le déposa près de lui. Les hommes se lamentaient ; ils lui firent comprendre qu'il s'agissait de Schönberg ; une balle de pistolet lui avait fracassé la mâchoire et traversé la tête. Le chef des mercenaires avait payé sa dette à Navarre.

Il demanda où l'on en était. Un soldat qui parlait un peu de français lui dit qu'il ignorait ce qui allait sortir de cette mêlée. Les reîtres de Mayenne s'étaient débandés sous la canonnade mais une fois regroupés ils étaient repartis à l'attaque.

– A-t-on des nouvelles du roi ?

Il se battait comme un dément, entouré d'une poignée de compagnons. Pot de Rodhes, qui portait sa cornette blanche, avait été tué d'une balle entre les deux yeux.

– Vous pouvez retourner au combat, dit Rosny. Je tiendrai compagnie à ce cadavre.

La bataille prenait un tour singulier.

L'élan du roi avait entraîné celui de son armée. Il avait foncé en plein cœur d'un escadron de Mayenne, avait mis en déroute une centaine de cavaliers et, toujours entouré de ses compagnons, s'était lancé à leur poursuite. Il en avait rattrapé quelques-uns qui avaient montré les dents et qu'il avait tués. Brandissant le drapeau qu'il leur avait enlevé, il était revenu au galop sur le champ de bataille, assez tôt pour voir Mayenne se démener comme un beau diable afin de rameuter les fuyards qui s'échappaient autour de lui comme un torrent.

Lorsque Rosny, qui, accablé de fatigue, venait de somnoler, se réveilla au bruit d'une calvacade, il se dit que la bataille était perdue, Navarre abattu, et qu'on allait le capturer et peut-être l'achever.

Il ferma de nouveau les yeux et ne les rouvrit qu'au bruit de joyeuses exclamations gasconnes. Un peloton de cavaliers vêtus de fer cru tournoyaient par jeu autour d'une cabane en faisant mine de se battre avec leurs chapeaux. Il appela pour qu'on vînt à son secours, mais en vain. Il tenta de se lever mais retomba au pied de son poirier, aussi immobile et inconscient que ce pauvre Schönberg.

Un goût âpre l'éveilla. Une voix murmurait à son oreille :

— Buvez, mon ami. Cela vous remettra d'aplomb. Ne faites pas la grimace : c'est du vin de ma gourde.

Il reconnut Navarre. Souriant. Radieux. Le sang qui souillait sa cuirasse et les manches de sa chemise ne devait pas être le sien car il ne paraissait nullement affecté par une blessure.

— J'ai fait examiner vos plaies, ajouta Navarre. Dieu merci, elles sont sans gravité.

— La bataille..., parvint à articuler le blessé.

— Terminée à notre avantage, mon ami ! Il n'est pas midi et tout est réglé. Je rêvais de voir le cul de Mayenne. Dieu m'a exaucé. Il doit être à une bonne demi-lieue de là, en train de regrouper sa meute, mais je serais fort étonné qu'il reprenne la chasse, étrillé comme il l'a été !

Rosny tenta de nouveau de se redresser mais dut y renoncer. Le roi lui demanda de patienter : on allait lui envoyer du secours. Il soupira en contemplant le corps du colosse qui gisait sous le poirier :

– Pauvre Schönberg ! Il a tenu sa promesse de se battre pour moi jusqu'à la mort...

La bataille d'Ivry s'était soldée par une de ces victoires qui ne peuvent s'expliquer que par la magie, l'intervention divine ou l'une et l'autre conjuguées. Navarre lui-même n'y croyait pas tout à fait. En dévorant l'omelette à l'ail qu'il s'était fait confectionner dans une ferme voisine, il cessait brusquement de mastiquer, promenait un regard inexpressif sur ses compagnons qui dormaient sur des bancs, de la paille ou à même la terre, il murmuait :

– *Capdediou !* J'ai l'impression d'avoir vécu un rêve. Je vais me réveiller et j'apprendrai que je suis mort !

Il éclata de rire, postillonnant dans son assiette, avala un verre de vin cul sec.

– Vous ne rêvez pas, sire, lui dit Biron qui somnolait à côté de lui, les coudes étalés sur la table, mais il faut bien reconnaître que cette victoire tient du prodige. Vous revenez de loin, sire. A-t-on idée de s'exposer ainsi ? Vous avez fait ce que moi, j'aurais dû faire, et la vieille baderne que je suis s'est croisé les bras !

Tandis que l'on faisait le recensement des victimes – un massacre du côté de la Ligue ! – et que les mercenaires pillaient les bagages abandonnés par Mayenne, Navarre prit la direction de Mantes, située à six lieues de là en tirant vers le nord-est, pour y établir son cantonnement. Il se sentait curieusement ragaillardi : plus trace de son mal de poitrine et de la fièvre qui, la nuit précédente, l'avait accablé.

Après le souper, un peu ivre de vin et de bonheur, il appela Agrippa et lui glissa à l'oreille :

– Je vais encore te mettre à contribution. Tâche de me

trouver une ou deux garces pour cette nuit. Cela fait deux heures que je rêve d'un joli petit cul pommelé comme un chou de printemps.

Aubigné alla prospecter dans la ville, pestant contre les exigences de son maître qui le prenait pour un maquereau. Une heure plus tard, histoire de lui jouer un bon tour, il lui ramena une bagasse d'auberge aux seins flasques, aux fesse en cascade, qui sentait le rance.

– Piètre gibier... soupira Navarre, mais je m'en contenterai. À la guerre comme à la guerre...

18

PARIS MARTYR

1590

Melchior ne se lasse pas de courir dans Paris.

Cette ville est folle. Il déteste ce genre de folie aux conséquences imprévisibles, mais cet amalgame de sottise, de cruauté, de fanatisme l'attire et le fascine, comme s'il sondait le tréfonds de la nature humaine.

Jamais, depuis des années qu'il vit à Paris, il n'a connu cette ville ivre à ce point de sa propre démence. Aujourd'hui, il est vrai, s'y ajoute l'âpreté de la détresse.

Il ne manque aucune procession. Tableau hallucinant que celui de ces bons bourgeois, de ces moines ventripotents qui brandissent des armes en se prenant pour des guerriers, tirent au hasard pour faire du bruit, tuent des passants ou des badauds postés à leur fenêtre. Il se repaît du spectacle de ces femelles hystériques, déguisées en soldats, qui brandissent des pique-feu ou des lardoires, de ces garnements frappant sur des casseroles en dansant la gigue.

À quelques jours de la mort du roi, il a entendu Mme de Montpensier debout sur une charrette, en train de haranguer la foule, criant qu'on avait coupé une tête du dragon et qu'il lui fallait l'autre : celle du Béarnais.

Une femme s'est proposée pour lui louer une place à son balcon de la rue Saint-Jacques, d'où il pourrait assister au passage du cortège ramenant Navarre prisonnier dans une cage de fer. Par curiosité il est allé assister à un sermon de l'abbé Boucher ; il en est revenu furieux : ce prédicateur halluciné, qui fait courir les foules à Saint-Germain-l'Auxerrois, n'y va pas de main morte. Il jette l'anathème sur ce qui reste dans la capitale de tièdes et de Politiques qu'il faut débusquer et massacrer. Ses propos résonnent encore à ses oreilles : « Feu le tyran conseillait au Béarnais de se faire catholique. Qui croyait-il tromper ? Le Béarnais est l'Antéchrist, le relaps excommunié, l'hérétique, le démon ! S'il se faisait catholique, il n'en pisserait pas plus droit ! Le Saint-Père ne se hasardera pas à faire entrer le loup dans la bergerie ! »

Melchior s'est rendu à la Sainte-Chapelle pour écouter un autre prédicateur, un Italien qui a la faveur des fidèles. Il l'a entendu tonner sur la foule : « Je jure d'engager mon âme au diable si le Béarnais entre dans Paris et se fait catholique ! » Et cet autre religieux de Saint-Julien-le-Pauvre, qui gémit : « Si cet affreux relaps entre au Louvre, il fera de nos églises des écuries, chassera les prêtres et les moines, taillera dans nos chapes de quoi vêtir ses valets ! »

Il en a entendu beaucoup d'autres. Parfois il se dit qu'il devrait, comme Pierre de L'Estoile à qui il a vendu l'un de ses derniers chevaux, consigner ces événements dans un journal intime.

Depuis que Nicolas a été incarcéré pour des propos anodins à une servante d'auberge, Melchior a décidé de ne plus se confier à personne. Aujourd'hui, Nicolas est à la Bastille, malgré sa qualité d'adjoint au prévôt ; il n'en sortira pas de sitôt, s'il en sort vivant.

La délation est monnaie courante : une vraie monnaie. Vous dénoncez le manque de ferveur de votre voisin, c'est dix écus. Pour un traître avéré, vous touchez vingt à trente écus. Des gens réalisent de petites fortunes sur des dénonciations, justifiées ou non. Pour Melchior la bouche cousue est devenue une règle absolue.

Il est allé voir pendre, rue de l'Arbre-Sec, le président du Parlement, Brisson, et quelques autres de ses collègues qui avaient eu le front de protester contre certaines injustices. Une semaine plus tard, on les dépendait pour les remplacer par ceux qui les avaient condamnés après quelques minutes d'interrogatoire. Ordre de Mayenne ! Le duc est ce qu'il est mais il a le sens de la justice, il souffre de voir des Espagnols défendre Paris et se conduire en *conquistadores*. Et il ose le dire ! Qui se saisira de Mayenne pour le faire pendre ?

Le véritable pouvoir, ce n'est pas lui qui le détient mais les représentants des Seize : une cinquantaine de coquins, gens de sac et de corde. Ce n'est pas non plus le gouverneur de Paris, le duc de Nemours, frère utérin de Mayenne, un jeune fou qui se prend pour un génie militaire.

Pour renforcer l'ambiance d'hystérie qui s'est saisie de la capitale, on a lancé la mode des signes. Il est de bon ton d'en voir un peu partout.

Cette manie des signes de la Providence a été inaugurée par le curé de Saint-Benoît : durant un office, il a vu scintiller une croix de Lorraine sur un linge immaculé, tandis qu'une chaleur étrange se propageait dans son corps. Celui de Saint-Barthélemy a pris la suite, déclarant avoir vu des croix flamboyantes danser sur l'autel. Chaque prêtre a tenu à avoir son miracle pour se gagner les bonnes grâces des fidèles.

Pierre de L'Estoile a voulu en avoir le cœur net : il a confié à Melchior qu'il était allé baiser l'autel de sa paroisse mais n'avait pas observé plus de croix sur le linge que sur son mouchoir !

Paris, dans le mouvement de folie qui l'exalte, a oublié son roi : celui que le duc de Guise, avant de mourir, a désigné pour succéder au tyran. Prisonnier des royaux, le cardinal de Bourbon vient de mourir à soixante-dix ans au château de Chinon. Le candidat au trône, reconnu par tout Paris, est maintenant Mayenne. Dieu n'a pas favorisé son combat contre le roi de Navarre et l'hérésie, mais il tient la situation bien en main.

À Paris, depuis le mois de mai, c'est la famine.

Melchior a dû se séparer des chevaux qu'il gardait en réserve ; ils ont été réquisitionnés pour l'armée ou la boucherie.

Celui qu'il a pu garder pour son service, on le lui a volé. Il a réappris à marcher, ce qui a l'avantage de le faire pénétrer plus profond dans la vie de la capitale, de voir les gens de plus près, de visiter des quartiers où il eût été imprudent de parader à cheval, comme ceux de la Truanderie.

Après des mois sans ravitaillement, Paris crie famine. Les portes de la ville, le fleuve sont bloqués par l'armée royale. Paris, de nouveau, sent la mort; chaque matin, on enlève les cadavres squelettiques que la nuit a laissés devant les maisons comme une marée abandonne des épaves sur une plage.

On a commencé par piller les potagers des moines, puis les boutiques, avant de traquer les chats et les chiens, de courre le rat comme le cerf dans la forêt de Saint-Germain.

Les agents de Philippe, qui sont nombreux, ont pris la situation en main, organisé des tournées de soupe publique. Le bruit a couru qu'une mère de famille a donné en pâture à sa progéniture la chair de son dernier-né. On mange les vivants? Alors pourquoi pas les morts? On a commencé par cet héritage des famines passées : le broyage des ossements prélevés dans les cimetières, pour en faire une sorte de farine. Ceux qui se sont risqués à manger ce pain des morts n'ont pas survécu.

Melchior, lui, parvient à survivre.

La vente de ses chevaux lui a procuré un pécule dans lequel il puise sans restriction, persuadé qu'il durera bien jusqu'à la fin du siège. Il se procure à prix d'or, chez son boulanger, un pain qui a le goût et la texture de la sciure. Il en a porté une miche à la Bastille, à l'intention de Nicolas; le portier lui a annoncé que le prisonnier était mort et il a gardé la miche.

Melchior regagne son logis chaque soir, accablé de fatigue et de détresse.

Sans son ami Nicolas, sans ses chevaux, la vie lui est à charge. Pour retrouver un peu de chaleur humaine, il a même songé à retourner rue Saint-Nicaise. Il a préféré fréquenter plus assidûment les bordels des bords de Seine.

Si seulement...

Si seulement Navarre se décidait à franchir le pas, à renoncer à l'hérésie ! Il se comporte comme si cela engageait sa conscience, alors – Melchior en mettrait sa main au feu – que ces questions religieuses ne l'obsèdent pas. Si, comme il le proclame, sa décision est prise, pourquoi ne la met-il pas à exécution ? Attend-il que toute la population soit morte de faim, qu'une épidémie achève l'hécatombe ? La glorieuse victoire que la conquête d'un cimetière !...

La nouvelle a éclaté un matin d'août : Navarre autorisait la sortie de trois mille « bouches inutiles » à choisir parmi les vieillards, les femmes et les enfants. Melchior s'est rendu à l'endroit où avait lieu cet événement : à la porte du Temple, près de Saint-Martin-des-Champs.

Armé de son épée et de sa dague pour faire l'important, l'insigne de la Ligue à son chapeau, il a aidé à l'opération. Il a escorté un premier groupe de femmes et d'enfants jusque sous le pont-levis et, en courbant l'échine, s'est glissé dans leurs rangs, houspillé par les malheureuses comme un chien galeux, et s'est retrouvé hors les murs, les jambes coupées par l'émotion.

Il a cherché des yeux le roi de Navarre : droit sur sa selle, à l'ombre d'un saule, sous les murs de la Courtille, il regardait, chapeau bas, défiler le misérable cortège.

Lorsque l'on évoquait en sa présence la famine et la misère dont souffrait Paris, Navarre s'animait, retrouvait son humeur de dogue, et les mots qui s'échappaient de ses lèvres n'avaient rien d'une douce vilanelle de Gascogne.

Il écouta patiemment Melchior lui faire son rapport, se gratta furieusement la barbe avant d'éclater :

– Croit-on que je sois insensible à ces souffrances ? J'ai pleuré tout à l'heure en voyant des enfants décharnés me regarder comme si j'étais le diable en personne. Et ces femmes qui semblaient croire que j'allais les faire pendre ! Il est trop tard pour que je renonce. Paris m'exècre ! Paris ne veut pas de moi ! Si j'entrais dans cette ville, seul, aujourd'hui, je serais massacré avant d'avoir fait dix pas ! Paris paie pour son entêtement stupide et la confiance sans borne qu'elle voue à la Ligue.

– Il suffirait d'un mot de votre part, sire : *j'abjure*.

– Toi aussi, Melchior ! Eh bien, non : ce mot, je ne le prononcerai pas tant que l'on me tiendra tête aussi effrontément. Paris s'obstine ? Je m'obstine de même, et plus fortement encore. *Dioubiban !* je n'accepterai de négocier que si l'on me tend la main sans que l'autre cache un poignard !

Dans l'ennui que distillait ce siège interminable, le roi de Navarre avait quelques compensations.

Alors qu'il venait de commencer l'investissement de la

capitale, il monta jusqu'à l'abbaye bénédictine de Montmartre pour plonger son regard à la lunette au cœur de la ville. Il fut rejoint dans son observatoire par la jeune abbesse, Marie de Beauvilliers ; elle lui avoua tout de go qu'elle abhorrait les idées et les excès de la Ligue. Ils passèrent une heure à bavarder en haut du clocher, dans le vol des pigeons et des hirondelles. Il faisait un joli temps de mai, avec des foucades de vent qui leur apportaient l'odeur des prairies.

Il apprit avec surprise que l'abbesse était l'arrière-petite-nièce de Diane de Poitiers, la favorite du roi Henri II, et la petite cousine de Mme de Guiche, comtesse de Gramont : Corisande. Il sursauta.

– Corisande... Il est vrai que vous lui ressemblez.

Elle l'invita à partager son repas dans sa chambre. Lorsqu'il la quitta, elle ne lui refusa pas sa main qu'il garda à ses lèvres plus longtemps qu'il ne convenait.

– Si vous permettez, dit-il, je reviendrai.

Elle répondit, le feu aux joues :

– Ma porte vous est ouverte, sire.

La jeune abbesse avait, sous son habit, le sang vif d'une famille qui avait compté quelques folles créatures ; on avait affublé sa mère et sa tante du sobriquet des « Sept Péchés capiteux ». Navarre ne tarda pas à comprendre que l'abbesse Marie pouvait être le plus capiteux des péchés : elle lui tendait un fruit en souhaitant qu'il ne tardât pas trop à y mordre.

Sur la fin d'une soirée qui s'était achevée par un souper, un bel orage de printemps l'autorisa à demander l'hospitalité pour la nuit. Il commençait à se morfondre dans la cellule qu'on lui avait affectée quand on toqua à la porte. L'abbesse le prit par la main, un doigt sur ses lèvres, et le conduisit à sa chambre.

– Ne me posez pas de questions, sire, dit-elle. J'ai fini à ma grande honte par céder au mouvement irrésistible qui me porte vers vous.

Il soupira :

– Les desseins de Dieu, ma mère, sont impénétrables...

Au début de juillet, au cours d'une partie de chasse, il avait fait halte, pour faire boire ses chevaux, au couvent de l'Humilité de Notre-Dame de Longchamps. Lorsqu'il vit surgir la mère supérieure, il en fut retourné : cette jeune nonne vive comme un pinson était la grâce incarnée, avec sa taille délicate qui se dessinait sous l'habit au moindre mouvement, ses cheveux blonds en boucles et ses lèvres couleur de cerise mûre.

Catherine de Vendôme avait vingt-deux ans. Le renom de séducteur du roi de Navarre était parvenu jusque dans sa solitude. Les préliminaires de séduction ne traînèrent pas en longueur : en trois visites, l'affaire était dans le sac. Moins jolie que Marie, Catherine était plus ardente. Grâce à elle, il baigna dans un septième ciel bien éloigné de celui, constellé d'étoiles peintes, de la chapelle.

Un jour qu'il le surprit revenant de ses frasques, l'œil brillant mais les joues creuses, le maréchal de Biron lui dit sur un ton ironique :

— Sire, je vous trouve mauvaise mine. Les soucis sans doute... On dit que vous hésitez entre deux religions.

— Par exemple ! s'écria Navarre. Et de quelles religions parle-t-on ?

— De celle de Montmartre et de celle de Longchamp !

Navarre ne tarda pas à apprendre que ses ébats amoureux étaient connus des Parisiens et se demanda par quel miracle ils avaient pu franchir les murs. Un prédicateur de la Sainte-Chapelle vitupérait son comportement scandaleux : il avait « couché avec notre Mère l'Église, fait Dieu cocu, engrossé deux abbesses ». Sa cour était « un troupeau de chèvres lascives de religieuses conduites par ce bouc à grande barbe »... Il en rit jaune : c'était le genre de diatribe dont il se serait bien passé, à un moment, surtout, où ses affaires prenaient une mauvaise tournure.

Alexandre Farnèse, duc de Parme, le meilleur capitaine de son temps, était parti des Flandres au début du mois d'août à la tête d'une armée composée de mercenaires, wallons pour la plupart, et d'Espagnols. Il venait de soigner ses rhumatismes aux eaux de Spa. Souffrant le martyre, ne se déplaçant qu'en litière, il avait dû, sur l'ordre du roi Philippe, répondre à l'appel du duc de Mayenne qui souhaitait qu'il l'aidât à secourir et libérer Paris.

Ce bâtard de l'empereur Charles Quint était un personnage complexe, soumis aux impératifs de la guerre comme à des mouvements de générosité. Il ne pouvait s'empêcher d'éprouver de la sympathie pour le roi de Navarre dont il appréciait la ténacité et le courage, et une sourde antipathie pour le maître de l'Escurial qui utilisait les compétences de son meilleur capitaine tout en le méprisant.

— Nous allons avoir affaire à un adversaire redoutable, dit Navarre. Farnèse... C'est la première fois que j'aurai à l'affronter. Si je lui fais mordre la poussière, les portes de Paris s'ouvriront d'elles-mêmes. Sinon...

Au début d'août, alors que l'on annonçait l'arrivée imminente de l'armée de secours, il avait reçu deux envoyés de la Ligue au cloître de Saint-Antoine-des-Champs : monseigneur d'Épinac, archevêque de Lyon, et monseigneur de Gondi, évêque de Paris.

D'emblée, il flaira le piège : cette entrevue avait pour but essentiel de faire gagner du temps à Mayenne, de lui permettre d'opérer sa jonction avec Farnèse et de préparer une offensive conjointe contre lui.

Les deux ambassadeurs versèrent des larmes de crocodile en évoquant la misère des Parisiens. Ils supplièrent Navarre de desserrer l'étau, de laisser entrer des vivres dans la ville martyre.

— J'aime Paris autant que vous pouvez l'aimer, leur répondit-il. Je considère cette ville comme ma fille aînée et j'en suis jaloux, mais il me plairait d'apprendre que cet amour est partagé. Il n'en est pas ainsi : je viens vers elle avec les mains pleines d'amour et on m'accueille avec les cailloux de la haine...

Il laissait à Mayenne une semaine de réflexion et l'invitait à venir s'entretenir avec lui de la reddition de la ville.

— Au-delà de ce délai, dit-il, je ne réponds de rien.

Les deux prélats repartirent les mains vides mais en se disant que leur entretien n'avait pas été entièrement négatif : ils avaient fait gagner une semaine à Mayenne.

En arrivant dans les parages de Paris, Farnèse ne put cacher son désappointement : Mayenne lui avait annoncé que l'on n'aurait à combattre qu'une armée misérable. Navarre avait sous ses ordres plus de vingt mille hommes !

À sa première entrevue avec Mayenne, il lui dit d'un ton aigre :

– J'ai été trompé. L'ennemi est plus puissant que je l'imaginais. Je ne puis rien vous promettre quant à la suite des opérations.

– Quand livrerons-nous bataille ? demanda Mayenne.

– Quand je jugerai le moment favorable, répondit Farnèse.

Navarre se disait qu'accepter la bataille sous les murs de Paris, avec le risque que comportait une sortie en masse de ces enragés de Parisiens, eût été une folie. Il souhaitait rencontrer Farnèse et Mayenne, mais ailleurs, sur un champ de bataille digne de ce nom. Il fit évacuer ses positions à son armée, leva le camp et partit pour se porter au-devant de l'armée de secours.

Il la trouva à quelques lieues de Paris en tirant vers l'est, dans les parages de Chelles : un simple rideau d'infanterie qu'il eût été facile d'enfoncer par une charge de cavalerie, mais ce qui se passait derrière, près de Lagny, avait de quoi lui faire dresser les cheveux sur la tête.

Tandis que ses fantassins jouaient la bravade, le capitaine espagnol occupait les rives de la Marne et, à l'aide d'une flotte rassemblée sur-le-champ, il fit descendre sur Paris le ravitaillement tant attendu, en profitant d'un épais brouillard.

Les perspectives de victoire s'éloignaient de nouveau pour Navarre. Il avait beau lancer des attaques, provoquer l'ennemi, autant valait donner des coups de poing dans un oreiller. Les troupes de Farnèse se repliaient sur des marais où la cavalerie ne pouvait les atteindre ou s'égaillaient dans les forêts où il eût été imprudent de les poursuivre.

Les deux armées qu'il avait en face de ses vingt mille hommes offraient pourtant un triste spectacle. Depuis son départ des Flandres, Alexandre Farnèse avait eu à faire front à des mutineries, ses mercenaires étant mal nourris, mal équipés et sans solde. Il se disait qu'à tout moment cette armée risquait de se défaire après avoir massacré ses chefs.

Il n'en allait guère mieux du côté de Mayenne. Battue devant Dieppe et à Ivry, éparpillée puis rafistolée, sa troupe manquait de cohésion et d'allant. Quant à faire bon ménage avec les Espagnols et Farnèse, c'était tenter de marier la carpe et le lapin. Des querelles qui se transformaient en rixes éclataient fréquemment et se terminaient par des tueries.

Tandis que Paris ravitaillé se reprenait à vivre et à espérer, Navarre sombrait dans le désespoir. Il écrivait lettre sur lettre à Corisande et à sa sœur Catherine, pour faire état de ses déboires, les prendre à témoin d'une situation qui empirait de jour en jour, ses compagnons les plus fidèles commençant à se retirer de cette campagne où ils périssaient d'ennui. Il attendait de Dieu la victoire, puis le repos, « quelques années de repos », mais Dieu demeurait sourd et le laissait s'enliser. Il se sentait vieillir et il l'écrivait dans ses lettres. Il parlait aussi de ces tentatives que faisait l'ennemi pour attenter à sa vie. À plusieurs reprises, ses proches avaient surpris des personnages suspects dont, après leur interrogatoire, on apprenait qu'ils avaient mission de l'assassiner. En se levant, chaque matin, il se disait que le jour ne se terminerait pas sans qu'un coup de feu ou un poignard vînt mettre fin à ses jours. Il vécut des semaines avec cette hantise.

L'hiver était venu sans amener l'espoir d'une bataille finale quand, un matin de la fin de novembre, Melchior, en éveillant son maître, lui annonça qu'un agent de Mayenne, en poste à Lagny, venait de l'informer que le duc de Parme s'apprêtait à lever le camp pour retourner dans les Flandres.

— Il faut les poursuivre, les harceler! s'écria Navarre.

Il sauta à cheval, donna l'ordre à sa cavalerie de se tenir

prête pour l'*hallali*. À défaut d'une bataille, du moins aurait-on la satisfaction de mettre la paille au cul des Espagnols et des Wallons

Au fur et à mesure qu'ils avançaient sur les traces de l'armée ennemie, ils constataient que la curée avait débuté. Les paysans ne les avaient pas attendus. Poussés à bout par les pillages et les atrocités que les mercenaires leur avaient fait subir, ils sortaient des bois comme des loups, se ruaient sur les traînards, les égorgeaient, faisaient main basse sur les bagages, s'amusaient des femmes, courtisanes ou catins, qui suivaient dans les chariots.

En arrivant à Bruxelles dans les derniers jours de décembre, Farnèse, lui-même à bout de résistance, impotent, constata qu'il ne traînait dans son sillage qu'une ombre d'armée. Ceux que la faim, la maladie ou la fatigue avaient épargnés étaient morts en cours de route sous les coups des manants et des soldats de Navarre.

Il retrouva les eaux de Spa, s'y reposa quelques semaines, essayant d'oublier ses rhumatismes et ses remords en se disant qu'au fond sa campagne n'avait pas été vraiment un échec : il avait été appelé pour débloquer Paris et lui éviter de se rendre au roi hérétique ; c'est ce qu'il avait fait et c'est ce qu'il écrivit au roi Philippe.

Navarre se dit qu'il n'en avait pas fini avec Paris. Il fit éclater son armée, envoya ses chefs guerroyer dans les provinces encore menacées par la Ligue, ne gardant avec lui que ses proches et les forces suffisantes pour maintenir un carcan de fer autour de la capitale où Mayenne venait de se replier.

Un hiver de plomb succédait à une année de fer.

Navarre aborda avec appréhension l'année nouvelle qui débutait dans le brouillard et la neige. Il rendait de fréquentes visites à l'abbesse Marie, à Montmartre, en mûrissant le projet audacieux de l'extraire du couvent pour l'installer à Senlis où elle serait plus proche de lui. Il allait aussi, de temps à autre, « planter son piquet », comme disait plaisamment le maréchal de Biron, chez des dames des parages : Mme d'Humières et Mme de Guercheville, ou encore chez l'abbesse de Longchamp. Si sa vie sentimentale ne manquait ni d'agrément ni de diversité, il sentait une forme de solitude se refermer sur lui. Corisande ne répondait plus à ses lettres, persuadée qu'ils ne se reverraient jamais, qu'ils étaient désormais étrangers l'un à l'autre. Quant à Catherine, les courriers qu'elle lui adressait avec une louable ponctualité ne lui rapportaient que des problèmes d'administration et d'intendance, quand elle ne lui rappelait pas, avec une pointe d'acrimonie, qu'il était plus que jamais temps de songer à lui trouver un époux. Une litanie obsédante que terminait un timide baiser en point d'orgue.

Un matin, alors qu'il arpentait les allées d'un jardin, dans une demeure des faubourgs, au nord de la ville, et qu'il mangeait sa frotte à l'ail en regardant Paris se tasser sous une laisse épaisse de fumées et de brouillard, il se dit qu'il fallait en finir. Il était coutumier de ce genre de réactions subites, qui prenaient souvent l'aspect de caprices. En avalant le verre de vin de Sancerre qui accompagnait son déjeuner, il s'était souvenu de ce que lui avait dit, quelques jours auparavant, cette grande dame dont la beauté l'avait ébloui et dont il se disait qu'il ne tarderait pas à faire la conquête :

— Sire, il faut vous décider à prendre cette ville car qui tient Paris tient tout le reste.

Elle se nommait Gabrielle d'Estrées.

ANNEXES

ASCENDANCE ET DESCENDANCE D'HENRI IV

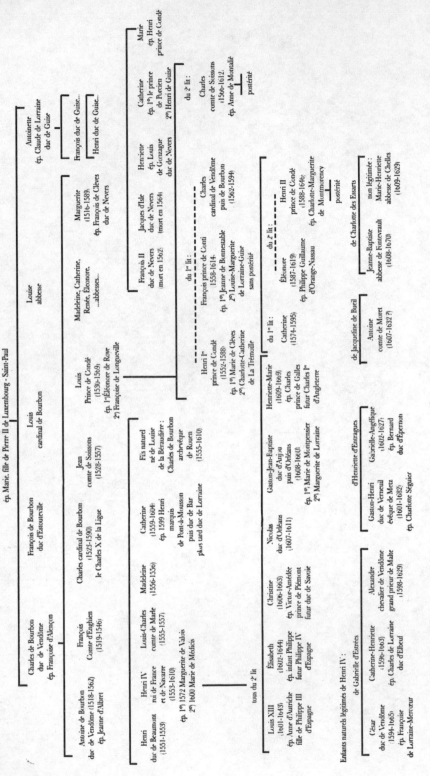

François de Bourbon
comte de Vendôme
ép. Marie, fille de Pierre II de Luxembourg-Saint-Paul

Antoinette
ép. Claude de Lorraine
duc de Guise

François duc de Guise...
Henri duc de Guise...

Louise
abbesse

Charles de Bourbon
duc de Vendôme
ép. Françoise d'Alençon

François de Bourbon
duc d'Estouteville

Charles cardinal de Bourbon
(1523-1590)
le Charles X de la Ligue

Jean
comte de Soissons
(1528-1557)

Louis
cardinal de Bourbon

Louis
Prince de Condé
(1530-1569)
ép. 1° Éléonore de Roye
2° Françoise de Longueville

Marguerite
(1516-1589)
ép. François de Clèves
duc de Nevers

Madeleine, Catherine,
Renée, Éléonore,
... abbesses...

François II
duc de Nevers
(mort en 1562)

Jacques d'Isle
duc de Nevers
(mort en 1564)

Henriette
ép. Louis
de Gonzague
duc de Nevers

Catherine
ép. 1° le prince
de Porcien
2° Henri de Guise

Marie
ép. Henri
prince de Condé

Charles
comte de Soissons
(1566-1612)
ép. Anne de Montafié

postérité

Fils naturel
né de Louise
de la Béraudière :
Charles de Bourbon
archevêque
de Rouen
(1555-1610)

Catherine
(1559-1604)
ép. 1599 Henri
marquis
de Pont-à-Mousson
puis duc de Bar
plus tard duc de Lorraine

Madeleine
(1556-1556)

Louis-Charles
comte de Marle
(1555-1557)

Henri IV
roi de France
et de Navarre
(1553-1610)
ép. 1° 1572 Marguerite de Valois
2° 1600 Marie de Médicis

Antoine de Bourbon (1518-1562)
duc de Vendôme
ép. Jeanne d'Albret

Henri
duc de Beaumont
(1551-1553)

Henri I*
prince de Condé
(1552-1588)
ép. 1° Marie de Clèves
2° Charlotte-Catherine
de La Trémoille

du 1° lit :
François prince de Conti
1558-1614,
ép. 1° Jeanne de Bonnestable
2° Louise-Marguerite
de Lorraine-Guise
sans postérité

du 2° lit :
Charles
cardinal de Vendôme
puis de Bourbon
(1562-1594)

du 1° lit :
Catherine
(1574-1595)

du 2° lit :
Éléonore
(1587-1619)
ép. Philippe Guillaume
d'Orange-Nassau

Henri II
prince de Condé
(1588-1646)
ép. Charlotte-Marguerite
de Montmorency

postérité

tous du 2° lit

Élisabeth
(1602-1644)
ép. infant Philippe
futur Philippe IV
d'Espagne

Christine
(1606-1663)
ép. Victor-Amédée
prince de Piémont
futur duc de Savoie

Nicolas
duc d'Orléans
(1607-1611)

Gaston-Jean-Baptiste
duc d'Anjou
puis d'Orléans
(1608-1660)
ép. 1° Marie de Montpensier
2° Marguerite de Lorraine

Henriette-Marie
(1609-1669)
ép. Charles
prince de Galles
futur Charles I*
d'Angleterre

Louis XIII
(1601-1643)
ép. Anne d'Autriche
fille de Philippe III
d'Espagne

Enfants naturels légitimes de Henri IV :

de Gabrielle d'Estrées

César
duc de Vendôme
1594-1665)
ép. Françoise
de Lorraine-Mercœur

Alexandre
chevalier de Vendôme
grand prieur de Malte
(1598-1629)

Catherine-Henriette
(1596-1663)
ép. Charles de Lorraine
duc d'Elbeuf

d'Henriette d'Entragues

Gaston-Henri
duc de Verneuil
évêque de Metz
(1601-1682)
ép. Charlotte Séguier

Gabrielle-Angélique
(1602-1627)
ép. Bernard
duc d'Épernon

de Jacqueline de Bueil

Antoine
comte de Moret
(1607-1632 ?)

de Charlotte des Essars

Jeanne-Baptiste
abbesse de Fontevrault
(1608-1670)

Marie-Henriette
abbesse de Chelles
(1609-1629)

non légitimée :

© R. et N. PILLORGET : *France baroque et France classique*, collection Bouquins, Robert Laffont, 1995.

POUR MÉMOIRE

1573 : Henri d'Anjou (Henri III) élu par la Dière roi de Pologne. Des ambassadeurs polonais à Paris. Alençon chef des Politiques (catholiques modérés). – Siège de La Rochelle par les armées royales, avec Navarre.

1574 : Mort de Charles IX. – Exécution de La Molle, Coconnas, Montgomery. – Henri d'Anjou, retour de Pologne, devient Henri III.

1575 : Montluc se retire en Agenais. – Complot d'Alençon contre la Couronne.

1576 : Évasion de Navarre du Louvre. – Naissance de la Ligue. – Paix de Bergerac.

1577 : Fêtes somptueuses à la Cour. – Batailles en Guyenne et Gascogne. – Mort de Montluc. – Idylle entre Margot et Don Juan d'Autriche. – Navarre assiège Marmande. – Début de la Guerre des Amoureux. – Massacre des huguenots à Issoire.

1578 : Rencontre de Navarre, Madame Catherine, Margot, à Nérac. – Le maréchal de Biron maire de Bordeaux. – Duel des mignons, à Paris.

1579 : Disputes entre Navarre et Margot, à Pau et Nérac. – Alençon fait sa cour à Élisabeth d'Angleterre, sans succès.

1580 : Navarre assiège et prend Cahors. – Le maréchal de Biron bombarde Nérac. – Paix de Fleix.

1581 : Scandale des noces de Joyeuse, mignon d'Henri III.

1582 : Expédition désastreuse de Philippe Strozzi aux Açores. – Alençon intervient aux Pays-Bas contre l'Espagne. – Rencontre de Navarre et Corisande (Mme d'Andouins).

1583 : « Folie d'Anvers » : déroute des armées d'Alençon. – Margot, chassée de la Cour pour son comportement scandaleux, se réfugie à Nérac. – Corisande devient la maîtresse de Navarre.

1584 : Mort d'Alençon. – Ambassade du duc d'Épernon auprès de Navarre pour le ramener à la Cour : échec. Henri III prend la direction de la Ligue. – Premier prince du sang, Navarre devient l'héritier présomptif de la couronne.

1585 : L'Espagne soutient la Ligue. – Margot s'installe à Agen, s'y conduit en tyran, en est rejetée et s'enfuit en Auvergne. – Excommunion de Navarre et de Condé. – Mort de Ronsard.

1586 : Rapprochement entre Henri III, déçu par la Ligue, et Navarre. – Entrevue entre Navarre et Madame Catherine, à Saint-Brice, près de Cognac.

1587 : Navarre bat l'armée royale de Joyeuse à Coutras. – Henri de Guise arrête les reîtres allemands venus au secours des huguenots, à Vimory et à Auneau. – Marie Stuart décapitée par Élisabeth. – Margot exilée à Usson, en Auvergne.

1588 : Mort de Condé (empoisonné). – Journée des Barricades à Paris : Henri de Guise entre dans la capitale ; le roi en sort et prépare la guerre contre Guise. – L'Invincible Armada de Philippe II détruite dans la Manche par la flotte anglaise. – Assassinat de Guise, à Blois.

1589 : Entrevue amicale entre Navarre et Henri III près de Tours. – Blocus de Paris. – Navarre bat Mayenne à Arques, près de Dieppe. – Mort de Catherine de Médicis, à Blois. – Mort de Henri III, assassiné par un moine ligueur. – Navarre échoue devant Paris où règne la famine.

1590 : Farnèse, duc de Parme, et Mayenne débloquent Paris. – Navarre (Henri IV), bat les armées de la Ligue à Ivry. – Nouvel échec devant Paris. – Rencontre de Henri IV et de Gabrielle d'Estrées.

OUVRAGES DE MICHEL PEYRAMAURE

Grand Prix de la Société des gens de lettres
et prix Alexandre-Dumas
pour l'ensemble de son œuvre.

Paradis entre quatre murs (Laffont).
Le Bal de ribauds (Laffont).
Les Lions d'Aquitaine (Laffont, prix Limousin-Périgord).
Divine Cléopâtre (Laffont, collection « Couleurs du temps passé »).
Dieu m'attend à Médina (Laffont, collection « Couleurs du temps passé »).
L'Aigle des deux royaumes (Laffont, collection « Couleurs du temps passé ») et
    Lucien Souny, Limoges.
Les Dieux de plume (Presses de la Cité, prix des Vikings).
Les Cendrillons de Monaco (Laffont, collection « L'Amour et la Couronne »).
La Caverne magique (La Fille des grandes plaines) (Laffont, prix de l'académie du
    Périgord). France-Loisirs.
Le Retable (Laffont) et Lucien Souny, Limoges.
Le Chevalier de Paradis (Casterman, collection « Palme d'or ») et Lucien
    Souny, Limoges.
L'Œil arraché (Laffont).
Le Limousin (Solar ; Solarama).
L'Auberge de la mort (Pygmalion).
La Passion cathare :
    1. *Les Fils de l'orgueil* (Laffont).
    2. *Les Citadelles ardentes* (Laffont).
    3. *La Tête du dragon* (Laffont).
La Lumière et la Boue :
    1. *Quand surgira l'étoile Absinthe* (Laffont).
    2. *L'Empire des fous* (Laffont).
    3. *Les Roses de fer* (Laffont, prix de la ville de Bordeaux). Livre de
    Poche.
L'Orange de Noël (Laffont, prix du salon du Livre de Beauchamp). Livre de
    Poche et France-Loisirs.
Le Printemps des pierres (Laffont). Livre de Poche.
Les Montagnes du jour (éd. « Les Monédières »). Préface de Daniel Borzeix.
Sentiers du Limousin (Fayard).
Les Empires de cendre :
    1. *Les Portes de Gergovie* (Laffont). Presses Pocket et France-Loisirs.
    2. *La Chair et le Bronze* (Laffont).
    3. *La Porte noire* (Laffont).
La Division maudite (Laffont).
La Passion Béatrice (Laffont). France-Loisirs. Presses Pocket.

413

Les Dames de Marsanges.
    1. *Les Dames de Marsanges* (Laffont).
    2. *La Montagne terrible* (Laffont).
    3. *Demain après l'orage* (Laffont).
Napoléon :
    1. *L'Étoile Bonaparte* (Laffont).
    2. *L'Aigle et la Foudre* (Laffont).
Les Flammes du Paradis (Laffont). Presses Pocket.
Les Tambours sauvages (Presses de la Cité). France-Loisirs. Presses Pocket.
Le Beau Monde (Laffont). France-Loisirs.
Pacifique-Sud (Presses de la Cité). France-Loisirs.
Les Demoiselles des Écoles (Laffont). France-Loisirs.
Martial Chabannes gardien des ruines (Laffont). France-Loisirs.
Louisiana (Presses de la Cité et France-Loisirs).
Un monde à sauver (Bartillat).
Henri IV :
    1. *Le petit roi de Navarre* (Laffont).

POUR LA JEUNESSE

La Vallée des mammouths (Grand Prix des Treize). Collection « Plein Vent »,
    Laffont. Folio-Junior.
Les Colosses de Carthage. Collection « Plein Vent », Laffont.
Cordillère interdite. Collection « Plein Vent », Laffont.
Nous irons décrocher les nuages. Collection « Plein Vent », Laffont.
Je suis Napoléon Bonaparte. Belfond Jeunesse.

ÉDITIONS DE LUXE

Amour du Limousin (illustrations de J.-B. Valadié), Plaisir du Livre, Paris. Réé-
    dition (1986) aux éditions Fanlac, à Périgueux.
Èves du monde (illustrations de J.-B. Valadié), Art Média.

TOURISME

Le Limousin (Larousse).
La Corrèze (Ch. Bonneton).
Le Limousin (Ouest-France).
Brive (commentaire sur des gravures de Pierre Courtois), R. Moreau, Brive.
La Vie en Limousin (texte pour des photos de Pierre Batillot), « Les Moné-
    dières ».
Balade en Corrèze (photos de Sylvain Marchou), Les Trois-Épis, Brive.
Brive (Casterman).

TABLE

Cet ouvrage a été réalisé par la
SOCIÉTÉ NOUVELLE FIRMIN-DIDOT
Mesnil-sur-l'Estrée
pour le compte des Éditions Robert Laffont
24, avenue Marceau, 75008 Paris
en septembre 1997

Imprimé en France
Dépôt légal : mai 1997
N° d'édition : 38440 - N° d'impression : 40171